LA NAISSANCE DE L'HUMAIN.

Une poétique de sa phénoménalisation chez Heidegger et Couloubaritsis

Séverin YAPO

LA NAISSANCE DE L'HUMAIN.

Une poétique de sa phénoménalisation chez Heidegger et Couloubaritsis

Du même auteur

De Heidegger à la vierge Marie : Une anthropologie phénoménologique, octobre 2019

Politique de la réconciliation, mars 2019.

Spiritualités chrétiennes et contemporaines. Un dialogue ajourné, février 2018.

Pensées pour Myriam, poésie, décembre 2017.

Spiritualités antique et chrétienne en dialogue. Thomas d'Aquin, héritier spirituel d'Aristote, novembre 2013.

5-7, rue de l'École-Polytechnique ; 75005 Paris

www.editions-harmattan.fr

ISBN : 978-2-343-19956-6
EAN : 9782343199566

À Olivier Depré,
En hommage reconnaissant

Introduction

Le présent écrit est un essai. On s'y essaie à penser le rapport de l'humanité à la parole. L'homme est l'étant qui parle, c'est-à-dire celui dont la présence dans le temps n'a de raison d'être qu'à trouver sa dignité dans la phénoménalisation de la parole. Le dire de l'être nous semble les prolégomènes à une telle phénoménalisation.

Visscher (1966), en perspective heideggérienne, soutient que « l'homme est « celui qui dit » (*der Sagende*) » l'être. Comme le précise un des plus grands philosophes ivoiriens, l'homme, c'est-à-dire celui dont l'essence est ouverture à l'être, et que depuis Heidegger l'on dénomme « le Dasein », « est l'étant qui en son être se rapporte extensivement à cet être » (Tanoh, 2007), dont il est le diseur. En effet, pour le philosophe allemand Martin Heidegger, l'homme ne parle qu'en disant l'être.

« Le dire (*Sagen*) est le «phénomène» premier et originel dans lequel Heidegger aperçoit de façon générale l'être de la parole en ce qu'elle a de propre, et c'est également à partir du dire que nous pouvons entendre le mot *die Sage* » (Verstraten, 1986, 25).

Ainsi que M. Heidegger lui-même le déclare, «ce qui se déploie dans la parole est la *Sage* en tant que monstration (*Zeige*)» ; de même la parole «accomplit d'abord proprement ce qui se déploie dans le parler: le dire (*Sagen*)», ou encore, elle «parle en tant qu'elle dit, c'est-à-dire montre» (Heidegger, 1959, p. 254).

Chez Jean Gobert Tanoh, le rapport à l'être témoigne de la conscience, expérience humaine de la raison et condition *sine qua non* de l'habitation d'un monde humain. De son côté, Jean François Lavigne (2010) voit dans « le statut ontologique de l'affectivité » le fondement de l'être de l'homme au monde.

Seul semble pouvoir parler, pour ainsi dire, celui qui fait usage de la raison dans son rapport au monde. Et si l'usage humain de la raison n'avait d'être qu'affectif ? Pour pouvoir soutenir que « l'affectivité ouvre au Dasein son monde », Lavigne (2010) rapporte le propos de Heidegger (1985, p. 137) : « La disposition affective a chaque fois déjà découvert l'être-au-monde dans son intégralité, elle seule rendant d'abord possible un se-diriger-sur…».

Pour notre part, nous intéressant moins à l'être qu'à l'étant, si non à la dimension affective du premier, l'usage de la raison fait dans l'histoire par l'étant qui parle, nous semble essentiellement affectif.

Si l'on peut dire que l'homme est l'étant rationnel, l'histoire de l'humanité est peut-être le parcours de l'étant qui, se dirigeant spirituellement sur *son* monde, témoigne logiquement de son être originairement affecté.

Le témoignage humain de l'être est logique en ce qu'il émane de la parole, dont la nature est d'être logique. Logique est la parole qui fait sens. Le sens relève d'une rationalité affective. L'histoire du concept de la parole en elle-même pourrait constituer le récit de cette affectivité.

En son origine grecque, le mot logos, λόγος, signifie, depuis Platon et Aristote notamment, la parole, puis par extension la « rationalité ». Après les Grecs, les Romains en particulier comprendront le logos comme *ratio*.

Le lien de l'humanité à la *ratio* sera ultérieurement confirmé par l'idée moderne qui voudrait que l'humanité dise la raison dans l'histoire. Ce, un peu comme on pourrait en prendre intelligence dans la science hégélienne de l'esprit. Qui présente les grands hommes comme ceux qui ont su correspondre à ce que l'esprit de leur temps (la Raison qui se parcourt dans l'histoire) attendait de l'humanité.

Aussi bien dans l'histoire en sa généralité, c'est-à-dire par-delà les Grecs et les Romains, que dans l'histoire de la philosophie comme particularité scientifique, et, en son devenir spécifiquement contemporain, l'homme, toujours, réfléchit son lien affectif avec l'histoire, autrement dit la manière dont le temps et lui interagissent l'un l'autre.

Dans l'esprit de l'affective interaction de l'homme avec le temps, d'après Guébo (2019, p. 61), un autre des plus grands philosophes ivoiriens, chez les « vieux Grecs », Héraclite et Parménide respectivement, « le temps passé ne revient plus » et « le présent avait déjà été expérimenté ».

On dirait que l'Africain en général et l'Ivoirien en particulier, est contre Héraclite et pour Parménide. Le temps passé peut revenir et le présent, expérimenté, peut ainsi revenir sous une forme autre à condition que l'homme fasse preuve de raison en y mettant du sien.

Au témoigne de Guébo (2019), en effet, « les Ivoiriens, eux, pensent que le temps peut cesser d'être le temps » (*Idem*). Pour ce philosophe, l'(anti)Aristote[1] ivoirien, parce que « le rôle de vrais dirigeants [...] est [...] de travailler à ce que le temps soit le temps de tous » (*Idem*, p. 62) et, comme « les temps qui avaient été ceux de l'esclavage semblent être devenus ceux de l'immersion », « le temps qui était le temps est aujourd'hui plus que jamais tentant... » (*Idem*, p. 63).

L'on pressent que le thème spécifique du rapport affectif et rationnel de l'humanité à la parole, qui nous occupera ici, a, dans l'histoire, tenu en haleine de grands philosophes aussi bien occidentaux qu'africains.

« Les textes des philosophes majeurs sont d'une actualité qui résiste à l'histoire parce qu'à partir de leur contexte historique, leurs auteurs ont pensé la condition humaine »

---

[1] Josué Guébo Yoroba est l'Aristote ivoirien en ce qu'il a au moins une éthique, une rhétorique, une logique, une poétique, une épistémologie, une politique, etc... Il est anti-Aristote parce que, contrairement au Grec, il s'oppose à l'esclavage.

(Ndzomo-Molé, 2015) et leurs praticiens, le façonnement de l'histoire.

On peut par exemple alléguer de concert avec le philosophe camerounais Ndzomo-Molé que l'histoire constitue même « la science du passé humain ; le terme histoire renvoie précisément au devenir humain lui-même » (*Idem*).

Afin que l'humanité assume son devenir propre, « la réflexion philosophique [se fait la] réaction de la raison à des stimuli historiques, et l'expérience historique est la matière des concepts philosophiques » (*Idem*). Ce qui touche à l'existence de l'animal rationnel, et le stimule à un moment précis de son histoire, incline souvent son intelligence à transcender son époque pour penser *mais* surtout agir affectivement sur le devenir entier de l'espèce humaine.

En matière d'histoire de la philosophie, nous discuterons ici avec un philosophe occidental contemporain majeur, Martin Heidegger en l'occurrence.

Le dialogue avec le « philosophe peut, par » la confrontation des « idées, influencer des pensées à l'origine de nouvelles doctrines politiques ou de nouvelles perspectives scientifiques » (*Idem*) pour le millénaire en amorce.

Nous croyons rationnellement que le sujet historique concerné par les enjeux du nouveau millénaire est avant tout un sujet affectif. À ce titre, son existence, scientifique et politique est conditionnée, en son actualité-même, par ce qu'il aura, pleinement ou non, expérimenté du logos originaire dont la logique affecte originellement le moindre des rapports qu'il entretient avec lui-même comme avec ses contemporains.

Intéressant plus l'humanité en rapport avec la sagesse originaire qui parcourt l'histoire, plutôt que l'histoire en son déroulement chronologique, cet essai sera moins un travail d'historien de la philosophie que d'apprenti-philosophe.

L'approche, n'en déplaise aux théoriciens actuels du renouveau de la pédagogie, sera moins chronologique que thématique.

Chez les théoriciens de la pédagogie axée sur le rapport aux événements se succédant dans l'histoire de l'apprenant, la visée est d'établir le lien entre le sujet historique et ce qu'il étudie. Voilà qui est noble ! Mais l'approche particulière du thème en adoption chez nous, prendra en charge l'historique qu'elle mènera vers sa source phénoménologique.

Par le mot de thème, Doubrovsky (1970) entend « la coloration affective de toute expérience humaine, au niveau où elle met en jeu les relations fondamentales de l'existence, c'est-à-dire la façon particulière dont chaque homme vit son rapport au monde, aux autres et à Dieu ».

Partageant l'approche thématique de Doubrovsky, Collot (1988, p. 79) lui reconnaît une « inspiration principalement phénoménologique », distincte d'une « thématologie d'inspiration plus nettement structuraliste, voire formaliste, en relation avec la narratologie » (*Idem*).

Non enclin à narrer ce qui concerne la phénoménalisation de la parole mais plutôt incliné vers l'expérience même de ce phénomène en tant qu'il peut nous affecter jusque dans le fondement de notre existence quant au rapport de chacun de nous à soi-même, aux autres et à Dieu, notre approche, qui, pour ainsi dire, s'inscrira dans celle de Collot, ne sera pas érudite.

L'on y rencontrera d'autant moins d'érudition quant à l'histoire de la philosophie, que l'enjeu nous semble davantage de parvenir à l'essence phénoménologique de la parole. L'on n'y sera non plus préoccupé de fonder une philosophie de la parole qui veuille s'insérer dans l'orthodoxie de l'histoire de la discipline concernée.

Pour ces raisons, notre analyse sera davantage thématique qu'historique. Sous la thématique du rapport de l'humanité à la parole, l'on s'intéressera, dans la perspective thématique dégagée de la sorte, à la phénoménalisation du parler originaire.

Chez M. Heidegger, parler, c'est d'abord montrer, par la légende poétique, un monde en se situant dans le cadre mondial. Ainsi de la parole thématisée par le philosophe dans l'*Acheminement vers la parole*.

Chez le même Heidegger, parler c'est, aussi, désigner « la chose, l'étant, quel qu'il soit, auquel un mot se rapporte » (Verstraten, 1986, p. 27). Tel est le sens de la parole dans des textes heideggériens comme *L'essence de la parole I, II* et dans *Le mot*.

En montrant ce qui, du monde, peut être vu, l'on se situe dans un cadre institué où les choses peuvent être codifiées. Les choses sont désignées à partir de ce que l'on tient pour le « caractère structurel de la langue » (Berthelier, 2005, p. 45) et que marquent des codes linguistiques.

Ethnologiquement, « dans la réalité culturelle, cela renvoie [...] à la double soumission à la loi de Dieu et à celle du groupe, données culturellement déterminées sans signification péjorative particulière » (*Idem*).

Or, parce que la réalité expérimentée dans notre essai relève d'une phénoménologie de souche anthropologique et non pas théologique encore moins sociologique, il ne sera point question chez nous de soumission à Dieu encore moins à une quelconque institution humaine.

Il ne sera question que d'amitié avec ce qui, étant fondamentalement humain, affecte le divin et le sociologique en leur fondement respectif, et les affecte au travers d'une parole qui, par-delà le langage, ramène chacun de nous, au travers d'un sentir pur a priori, à son actualité la plus originaire.

Davantage culturel que la langue, « le langage [...] traduit notre capacité à symboliser ce que nous pensons ou ressentons, nous permet de témoigner du passé comme de nous projeter dans l'avenir et exprime tout aussi bien ce qui n'a aucun rapport avec le vécu actuel » (*Idem*, p. 42). Si le langage se rapproche de la parole par sa relation temporelle au passé et au futur, la langue pour sa part se rapproche de la parole par l'immédiateté du vécu actuel qu'elle exprime.

Relation immédiate au passé et futur, le mot, comme parole, semble d'emblée faire venir au monde. Il nous semble, pour cette raison, de loin plus originaire, aussi bien vis-à-vis de la langue, du langage que de la parole poétique.

Possiblement moins originaire est la parole du poète en tant qu'elle peut s'attacher d'images, de représentations, et d'une nostalgie découlant d'une conscience malheureuse devant ce qui peut signifier pour cette dernière le regret d'avoir perdu le sens originaire des choses.

En désignant quelque chose, le mot semble toucher au phénomène même de la chose, à sa phénoménalité. Mais on peut toucher à une chose de deux manières. La première, ainsi que la distingue Michel Henry par exemple, est transcendantale.

La « « transcendance », désigne le mode d'apparaître de tous les étants qui, d'une façon ou d'une autre, se donnent à nous en face de nous : il se confond avec l'objectivité et est l'œuvre de la conscience intentionnelle husserlienne, ou de l'être selon Heidegger. La tradition philosophique dominante, selon Michel Henry, ne connaît que cette phénoménalité » (Longneaux, 2011, p. 50).

Sous cet angle, qui nous semble plus pertinent en tant qu'il réfère à l'originaire, il est possible que l'on ne voit se phénoménaliser, ni la langue, ni le langage, mais la parole, et seulement la parole. Sauf à parvenir à ce que l'article éponyme d'Henri Meschonnic (1990) dénomme « la langue qui parle ».

La langue qui parle est de manière immanente, reliée à « l'esprit de la langue : « Qu'abrite l'esprit de la langue ? Il garde en lui les relations invisibles, mais porteuses, à Dieu, au monde, aux hommes et à leurs œuvres et aux choses./Ce que l'esprit de la langue abrite en lui, c'est cette élévation, régnant à travers toute chose, dont chacune tient sa provenance, pour qu'elle ait cours et fructifie » (Meschonnic, 1990, p. 258).

Or, d'ordinaire, langue et langage ne semblent pas encore dire la parole en sa phénoménalité. Pourquoi cela ? Parce que la phénoménalité propre à la parole est de type non transcendante mais immanente. Autre que transcendante, l'immanence constitue la deuxième manière de se rapporter à soi.

Dans son rapport à la conscience, le rapport à soi est ambivalent. « L'ambivalence de toute présence à l'épreuve de soi » qui rend « attentif [à la] conscience de la vie affective, parce qu'elle est un rapport à soi, [oblige à prendre au sérieux la] nécessité pour la vie affective de se faire Soi autrement » (Longneaux, 2011, p. 65).

Cependant, c'est dans la manière dont la vie affective se fait autrement soi qu'apparaît l'écart entre notre vision de la phénoménalité et celle qui se retrouve chez M. Henry.

Chez nous, la phénoménalité est immanente. Elle l'est au sens où elle se phénoménalise dans son autre, à savoir le silence. Elle se phénoménalise sous le mode de l'épreuve, de l'auto-affection et du souffrir, en bref, de la compassion. En cela, néanmoins, la phénoménologique immanence de la parole a quelque chose de la phénoménalité telle que pensée par M. Henry.

« La phénoménalité que Michel Henry baptise du nom de « l'immanence » ne se dévoile qu'à la condition que soit suspendue ou réduite la transcendance – et donc toute forme de conscience intentionnelle. Quand on ne pense plus, quand on n'imagine plus, quand on cesse de se rapporter à autre chose que soi, il ne reste qu'une seule expérience : on se sent exister » (Longneaux, 2011, p. 52).

Mais, contrairement à notre concept propre de la phénoménalité, qui non seulement n'abolit point la conscience (dont elle constitue bien au contraire l'affection, l'épreuve même), mais en plus admet son autre qu'il assume, chez

Henry, l'immanence phénoménologique semble solipsiste, comme chez Heidegger, et peut s'éprouver dans un jouir solitaire de soi.

Chez Henry, pour exister, il faudrait que l'on n'eût plus de conscience, qu'on ne se rapportât plus à aucun autre étant et qu'en plus l'on jouisse de soi-même. Comme l'explicite Longneaux (2011, p. 50), chez Henry, « en l'absence de toute conscience, il demeure cette épreuve vivante de soi, une vie exclusivement auto-affective, qui ne tient que dans l'étreinte de soi, et ne se manifeste que sous les tonalités du souffrir et du jouir » (*Idem*). Chez Henry souffrance et jouissance finissent par se confondre.

Or, chez nous, il n'y aura de phénoménalisation que là où il y a une épreuve de soi étant si puissante qu'elle se vit dans l'abandon de soi pour l'autre que l'on assume dans le silencieux agir de la compassion. Cet agir n'est autre qu'un donner sa vie pour l'autre.

M. Henry, sur le tard, finira par nous rejoindre : « Livrée à elle-même, la vie n'a pas les ressources pour sortir de la confusion. C'est dans son dernier texte, *Paroles du Christ*, que Michel Henry en fait le constat : « La vie est incapable de se donner à elle-même la vie » et, ajoute-t-il en une proposition qui bouleverse toute sa pensée, « de se maintenir en elle par ses propres moyens » » (Longneaux, 2011, p. 65)

L'un ne peut se maintenir par les moyens de l'autre que pour autant qu'il n'a commencé à se recevoir que par les moyens de l'autre, et cela, quel que soit l'étant (humain ou divin) que figure l'autre !

C'est de *la* vie donnée à l'autre que l'on se reçoit. On se reçoit de lui en tant que sa vie donne sens à l'expérience de notre propre mortification, voire du libre don de notre vie pour lui.

Au phénomène de la parole tel qu'appréhendé comme le silence de la mortification, c'est-à-dire du sacrifice de sa vie pour la vie de l'autre, aucun des « phénomènes » connexes de la parole ne semble pouvoir accéder. Aucune langue ne nous semble pouvoir accéder à la phénoménalité même de la parole. La langue désigne un outil permettant d'user de la parole pour communiquer.

Or, la parole, en tant qu'elle vient de plus loin que le champ des sciences couvertes par la communication, en tant qu'elle revoie à l'exister même, semble situer « au-delà du phénomène contingent et particulier de la langue ».

S'il peut exister un phénomène de la langue, au sens strict, la phénoménalité même de la parole semble ressortir d'un au-delà ou d'un en-deçà de l'organe physique ou de l'instrument linguistique de phonation, d'extériorisation des sons, organe et instrument auxquels peut river le phénomène de la langue.

La langue peut éloigner du phénomène de la parole si l'outil ou l'organe prend le dessus sur ce dont il est censé constituer l'instrument, à savoir le phénomène même de la parole. Il importe, « à un niveau fondamental, de préciser si [l]es interactions [entre l'outil et la parole] prennent la forme d'une facilitation ou d'une compétition » (Askevis-Leherpeux et *al.*, 2015, p. 486).

Pas plus que la langue, aucun langage ne semble pouvoir accéder à la phénoménalisation de la parole.

Le langage désigne la capacité qui permet à chacun d'entre nous d'user de la parole pour communiquer et d'interagir avec les autres hommes.

Mêmes le « phénomène de déverbalisation qui accompagne la compréhension des idées et l'acte de transcodage par lequel sont retenus et traduits certains termes » (Seleskovitch, 1988, p. 710), comme « phénomènes langagiers » (*Idem*), n'accèdent pas encore à la parole comme phénomène.

En effet, déverbaliser en comprenant, par la seule pensée, est différent de se déprendre de l'idéel pour laisser apparaître la réalité phénoménale propre à la parole. De même, traduire au travers de codes linguistiques qui ne font pas passer à un registre autre que celui du langage, qui peut n'être que symbolique, est différent du phénomène de la parole tel qu'il se donne dans la nudité de ce qui ne cache ni secret ni arrière-monde.

Codes et idéaux linguistiques relèvent souvent d'une abstraction telle que, établi sur quelque chose comme l'homme total de Durkheim, « le langage sera « un phénomène total », une activité multiforme de communiquer entre humains et d'être sous l'emprise d'une langue ».

L'usage de la parole nous semble trouver son éminence dans le verbe. « Tout ce qui se réfléchit dans la pensée se communique par des mots. Si bien qu'un autre genre de communication, pour être pensé et dit, a besoin du langage verbal » (Leidi, 2000, p. 319).

Exceptions à la règle, les « exemples limites de langage non-verbal, celui des personnes [mal parlantes,] sourdes ou autistes » (Chalandon-O'Connell, 2009, p. 13), témoignent de ce que « seul l'être humain » parle.

Mieux, en plus d'avoir la faculté de recourir à d'autres formes du langage, tel le langage tambouriné, le langage visuel, etc., seul l'homme peut user du « langage verbal ». Néanmoins, le langage verbal, en tant que véhicule du verbe, ne peut remplacer le verbe même de la parole.

La parole est, en un certain sens, le résultat de l'utilisation de la langue et du langage, et constitue ce qui est produit lorsque l'on communique avec nos semblables. Elle constitue également ce qui, pour être instantané, qualifie une singularité humaine, mieux, un usage personnalisé et approprié d'une langue.

« La langue n'est pas la parole: la langue est ce qui est stable et durable et Saussure a pu dire que la langue c'était le langage moins la parole ou, autrement dit la part sociale stable du langage, au-delà de l'accidentel, du momentané et de l'individuel » (Wald, 2012, p. 104).

Saussure a raison. Mais ce qu'il n'a pas perçu, c'est la vertu même du caractère accidentel, c'est-à-dire fragile, ainsi que son caractère individuel, c'est-à-dire, en vérité, personnalisant, autrement dit, responsabilisant, de la parole comme expérience.

« La parole [...] est [...] le phénomène individuel: c'est l'instance des réalisations déterminées par toute sorte de forces qui s'exercent sur l'individu dans son action » (*Idem.*).

La parole est le langage comme particularité groupale. La parole a pour elle la puissance de donner sa modulation au langage. De la sorte, à certains membres d'une culture donnée, la parole, en devenant langage, confère une manière particulière de s'exprimer.

Le langage, comme manière particulière de parler, en devenant caractéristique d'un groupe ou d'une corporation donnée, confère durablement à l'entité en question les préférences spécifiques lui octroyant sa stabilité et son identité collectives, ainsi que le mot de parti politique qualifie un groupement donné de membres d'un unique peuple.

Fondatrice de ce qui a la stabilité et la durabilité comme valeur, à savoir la langue qui, ainsi, se fait phénomène culturel, « la parole [,] variée dans ses manifestations [, est ce que l'] on peut observer et étudier comme le phénomène du langage où la langue se manifeste » (*Idem*).

D'un point de vue fondamental, le langage ne restitue pas le phénomène même de la parole. Celui-là peut, dans bien des cas, ne servir qu'à raisonner sur la parole.

Visant le fondamental, nous l'allons pas nous employer à « raisonner [...] « sur » la parole et en usant d'elle. Nous [ne] di[r]ons [pas] comment elle se manifeste, nous [ne] parl[er]ons [pas] « sur » la parole » (Blanquet, 2014). Qui parle sur ou de peut demeurer étranger à ce dont il parle, il peut ne pas se sentir concerné par la chose-même.

Comme Edith Blanquet, nous allons nous essayer à accéder au « phénomène qu'est le parler de la parole lui-même, le parler de la parole, son déploiement, et en quelle façon il nous concerne en tant qu'existant » (*Idem*).

La manière dont la parole nous concerne, l'on croit souvent qu'elle devrait dire une performance. Ce qui n'est pas mauvais en soi. Mais dans l'usage courant, une telle manière de voir vise un but et se sert des moyens de la langue et du langage pour les atteindre. Il peut alors y avoir performance mais au mauvais sens du terme. Performer signifie, ici, gagner le plus possible.

Mais, mauvaise nous semble la performance qui vise le ne-jamais-perdre la face ou la vie – s'entend ! Et pour cause, dans la mauvaise performance, tout se passe comme si l'on parlait pour signifier que l'on est vivant et non mort. A-t-on jamais entendu un mort parler ? La parole est bien le signe du vivant.

Mais, le parler de la parole, le moyen au travers duquel le parler nous rejoint en notre être de vivant, et si tout cela disait, pour la parole et le parlant, une manière de consentir à perdre ce qui peut nous conduire à n'y voir qu'un instrument au service de l'efficace attribuée à une certaine rationalité ? Et si parler, au fond, n'était qu'une manière pour l'homme de perdre la parole au sens de ne plus chercher à « avoir » forcément raison ou tort ?

Ne plus chercher sa raison, c'est quitter le registre de la vérité. Le quitter, c'est tourner le dos à la logique pour viser l'accomplissement non pas par soi, mais par la parole, de l'action concernée. La parole, alors est la manifestation linguistique de l'acte en réalisation.

Dans le domaine de la parole performative, *Quand dire, c'est faire* (1970) d'Austin illustre le fait de prendre le contre-pied des approches logiques du langage. L'ouvrage permet de s'intéresser aux nombreux énoncés qui, tels les questions, les ordres, ou les locutions constatives, échappent à la problématique du vrai et du faux.

Une parole performative, par le seul fait du parler, permet de voir s'accomplir l'action concernée : il suffit au Compatissant de dire « La compassion se poursuit dans les compatissants » pour voir la compassion se communiquer effectivement. Et si la parole se phénoménalisait sur ce modèle de la locution constative inhérente à la parole de compassion ?

Plus que la communication, la phénoménalisation, pour dire le vécu, nous semble, comme l'expérience de la compassion, signifier surtout une mortalisation. Le *Dictionnaire de mots nouveaux* définit la mortalisation comme « l'action de mortaliser, de rendre mortel ». Elle restitue également « l'état mortalisé » (De Radonvilliers, 1845, p. 432).

Sous le titre « Le même et l'autre de l'homme [:] aux prises avec la différence », Issiaka-Prosper L. Lalèyê, dans un article de 2002, invitait à « s'ouvrir à l'altérité ».

Conceptuellement le même peut être un composé. Il a alors le multiple pour autre. Sous l'intitulé de « L'un et l'autre dans la Cité d'Aristote », Gilbert Romeyer-Dherbey, dans un article de 2005, a pris à témoin le Stagirite.

Ce témoignage a visé la Cité comme illustration du caractère à la fois composite et différentiel de l'Un. Pour l'Ancien en effet, « la Cité est faite de dissemblables » (*Politique* III, 4, 1277 a 5).

L'analogie avec Lalèyê peut faire comprendre que le même a le multiple pour autre. Ce, au sens où, en tant que le même, le divin peut avoir comme autre, Dieu, l'homme qui participe du divin et le Divin.

L'analogie peut encore faire comprendre que, toujours sur le plan de l'altérité, l'un a, dans certains cas, le multiple pour différence. Ce, au sens où l'homme a Dieu et l'animal pour autre.

À côté des formes modernes et antiques de l'altérité respectivement perçues à partir de Lalèyê et d'Aristote, une troisième forme est. Elle est toute contemporaine. Qui nous vient de Hans Jonas.

H. Jonas écrit : « Les parties matérielles en lesquelles consiste l'organisme à un instant donné sont seulement temporaires. [L'organisme] maintient sa propre identité par l'acte même par lequel de la matière étrangère traverse son système spatial, la forme vivante. Elle n'est jamais la même matériellement et pourtant elle perdure comme son même soi, par ceci qu'elle ne reste pas la même matière » (Jonas, 2001, p. 75-76).

Si en sa conceptualisation, le même a pu apparaître un composé comme chez Aristote, s'il a également pu apparaître comme l'un qui, comme chez Lalèyê, a le multiple pour différence, il apparaît, ici, avec Jonas, que le même a le vide ou encore l'étranger comme autre.

Ce, au sens où l'organisme divin ou encore le Divin, que constitue, en religion, le Christ par exemple, a l'Homme et Dieu pour autre. Un rapprochement de la phénoménologie jonassienne avec la mystique insufflant la dogmatique chrétienne[2] conduit à ceci : le Christ, comme *forme vivante*, a originellement, c'est-à-dire au commencement de l'histoire, humaine, le vide pour identité.

Or, ce qui (Dieu, homme ou ange) divin, a le vide pour lot fini, a, selon le degré de sa relation avec Dieu, le plein pour lot infini. Dieu détient la plénitude à la fois spirituelle et charnelle !

---

[2] Le thème du Congrès "Marie de Nazareth accueille le Fils de Dieu dans l'histoire" - a permis un « approfondissement de la doctrine de la conception immaculée de Marie comme présupposé pour l'accueil en son sein virginal du Verbe de Dieu incarné, Sauveur du genre humain. "Pleine de grâce", "κεχαριτωμευη": c'est à travers cette appellation, selon l'original en grec de l'Evangile de Luc, que l'Ange s'adresse à Marie. Tel est le nom avec lequel Dieu, à travers son messager, a voulu qualifier la Vierge. C'est de cette façon qu'Il l'a pensée et vue depuis toujours, *ab aeterno* » (Jean Paul II, 2004).

L'humanité pure, a, en sa virginité[3], la plénitude (à la fois charnelle et spirituelle) de Dieu en partage. L'ange a en partage cette plénitude, mais seulement dans l'ordre de ce qui n'a pas de chair.

Dans le vide[4] de la *forme christique*, qui, de fait, pour notre part, constitue la *plénitude de l'esprit* chrétien, entreront tour à tour Dieu et l'Homme. Ils y entreront dans la matérialisation du Christ entendue comme sa phénoménalisation. Comment cela ?

Originairement, en leur identité respective, dans le Christ, l'Homme (le mortel n'ayant pas encore accédé à l'expérience de sa propre phénoménalisation dans la mort-résurrection de l'homme Jésus comme Oint) et Dieu sont étrangers l'un à l'autre. Mais Dieu (à la fois comme Père, Fils et Esprit) est éternel quand l'homme est soumis au temps[5].

---

[3] Marie de Nazareth, comme l'enseigne Jean Paul II, Dieu l'« a pensée et vue depuis toujours » comme la vierge qui, dans l'ordre humain, ici, divin (en un sens que nous expliquerons un peu plus loin), a la plénitude, en notre sens, à la fois charnelle et spirituelle, en partage avec Lui. L'atteste, le passage de « l'hymne de la Lettre aux Ephésiens [où] l'Apôtre loue Dieu le Père car il "nous a bénis par toutes sortes de bénédictions spirituelles aux cieux, dans le Christ" (1, 3) ».

[4] « Avant de créer le ciel et la terre, Dieu ne faisait rien ; car, s'il eût fait quelque chose, qu'eût-il fait, sinon une créature ? » (Saint Augustin, *Confessions*, L. XI). Appelons « rien » le vide qui précède la création du monde. Appelons « quelque chose » le plein que restitue la création. La création est réalisée par l'action de l'Esprit de Dieu. Il est la plénitude qui remplit ce qui est créé selon que la créature est partage plus ou moins la sainteté, c'est-à-dire la divinité, autrement dit, la virginité spirituelle de Dieu.

[5] « La longueur du temps ne doit son étendue qu'à cette multitude d'instants qui passent et qui ne peuvent se développer ensemble ; au contraire, que rien ne passe dans l'éternité ; que tout y est présent, tandis qu'il n'est point de temps qui soit tout entier présent. Il verra que le passé est chassé par l'avenir, que l'avenir suit le passé, et que le passé et l'avenir n'existent et n'accomplissent leur cours que par la vertu de l'éternité toujours présente » (Saint Augustin, *Confessions*, L. XI).

Dieu (l'immortel n'ayant pas encore[6] accédé à sa propre phénoménalisation dans la naissance-incarnation du Fils éternel) est étranger à l'homme[7].

La phénoménalisation du Christ, c'est-à-dire son historicisation comme donation de soi à son autre mortel (aux autres hommes) se réalise dans sa chair de mortel ressuscité. Dans son Corps re venu à la vie, le Christ demeure le même alors que les chrétiens se rencontrent et se succèdent indéfiniment dans le Christ en tant qu'ils sont constitutifs de son Corps.

Les chrétiens constituent le corps du Christ en tant que parties matérielles en lesquelles tient l'organisme vivant qu'est le Christ, à un instant donné, fut-il infirme, du temps.

Ils le constituent en étant dans la dimension temporaire. En leur passagère temporalité de Corps du Christ, les chrétiens se comptent dans tous les corps sociaux et de métier tout comme dans tous les peuples : esclaves comme hommes libres, grecs comme juifs, africains, américains, asiatiques comme européens.

Dans le Fils de l'Homme comme le Divin non encore incarné, s'engendre la Mère[8] des mortels qui jaillit des mains

---

[6] Cette expression « *pas encore* » est employée par abus de langage, pour ce qui, Dieu, a l'éternité comme lot. *Logique*ment, c'est-à-dire par essence, Dieu n'a pas d'avenir, vu qu'il n'a pas de passé. Il est dans le présent continu. *Chrono*logiquement, l'humanité chrétienne moderne conçoit « son » Dieu anthropo-morphiquement comme Celui qui allait ultérieurement entrer dans le temps qui passe.

[7] Avant de créer le ciel et la terre, en réalité Dieu créait le ciel et la terre. La pensée de Dieu dont la puissance extrême est constituée par sa volonté, précède la création ce, en tant que « la volonté de Dieu n'est pas une créature, elle est antérieure à la créature, puisque aucune créature ne peut arriver à l'être, sans la volonté préexistante du Créateur. La volonté de Dieu est donc sa substance elle-même » (*Idem*).

[8] Marie de Nazareth était présente en la pensée de Dieu comme Vierge et vue comme telle depuis toujours. Le « depuis toujours » signifie avant la création du monde, depuis que le ciel et la terre sont, et après que le ciel et la terre seront passés. La virginité, pureté spirituelle, est

du Dieu-Père. Il s'y rencontre ainsi, en mystiques épousailles, la Mère des mortels et l'Esprit de Dieu comme Epoux de cette Mère.

Dans le Corps du Christ, il se rencontre enfin, en succession, les différents esprits divins que sont les anges, qui assurent le service de cette demeure commune et universelle qu'est le Christ.

En prenant conséquemment au sérieux ce que recouvre l'ouverture à l'altérité au prisme de l'unité dans la différence, l'on dirait que, tout comme la finitude peut avoir l'infinitude pour différence, et l'immortalité la mortalité, de même la parole pourrait avoir le silence ou l'agir comme autre.

Constitue l'autre de la Parole, le silence qui agit fondamentalement sur le matériel qu'il com-porte. Et, pourquoi le silence ? Parce que « la parole [éternellement,] appelle [les mortels]. Un tel appel nous a toujours déjà été accordé en tant que nous sommes toujours déjà nés » (Blanquet, 2014) du virginal Silence de la mortalité inaugurale dont jaillit la résurrection qui a devancé la création, laquelle constitue le proprement étranger.

La considération de l'ouverture à l'altérité, au moyen de l'étrangère mêmeté des matériels qui traversent l'unitaire système spatial de l'esprit vivant, autorise à proposer que le vide de la mortalisation des différents cultures, savoirs, et provenances et autres races, peut avoir la plénitude de l'immortalisation comme spiritualisation pour identité.

Fort de ce fondement théorique, nous demandons alors : et si l'état mortalisé de la parole signifiait son introduction au silence de l'immortalisation ? Une telle interrogation vise à savoir s'il est possible que l'immortalisation ait le silence pour lot.

---

dès toujours. La Vierge Marie est dès toujours en Dieu. Comme en Dieu, il n'y a rien d'impur, aucune autre créature n'a pu être en Dieu avant la création. De ce point de vue, avant la création du monde, l'unique création que Dieu faisait n'est autre que la Vierge Marie.

Elle vise aussi à savoir si l'état mortalisé de la parole signifie sa phénoménalisation. Interroger de la sorte, c'est questionner en vue d'une mortalisation de la parole constitutive de sa phénoménalisation dans le silence d'un agir qui partage la finitude propre à la vie humaine.

Cette interrogation dissimule une double direction de sens. Elle demande si la finitude, dont le propre serait d'agir dans la mortelle humanité, a le pouvoir de communiquer la mortalité à la parole. Elle questionne en même temps pour savoir si la parole, en son essence possiblement divine, a besoin de la mortalité, autrement dit, de la phénoménalité comme de son autre.

Par le vocable de la phénoménalisation comme mortalisation de la parole, nous désignons l'accès à la mortalité, pour ce qui, la parole en l'occurrence, est d'ordinaire perçu comme partageant la vie divine[9].

Nous postulons que la parole a besoin du silence comme le divin de l'humain. Ce besoin s'exprime sous une forme autre que ce qui vise à la satisfaction d'appétits qui seraient non essentiels. Tout comme l'animal, mortel, l'homme peut éprouver un besoin naturel de nourrir sa chair. Tout comme le Divin, immortel, l'homme peut éprouver un besoin spirituel de nourrir son âme. Le premier besoin, pris en lui-même, est inessentiel. Le second est en soi nécessaire. Mais l'un et l'autre besoins, considérés du point de vue de l'homme comme composé d'âme et de chair, sont nécessaires. L'un est nécessaire pour la fin de l'autre comme l'autre par le fait qu'il a besoin de l'un pour servir le même qu'est l'homme, à la fois comme le mortel humain et comme le divin, immortel.

Sous l'angle interprétatif ci-dessus, le besoin du silence que peut éprouver le logos nous semble de toute nécessité. Il est aussi nécessaire que le besoin d'humanité qu'éprouve

[9] Partage la vie de Dieu, tout esprit qui émane de Dieu.

onto-logiquement le divin. Un tel besoin est loin d'être pathologique.

C'est Renaud Barbaras (2008 (1), p. 369-370) qui observe : « Du point de vue d'une vie vécue comme simple satisfaction des besoins, la dimension de la phénoménalisation ne peut apparaître que comme relevant de l'exception, comme étrangère au vivre comme tel ». Or, divine, la parole ne peut vivoter, ainsi que le ferait un mortel en mal d'humanité.

Seule une parole prononcée dans l'errance en vue de satisfaire un besoin seulement ponctuel de s'exprimer, peut relever de la dimension d'une exceptionnelle phénoménalité. Dans ce cas, la phénoménalisation n'apparaîtrait que comme relevant de l'exception, comme étrangère au parler comme tel.

Mais, pour ce qui a le parler en propre, à savoir la parole, la phénoménalité relèvera d'un besoin se faisant nécessité, et nécessité d'une essentielle logicité[10]. Essentielle est la nécessité qui concerne le fait pour la parole de se faire phénomène au sein d'une logique étant historique et seulement historique.

Ce, au sens où Aristote parle par exemple d'une nécessité simple[11]. La dimension de la phénoménalisation y apparaît intrinsèque à la parole. Elle lui est intrinsèque en tant que la nécessité logique qui s'oppose aux nécessités hypothétiques.

---

[10] Certains auteurs, à partir des « chapitres VIII et IX du deuxième livre de la *Physique* d'Aristote, réservent cette expression à des contextes téléologiques, dans lesquels la condition de la nécessité en question est une fin particulière » (Tengelyi, 2014, note 22)

[11] « Dans *De caelo* (livre I, chapitre XII, 281b 5-8), Aristote applique à la nécessité la distinction entre ἐξ ὑποθέσεως et ἁπλῶς hors de tout contexte téléologique. Aussi Alexandre d'Aphrodisie oppose-t-il, en se fondant sur De interpretatione, chapitre IX, 19a 25-27, la « nécessité simple (ἁπλῶς) » à la « nécessité hypothétique (ἐξ ὑποθέσεως) » en un sens général » (Tengelyi, 2014, note 22).

La dimension de la phénoménalisation apparaît intrinsèque à ce qui, comme parole vécue, est familier d'un *vivre de la parole* comme de la nécessité qui rend interne son autre, que constitue le *silence de la mortalisation.*

Le passage du besoin de phénoménalisation à sa nécessaire historicité est une assomption. Le nécessaire appartient à ce dont, se phénoménalisant, il apparaît l'impérative nécessité en historicisation dans la finitude.

Dans le chapitre IX du *De Interpretatione* (*Peri hermèneias*), Aristote dit : « Que ce qui est soit, quand il est, et que ce qui n'est pas ne soit pas, quand il n'est pas, voilà ce qui est vraiment nécessaire ».

Aristote établit dans ce passage une différence entre la nécessité conditionnelle (sens élargi de cette nécessité, selon Jules Vuillemin et Richard Gaskin) hypothétique.

La parole s'assume en se phénoménalisant au travers d'une nécessité simple ou encore logique. La parole s'assume dans le silence en vertu du principe d'une nécessité simple, laquelle est, de fait.

Dans le silence, la parole passe de l'immortalité à la mortalité comme fait logique, tout comme le divin délivre son humaine mortalité, via son historicisation.

« Le vivant [qui fait silence] se vit comme mortel [s'immortalisant] parce que la mort ne lui est pas simplement extérieure, comme un simple terme ou une simple abolition, mais lui appartient déjà. [La mort] est, pour [le vivant qui se vit comme la parole qui s'assume,] *constitutive de sa vie même* » (Barbaras, 2008 (1), p. 371).

Or, d'ordinaire, qui dit mortalité oppose le mortel à l'immortel, sinon l'humain au divin. Ce faisant, l'on rapproche l'immortalité du divin tout en réduisant celui-ci au théologique.

Dans ce sas, la nécessité de concevoir la parole comme théologique nous semble nécessairement hypothétique. Par où l'on voit que la parole peut être théologique ou anthropologique et ce par égard pour une nécessité qui n'est pas simple.

C'est par égard pour la nécessité non logique d'une phénoménalisation de la parole que l'on néglige la portée essentiellement anthropologique de la parole. Par-là, l'on s'éloigne de l'humain. L'anthropologique est dès lors taxé de négatif et de secondaire, au regard du théologique.

Or, la phénoménalisation de la parole, qui constitue son apparaître anthropologique, répond à la fin particulière qui est celle pour la parole de délivrer son concept essentiellement divin.

Ce divin, en ce qu'il peut être anthropologique, est d'essence non nécessairement théologique. C'est hypothétiquement seulement que le divin apparaît théologique.

La condition de non phénoménalité de la parole est relative au concept théologique de la parole. Elle caractérise en propre le comportement et la pensée du besoin non nécessaire de la phénoménalité.

Dans cette dernière hypothèse, aux fins de passer pour un penseur fondamental, il est courant que non seulement l'on tienne la parole pour le fondement des phénomènes, l'humain y compris, mais que l'on appréhende en plus la parole comme étant de provenance exclusivement théologique.

Autant signifier, d'entrée de jeu, que la parole, dont il sera question dans notre essai, référera plutôt à un divin anthropologique et non point théologique. En d'autres termes, la parole signifiera le fondamentalement humain, lequel pourrait même fonder le divin, du coup débarrassé de son traditionnel confinement à la théologie.

L'on pressent que, sous les rubriques de l'humain et du divin, le travail *de* la parole mettra en jeu le même et *son* autre. On l'abordera en ayant en vue le rapport de la parole à ce qui dit l'humain. Ce, peut-être au sens où la parole peut dire l'originaire lien du silence à la parole comme à son autre.

Le silence, avant de servir à asseoir des catégories théologiques, nous semble devoir être ramené à la souche biologique, voire, surtout, anthropologique, étant originairement sienne.

Cela signifie ceci : la dignité du Silence, humain, ne consiste pas tant dans la nécessité *onto*-logique de venir juste après la Parole, divine. Le caractère consécutif du Silence et de l'Humain vis-à-vis de la Parole et de Dieu, toutefois, leur confère la supériorité sur le simplement *bio*-logique, animal mais ici, non encore humain.

La dignité du Silence humain tient dans son être affectivement, c'est-à-dire, ici, *praxio*-logiquement, contemporain du divin. Elle consiste surtout dans le fait pour le Silence et pour l'Humain de *chrono*-logiquement précéder la Parole et le Divin.

Sur le plan de l'historicité, la dignité intrinsèque de l'Homme consiste moins à être créé par Dieu, que d'en être spirituellement le contemporain, ou, mieux, de constituer Ce qui en prépare la venue dans l'Histoire. L'affect, en son caractère originaire, est le lieu de la spiritualité.

Essentiellement, selon la nécessité logique, dans l'Esprit comme vecteur d'historique phénoménalisation de la Parole, le Silence est conçu comme Autre de la Parole. Ontologiquement, autre de la parole, le silence est couramment, pourtant, une fois encore appréhendé comme étant de provenance théologique. Le problème de la parole et du silence s'infléchit autant dans le rapport de la Parole à la parole que du Logique à l'Onto-logique.

Au sujet de l'altérité, l'on sait qu'elle est couramment entrevue à l'aune de l'éthique. Il existe, dans l'histoire de la philosophie contemporaine, chez Emmanuel Lévinas (1906-1995) par exemple, des expressions éthiques de la phénoménologie.

Dans ces dernières, sous le prétexte de viser l'anthropologique, l'on appréhende le phénomène humain en un sens, soit théologique soit biologique, mais toujours annexé à des motivations morales.

Les motivations morales du théologique et du biologique s'établissent sur le bien et le mal, lesquels, à leur tour, pour le dire avec Friedrich Nietzsche, définissent caricaturalement un *humain trop humain*.

Au regard de ces visions morales (lesquelles peuvent s'entremêler à l'inhumain comme son autre) de l'humain, il convient, d'entrée de jeu, de porter, par précaution, une précision.

C'est que la réflexion à laquelle pourrait donner droit la phénoménologie de la parole envisagée ici ne sera point éthique, ou sinon, elle visera une éthique qui transcendera le fondamental, se situant pour ainsi dire, après ou en-deçà de toute fondation se définissant par distanciation, c'est-à-dire au regard de l'ontologie.

Nous semble transcender le fondamentalement éthique, ce qui résiste à tout fondement déterminé. Ce, en tant que la transcendance en entente chez nous sera de l'ordre de l'a-logique.

A-logique nous semble ce qui a le rapport affectif au logos pour teneur. L'a-logique tient d'une affectivité telle que la logique comme ratio ne peut en saisir la pratique phénoménalité, laquelle est originairement sans mot, en tant qu'elle n'est qu'agir.

La praxis inhérente à la phénoménalité de la parole en entente ici est mue par quelque chose d'étranger à la logique. La praxis du phénomène de la parole en entente ici ne procédera ni d'une herméneutique théologique ni d'une herméneutique biologique.

La phénoménalité en question ici relèvera une fois encore d'un agir fondamentalement a-logique, c'est-à-dire d'une *logicité* étrangère à la rationalité qui meut le logos propre à une certaine souche grecque, cette souche fût-elle mythique.

Et pour cause, la plupart des mythes, leur irrationalité y compris, ont pour horizon logique une moralité ou encore la fondation d'une société établie sur l'unique rationnel.

Ce qui est ici en jeu ne se phénoménalisera pas à partir d'une morale relevant de quelque culture ou d'une quelconque éthique qui serait déterminée par la rationalité grecque antique.

Le disant, l'on s'oppose une certaine rationalité théo-logique chrétienne, thomiste par exemple, chronologiquement ultérieure à la grecque. L'on s'oppose de même la rationalité judaïque, de Lévinas par exemple, dont la chrétienne serait l'historique accomplissement.

L'une comme l'autre sont logiquement déterminées par la logicité grecque, qui, culturellement, connote du besoin pour les dieux grecs antiques de se phénoménaliser et ce, dans la ligne de la rationalité occidentale.

Bref ! L'humain, comme l'entendront les lignes qui suivent, ne dira point, une fois encore, une éthique théologique. Et pour cause : dans l'histoire, les théo-logies judéo-chrétiennes n'ont, philosophiquement, jusqu'ici été reçues, qu'à partir de la naturaliste théologie fondamentalement grecque antique.

Peu importe que, sommet de la rationalité philosophique occidentale, Hegel et sa descendance philosophique tiennent pour primitives, c'est-à-dire, ici, pré-philosophiques, les théodicées ou les religiosités non hellénisées. Non hellénisées sont les théodicées et les religiosités relevant de cultures autres que la seule rationalité qui serait spirituellement signifiante, à savoir : la rationalité grecque christianisée ou plutôt la rationalité hellénistiquement christianisée.

Chez Hegel, « c'est l'Esprit qui se rend témoignage à lui-même, […] dans la religion, c'est l'Esprit qui se phénoménalise, se manifeste dans le phénomène » (Vieillard-Baron, 2006).

Pour faire court, par-delà la dialectique qui phénoménaliserait le Dieu trinitaire d'un certain christianisme hégélien, la pensée hégélienne demeure une philosophie du monisme ontologique, rivé à l'Être grec antique ayant ultérieurement pris la germaniste – malgré Hegel lui-même – figure de l'Esprit absolu.

Comme l'affirme Hegel, l'absolu, en tant qu'il est essentiellement Idée ou pensée, « se fait agissant [...], s'engendre et jouit de soi éternellement comme esprit absolu » (*Encyclopédie* III, édition de 1830, § 577).

Hegel sous-estime l'altérité en ce qu'elle peut voir le fidéliste ou même l'anthropologique être un autre ontologiquement égal au théologique. Hegel nous semble en conséquence étranger à ce qui s'esquisse ici au sens de l'humain comme phénoménalisation du divin tout comme l'est le silence, en ce qui concerne la parole.

Ce que Hegel réalise du point de vue de l'esprit, dialectiquement, Michel Henry le réalisera du point de vue de la vie, phénoménologiquement.

M. Henry évoque l'impression au sens où l'« autoaffection est la venue à soi de la Vie, sa phénoménalisation. La Vie est donc ce qui se manifeste dans l'impression, comme ce en quoi celle-ci demeure, c'est-à-dire comme l'envers de sa passivité fondamentale. On ne peut mieux dire qu'il n'y a de vie que comme épreuve de soi dans l'affection, par conséquent comme invisible » (Barbaras, 2008 (2)).

L'opinion de M. Henry aurait pu restituer une vision fondamentale de la phénoménalisation. Sauf que comme chez Hegel, justice n'est point rendue à l'altérité. Chez Henry, il n'y a de phénoménologique qu'une vie qui, pour être spirituelle, a cependant le défaut d'enfermer dans l'invisible et l'individuel.

Or, une fois encore, il faudrait que, invisible, la vie, comme spirituelle épreuve de soi dans l'affection, apparaisse à la fois visible, comme naturelle épreuve de l'autre dans l'assomption de soi comme cette différence qui laisse être l'autre.

Le rôle tenu par l'Absolu hégélien est celui qu'Aristote, dans une perspective cependant autre, attribua jadis à la Cité, dans une vision naturaliste où le spirituel a pour analogue le psychologique.

L'homme aristotélicien n'est pas la succédanée d'un esprit solipsiste qui, téléologiquement, ne se réconcilierait qu'avec soi-même au sein d'un rapport monologique dont le déploiement théologique aurait été un panthéisme mû par la naturaliste théodicée. A contrario, la rationaliste spiritualité, aristotélicienne, admet la différence qu'elle ne cherche pas à ramener à l'absoluité du même.

La spiritualité chez Aristote a pour cadre la Cité où sont des semblables – les citoyens – et des différents – les esclaves – au regard des citoyens qui sont des hommes libres. Les uns et les autres tiennent leur statut, non pas ontologiquement, mais praxéologique, c'est-à-dire au travers d'un processus de spiritualisation dont le terme est la phénoménalisation de l'ensemble du corps social comme Cité.

« La psychologie aristotélicienne reste sensible à la nécessité d'une soumission de la partie appétitive de l'âme à sa partie rationnelle. Le sujet est entraîné à orienter ses plaisirs, d'abord esclaves, vers les œuvres qui élèvent et font la joie de l'esprit d'un être dont la nature advenue est liberté, une liberté appelée à délibérer dans l'assemblée des hommes » (Yapo, 2009).

Par où la phénoménalisation de l'esprit citoyen au travers de l'assemblée des hommes qui n'ont le titre de citoyens que pour autant qu'ils ont su se libérer de l'esclavage des besoins primaires qui animalisent les autres, les esclaves notamment, constitue une expression, bien que non encore accomplie, de ce qui s'esquisse dans la présente étude au sens de la phénoménalisation du divin.

La phénoménalisation du divin a chez Aristote le visage de ce que le divin relève d'une spiritualité dont l'éminence a pour analogue la Cité. Ce visage n'est pas encore celui qui se déploie chez nous. Le défaut dans la conception par Aristote du visage de la Cité s'entend dans la mesure où celui-ci peut conduire à la divinisation des cités humaines au prisme des panthéons et des tentatives d'immortalisation des héros nationaux.

Par où l'on pressent que c'est par imitation d'un divin, initialement perçu comme étant de l'ordre des seuls dieux, que se déploie la phénoménalité aristotélicienne et son devenir moderne, chez Hegel par exemple. Aussi bien chez l'un et l'autre, l'on ne voit pas encore que l'humain est originairement divin.

Avant la modernité hégélienne comme telle, l'expression médiévale, chrétienne, officielle, c'est-à-dire en un certain sens, thomiste, de la phénoménalisation de l'esprit de la cité grecque aristotélicienne, se rencontre, sous une forme pervertie, dans « les monastères du haut Moyen Âge ». Elle est par exemple thématisée, en 2007, par Gaëlle Jeanmart au travers d'une *Généalogie de la docilité.*

L'attention de l'auteure se focalise sur « l'esprit de la formation monastique », sur la matérialisation de cet esprit à travers « les Institutions cénobitiques de Cassien » et « la règle de Saint Benoît et celle du Maître ».

Le rapport de l'esprit, cette pointe fine de l'âme, au sens de saint Paul, avec la chair, est moins noble dans le christianisme médiéval, où la chair est appréhendée en un sens non originairement pure, mais ontologiquement perverse. Ce, en dépit de l'habitation de celle-ci par un esprit supposément supérieur. Paradoxe des paradoxes, le supérieur ne parviendrait pas à influer sur l'inférieur. (Voilà qui donne à réfléchir !) D'où le recours « chrétien » médiéval aux châtiments corporels supposés discipliner l'esprit.

Pour résumer l'expérience chrétienne médiévale, relevons ceci : « Châtiant l'esprit sous prétexte de discipliner la chair, on abrutit le sujet. Par ailleurs, exaltant un Christ humilié, on tue l'amour d'un Dieu vivant. Celui-ci fait l'objet d'un deuil antigonien : sans sépulture ni consolateurs, ni même espace pour l'exprimer » (Yapo, 2009).

D'où le ressentiment qui hante l'âme de bien des moines chrétiens ! D'où encore la vision pessimiste du christianisme comme spiritualité qui se rencontre chez des philosophes comme Hegel et Nietzsche qui n'ont pas compris l'unité substantielle de l'Esprit du Dieu immortel avec la Chair de l'Humanité chrétienne figurée par la pureté virginale inaugurale de l'Humain.

Par où l'on peut avoir affaire, aussi bien dans la spiritualité hégéliano-nietzschéene que médiévale, non seulement à une spiritualité désincarnée, mais également à un recul du caractère politique d'une certaine spiritualité chrétienne nostalgique d'un Christ dont le modèle paradigmatique est plutôt grec antique, conceptuel, formaliste et éthique aux dépends de du proto-christianisme, qui est marial, fidéiste et compassionnellement pratique.

Si dans l'expérience moderne de la phénoménalisation du divin illustrée par l'idéalisme de Hegel, l'esprit divin, ou humain – c'est selon – est absolutisé, dans l'expérience officielle chrétienne, le divin s'est phénoménalisé dans l'absolutisation du Curé, analogue non spirituel et non démocratique de la phénoménalisation du divin dans la Cité aristotélicienne ou dans l'hégélienne Révolution française nostalgique d'une Cité athénienne en décadence.

« Dans la « cité » des moines, étrangement policée, et qui fonctionne comme une famille, seul le curé a le pouvoir. Décidant pour tous, il revendique la responsabilité du devenir éternel de chacun des membres de la « cité ». Le sort collectif, maintenu par la peur, est perçu comme pouvant déchoir par la faute d'un seul » (Yapo, 2009).

Pire, « le curé impose ainsi l'absolu d'un impératif de transparence qui coupe, pour l'individu, jusqu'à la possibilité de détenir quelque bien matériel ou intellectuel » (*Idem*).

La curie décadente témoigne d'une expérience chrétienne de la phénoménalisation du divin inaccomplie. Inaccomplie en ce que le corps humain y est esclavagisé, au sens où l'entend Hanétha Vété-Congolo.

Sociologique mais ultérieurement caractéristique de la culture d'une rationalité oublieuse de sa souche affective et non encore au fait de l'égalité spirituelle du divin et de l »humain, l'esclavagisation de l'humain culmine dans le rapport du Noir à l'Occidental.

Elle culmine dans le contexte de la Traite négrière et de son héritage idéologique ; un héritage entretenu au foyer des préjugés raciaux, prétextes à l'entreprise européenne de l'esclavagisation et de la colonisation.

Les affres idéologiques de l'esclavagisation consistent dans le fait de vouloir faire le mal pour faire le bien ; par exemple un mélange d'intérêts civilisationnel européen avec des intérêts censés être purement chrétiens avec les intérêts économiques des négriers.

Comme illustration, « le roi des français, Louis XIII, qui refusait de permettre l'esclavagisation, y consentit lorsqu'on lui affirma que ce système pouvait être un moyen de domination et d'expansion culturelle et que les esclaves adopteraient les valeurs du dogme judéo-chrétien » (Vété-Congolo, 2016, p. 197).

En Occident, de l'ancien au moderne, pas grand-chose n'a évolué dans la vision humaine du divin. Ce, en tant que cette vision n'accède pas encore à l'universel, humain, supposé au fondement de la Raison célébrée par Hellène.

L'expérience grecque antique de la phénoménalisation n'est pas plus accomplie que celle du christianisme officiel et son devenir esclavagiste moderne et contemporain. Et pour cause : ce sont les Grecs, Aristote notamment, qui ont consacré la naturalité phénoménale de l'esclavage que spiritualiseront les moines chrétiens et leurs descendants contemporains, sans oublier les impérialistes modernes dont des princes européens.

Quant à l'expérience spécifiquement moderne de la phénoménalisation du divin, l'hégélienne en particulier, elle est apparue tout simplement inessentielle en ce qu'elle constitue l'entreprise philosophique la plus insidieuse en matière d'hypostase du divin.

Inessentielle et possiblement pernicieuse nous semble l'entreprise philosophique à l'inauguration de quoi l'homme comme virginité originaire et le caractère spirituel, divin donc, du monde humain. Où ils sont niés aux motifs de la prétendue vanité du premier pris comme chose et du prétendu isolement du second perçu à l'aune d'une vision déréalisée du mythe. La spirituelle virginité caractéristique de l'humain et de son monde sont niés en tant que vains et isolés, ils n'auraient rien de subjectif !

Bien que niés, c'est en ces derniers que le prétendu esprit absolu, entreprenant de se subjectivement parcourir, reconnaît le premier moment de son propre procès historique là où, absolutiste, « l'absolu » les invitait à se connaître, non à leur mesure propre, mais à la seule aune de sa dialectique, à lui.

Non respectueux de l'Autre qu'il finit par supprimer pour ne le garder que comme virtualité en son sein, qui plus est négligeant de voir l'obscurité inhérente à sa propre démarche, Hegel et son absolu, dans le narcissique jeu de leur dialectique « raison », rusant avec on ne sait qui, instrumentalisent autant le mythe que le corps de l'autre (homme ou monde). Les ayant instrumentalisés, l'absolu finit par s'y objectiver comme fin de sa « phénoménologie », unique chemin de re-possession et de solipsiste jouissance de soi au prisme d'une unification (d'avec son opposé) que l'on a cependant du mal à rencontrer dans l'histoire.

Mais, dans l'expérience moderne et même contemporaine de la phénoménalisation du divin, à côté de l'herméneutique ricoeurienne de l'histoire, que nous ne thématiserons pas ici, la position de Hans Jonas (1903-1993), qui transcende l'éthique de Lévinas, et porte l'organisme aux rivages du spirituel en phénoménalisation, nous semble à la fois exceptionnelle et fondamentale.

Jonas définit l'organisme comme « ce qui a les mêmes traits généraux que les autres agrégats : principalement le vide, où s'entrecroise la géométrie de forces émanant des foyers insulaires d'êtres élémentaires localisé » (Jonas, 2001, p. 75).

Du point de vue des organismes humains, tous les foyers d'êtres élémentaires imaginables et localisables sur la planète comme ces agrégats (Grecs et Juifs, esclaves et hommes libres, Africains, Américains, Européens, Asiatiques), se rencontrent dans le corps du Christ qui partage en son identité chacune des particules élémentaires constitutives de ces agrégats.

Le Christ comme organisme vivant, comme mortel, pour employer un langage hégélien, est, comme chose dissoluble, du vide. Ce vide nous semble rencontrable sur le Lieu du Crâne quand meurt le prétendu absolu hégélien qui est le divin fils de l'Homme. Ce même vide est rencontrable, le troisième jour après la Crucifixion du Christ, dans le tombeau du divin, berceau de l'humain. Dans le vide du bois de la Croix et de la pierre du tombeau-berceau, se rencontrent les agrégats de l'Élément, eau, terre, feu, air, constitutifs de tout vivant, humain comme divin, Dieu comme Homme.

Chez Jonas, le vide est formel. Mais, phénoménologiquement, l'on perçoit ici que le vide, loin de toute vacuité, est plein d'esprit. En effet, l'eau, le feu, l'air sont les éléments de l'Esprit vivant dont leur autre, la terre, compose la Virginité terrestre que constitue l'humanité originaire. Aussi, comme forme – entendez, esprit – vivant, le Christ est l'unité où s'identifient chacun des agrégats que sont les organismes composant l'univers et que, l'unique Jésus-Christ, dans sa phénoménalisation comme natalité-mortalité-résurrection, porte dans le spirituel.

Où l'on voit que la philosophie de H. Jonas, lue à partir de la phénoménalisation de la parole, originairement humaine, ouvre le vide des différences Homme/Dieu ou des différences de visions occidentale/chrétienne (catégories retenues par l'exégèse) qui s'entrechoquaient, à ce vers quoi font signe les notions jonassiennes de vie et de forme.

Accéder à ce dont la forme vivante qu'est le corps, humain, est le signe, on l'aura perçu, c'est avoir saisi l'intuition philosophique de l'époque contemporaine telle qu'elle peut trouver, en notre lecture appropriative de la phénoménologie de Jonas, une expression des plus avancées. En notre sens, radicaliser la pensée de Jonas oblige concevoir le vide préexistentiel comme la plénitude de l'Esprit en incessante phénoménalisation au travers du vécu des générations successives d'organismes humains.

La position de Jonas a ceci de nouveau que ce qui y est perçu par H. Jonas lui-même comme « forme vivante » ou encore comme « identité formelle » par son exégèse figurée par Danielle Lories et Olivier Depré (2003, p. 58), nous semble devoir être incliné, non pas vers la seule forme ou la seule vie organique, mais d'emblée dans le sens de l'Esprit Saint et du corps du Christ comme chair humaine originairement spiritualisée en la Vierge Marie.

Délaissons un tant soit peu les considérations historiques, même cette espèce d'archéologie du présent de la phénoménalisation comme la spiritualité qui humanise, pour en préciser la pertinence scientifique.

Préciser plutôt que, sur le plan de l'ontologie de la parole, tout comme celui de la phénoménologie du corps, pour autant, nous ne prétendrons point à l'originalité. Nous ne sommes pas les premiers à nous employer à une réflexion radicale concernant ce qui, en son apparaître, nous semble la corporelle phénoménalisation de la parole.

En 2008, D. Poppa a demandé : « Quel est le rapport que le langage entretient avec la phénoménalisation, ce mouvement de manifestation qui nous fait venir aux phénomènes compris dans leur apparaître originel ? » (p. 237).

En son questionnement, Poppa quête « l'origine phénoménologique du langage » (*Idem*). Le silence qui symbolise l'humain, autrement dit, ce qui vient de l'humus, et qui dans l'intime conscience d'une telle provenance, a l'humilité comme caractère propre, nous semble être cette origine du langage quêtée par Poppa et, par ricochet, la phénoménologie contemporaine.

Plus fondamental que la perspective lévinassienne qui, par exemple incline la perception vers le social, nous semble ce vers quoi fait signe le point de vue de Poppa. Celui-ci est fondamental en tant qu'il transcende l'aspect social de l'éthique telle qu'en-visagée par Lévinas.

Le silence au fondement du langage a pour force d'ouvrir à de l'anthropologique au caractère spirituel. Le spirituel nous semble capital en tant qu'il apparaîtra comme l'horizon phénoménologique étant conforme à l'humain ainsi qu'il est susceptible de pouvoir répondre aux attentes fondamentales de notre époque.

L'humain, tel que nous l'en-visageons dans cette étude, ne sera alors point réductible au social, il sera amoral, inaccessible même aux canons d'une théologie morale qui apprécierait les choses à partir d'une casuistique culturelle et sociologique.

Au XXIe siècle, l'humain sera expérientiel ou ne sera pas. Il référera au vécu relationnel en sa radicalité affective ; d'une affectivité telle qu'elle transcende autant le politique, le moral, l'éthique, le social, que toute religiosité pour installer dans la pure spiritualité. Pure est la spiritualité comme la pratique qui culmine dans la passion. Une telle passion définit l'attitude de la personne qui n'a de cesse de se consumer pour l'autre.

La passion spirituelle ne le peut que pour autant qu'elle a déjà pris en charge autrui. L'originaire prise en charge d'autrui qui définit la spiritualité en son caractère phénoménologique se donne et se reçoit sans raison, sans même avoir sensoriellement perçu autrui.

Elle se vit dès toujours et pour toujours dans sa chair, de façon unilatérale, en étant entièrement voué au prochain, sans rien attendre de politique, de moral, de social voire d'éthique provenant en retour d'autrui, un peu comme chez Lévinas.

Chez Lévinas, « l'accès au visage est d'emblée éthique. [...] La relation sociale avec le visage peut certes être dominée par la perception, mais ce qui est spécifiquement visage, c'est qu'il ne s'y réduit pas » (Lévinas, 2001, p. 89-90).

Tout comme l'éthique, la spiritualité en vue dans la présente étude se veut relationnelle. Tout comme la perspective intellectuelle étant celle de l'éthique lévinassienne, elle met en lien avec l'Autre dont le moi doit radicalement se sentir responsable.

Mais la réalité historique actuelle oblige à considérer qu'intellectuellement, il y a une exigence qui dépasse l'éthique sociale pour originer la recherche scientifique de notre époque dans un-delà qui est à la fois un en-deçà.

Comme le dit Henry (2005), « la recherche doit nécessairement sortir de la sphère de la subjectivité pour élaborer une problématique concernant le corps, et cette démarche ne doit plus nous apparaître comme contingente mais comme exigée par la nature même des choses ».

En effet, « il y a à notre époque un enjeu intellectuel, [...] à faire entrer en dialogue constructif scientifiques et porteurs de la spiritualité » (Depraz, 2014). Science et spiritualité doivent dialoguer en vue d'une spiritualité qui, en notre sens, ne sera viable, que si elle s'établit sur le caractère pré-séant du corps sur le sujet pensant.

Et pour cause, plus que l'intelligence, le corps est le lieu du vécu affectif qui concerne l'esprit en son caractère affectif ; une affectivité dont la caractéristique majeure est la manifestation corporelle au travers des sentiments, des émotions et de la volonté, cette dernière qui nomme l'esprit du sujet humain.

Il s'agit aujourd'hui d'expérimenter une fois encore le rapport à l'autre dans sa radicalité affective qui s'incarne dans ses manifestations charnelles voire corporelles. Ce rapport est radical parce qu'il invite à passer du rapport subjectif entre le moi et l'autre (tel que la philosophie contemporaine peut en avoir pris conscience à l'aune des philosophies du sujet) au rapport affectif, fût-il le plus ténu, entre l'âme et le corps, et à ce rapport tel que l'esprit en est, à la fois, le lieu médian et de l'apparaître.

Depuis cet apparaître, se manifeste en son apparence phénoménale, la manifestation. Laquelle se ressent dans l'apparence, aussi bien dans l'âme, en ce qui concerne le plus mû par le désincarné, que dans la chair, pour l'incarné. La chair est le corps de l'esprit vers lequel penche davantage ce qui vit essentiellement dans la chair. L'âme est le corps de l'esprit vers lequel est incliné ce qui ne vit plus ou pas encore dans une chair mortelle. Mais, pour le commun des mortels, tout ceci ne va pas de soi !

Tout comme il semble possible que le silence humanise le divin, ou encore que le divin éternise l'humain, de même comment ce qui est charnel passe-t-il dans ce qui réfère à l'âme et vice-versa ? Voilà qui requiert des passeurs pour se laisser admettre par la plupart de nos contemporains qui n'en ont pas encore conscience.

Dans l'optique de refaire droit au vécu spirituel, « il semble qu['une] phénoménologie [radicale] soit la discipline philosophique la mieux à même de jouer [l]e rôle de passeur, en vertu de son aptitude à l'expérimentation et à la description, à la croisée du vécu subjectif le plus ténu et de la rigueur descriptive la plus méticuleuse » (Depraz, 2014).

Or, ce qu'il s'agira de décrire désormais, c'est le vécu subjectif de l'esprit en tant qu'il prend pour cadre affectif de manifestation le corps individuel. Ce, avant que de prendre chair dans le corps social que peut être une sphère religieuse donnée.

Même si elle radicalise la perception du moi et de l'autre, l'éthique peut-être sociale sans être nécessairement spirituelle, de cette radicalité affective du spirituel à laquelle même la religion, judaïque, ou chrétienne courante, n'accèdent pas encore.

Que le phénoménologique transcende le perceptif pour, d'emblée, installer dans le pathos, dans le pâtir relatif au sentir qui *relationne* originairement chacun à autrui comme à tous, c'est ce que la phénoménologie contemporaine, héritière des travaux inauguraux de Husserl, déjà, conçoit.

En 2011, M. Henry a par exemple établi sa pensé sur la théorie rousseauiste du « bon sauvage », lequel nous semble davantage déterminé par la conscience, cet instinct divin, que le rationaliste acteur de la décadence de l'humanité. Partant du « bon sauvage » thématisé par P. Audi, M. Henry a notamment montré que, pour ce phénoménologue, la parole se phénoménalise dans le vécu affectif du sentir à la fois pur a priori et pur a posteriori.

La parole nous semble se phénoménaliser, avec le silence, dans l'agir inhérent à la passion. Cela nous permet de définir l'homme, non plus comme un animal rationnel, mais comme le divin qui, dans l'intime de sa chair, pâtit.

« La modalité originelle de la phénoménalisation de la parole, son surgissement phénoménologique n'[est] pas [, selon Rousseau,] relatif à la "perception" préalable des états de choses au sujet desquels il devrait être dit quelque chose (comme c'est par exemple le cas dans le *De interpretatione* de Aristote), mais bien plutôt de l'ordre du sentiment » (M. Henry, 2011).

Et du sentiment tel qu'originairement il dit le sens commun, fondement d'une communauté d'esprit. L'Esprit nous semble dire la communauté qui rassemble l'humain et le divin en en faisant des semblables. Le silence de la parole, qui se présentera dans la mortalisation qui éternise mortels et divins, nous semble la réponse que donne l'humanité à la divinité.

En cette donation se reçoit l'humain comme essence silencieuse de la parole. Parce qu'essentiel, le silence de la parole qui est l'originaire agir de la chair en sa pureté phénoménale, a précédé tout rapport social à autrui.

Un tel rapport, qui redonne toute sa place au corps humain, est qualifié par d'aucuns comme une « reconsidération du corps comme méta » (Castillo, 2016, P. 200). C'est bien ainsi que P. Castillo, chez qui sont conciliées les phénoménologies de Lévinas et de Henry, caractérise celles-ci comme de « la méta-phénoménologie ».

Qui s'établit selon elle, sur ce que Henry (2005) appelle « l'être incarné de l'homme, et non pas la conscience ou la pure subjectivité ». Selon Castillo, la méta-phénoménologie, qui place le corps au-dessus, mieux, avant le sujet, constitue chez Henry, « le fait originaire dont il faut [...] partir ».

Dans la phénoménalisation de la parole comme entrée de celle-ci dans le silence de l'agir fondamental, se co-présentent en leur dimension charnelle mortels et immortels, c'est-à-dire ce dont ressortit toute altérité possible.

Prenant au sérieux les facettes de l'expérience d'autrui présentées dans le § 50 des *Méditations cartésiennes* de Husserl, N. Depraz (2008, p. 183) a interrogé : « Comment rendre autrui présent en moi, à moi, pour moi, comment me rendre présent à autrui ? » Elle en a réalisé que chez Husserl, « la transcendance de l'autre n'est en rien celle du « tout autre », elle est accessible, proche, voire familière » (*Idem*).

Le silence de l'agir fondamental qui offre à la parole sa phénoménalité communautarise humains et divins, mortels et immortels. En lui sont originairement unis tous les étants. Pour le dire en modalité rousseau-audio-henryenne, où la parole devient semblable au silence, tout comme le divin à l'humain, et l'immortel au mortel, le moi qui parle et l'autre constitué par son pré-existentiel-se-taire, sont « plus exactement [unis] sous le mode de l'émotion ressentie par un "homme sauvage" dans un contexte où ses "semblables" lui sont aussi – et sur un mode éminent – coprésents » (M. Henry, 2011).

Par le mot de phénoménalisation, l'on approche à la fois l'origine et le mouvement de production d'un phénomène. Si l'origine, dans la représentation courante, peut être derrière soi, comme mobilité, la production quant à elle, semble concomitante de l'apparaître du phénomène.

L'on peut accepter d'appliquer ces deux visions, concomitantes – parce que contribuant ensemble à la définition du phénomène – de la phénoménalisation.

Du point de vue temporel la phénoménalisation semble renvoyer à la rencontre du présent de l'effectuation avec le passé relatif à la genèse du phénomène.

Sous la thématique du rapport de l'humanité à la parole, l'on s'intéresse, de manière particulière, à la phénoménalisation de la parole comme engendrement de l'humanité.

Supposons que « l'expression phénoménalisation de la parole comme engendrement de l'humanité » fasse sens. Une telle acception sous-entend que la parole s'effectue, autrement dit, se réalise, dans le temps même où s'engendre l'humanité. Parole et humanité deviennent dès lors contemporaines.

Supposer cela, c'est, en regard du premier élément définitoire de la phénoménalisation, à savoir la genèse, avoir déjà mis entre parenthèses la vision selon laquelle la parole pourrait avoir précédé l'humanité. Ce qui voudrait aussi signifier une manière de ne pas mettre la genèse de la parole en arrière de la parole-même.

Mais, à supposer un instant que quelque chose ait précédé la parole, que pourrait-ce être d'autre que la parole elle-même, à moins toutefois de soutenir qu'il doive nécessairement avoir existé quelque chose d'autre que la parole, si l'on ne veut pas voir la parole coïncider avec sa source.

À supposer que le silence puisse avoir été avant la parole, il s'ensuivra une conséquence lourde de portée quant au rapport de ce qui est couramment perçu comme transcendant : à savoir, la parole. Celle-ci, est de fait rapprochée de ce qui dépasse l'humain, à savoir le divin. Transcendante serait la parole vis-à-vis de ce qui est simple, à savoir le silence comme autre de la parole.

C'est la parole qui, parce que composée, deviendrait compliquée, eu égard à son autre, le silence, qu'elle supposerait contenir. Tout dès lors semblera se passer comme si la parole avait dès toujours été précédée du silence. Le silence dans ce cas structure la parole. Elle constituerait la genèse de la parole. Sa structure génétique, la parole l'aurait mise de côté aux fins de se poser.

Si la parole, en sa composition, admet son autre, et si le propre de la parole est d'être de l'ordre du transcendant, que l'on nomme couramment Dieu, il s'ensuit ceci : la parole advient dans le même temps que son autre, le silence, lot des mortels que l'on dénomme hommes.

On dirait que l'on dispose maintenant de suffisamment d'éléments qui, telle en une axiomatique, participent de la genèse et de la production du phénomène de la parole.

Notre axiome de départ, ainsi se libelle-t-il : phénoménalisation de la parole couramment perçue comme étant de souche transcendentalement divine, le silence constitue, pour l'humanité, l'immanente expérience de sa natalité.

La réflexion qu'engage ce postulat prend place dans le cadre de la phénoménologie de l'humanité virginale. Celle-ci pourrait être traduite par la proposition suivante : la natalité humaine découle de son être fondamentalement virginal. Lequel a pour déterminante son intimité avec l'éternité du divin.

Au plan conceptuel, la nécessité de faire voir le phénomène de l'humanisation de la parole oblige à laisser apparaître en leur clarté respective, les notions suivantes : le divin, l'humain, la natalité, la mortalité, la parole, le silence et la virginité. Avant de s'y résoudre, passons par un petit rappel, quant à la faisabilité de l'entreprise qui, en gros, est celui de l'essai.

Le rappel concerne un article produit au siècle dernier. Qui pourrait nous conforter dans la perspective d'une exploration heureuse de la natalité comme virginité.

En manière d'article relatif à la natalité, sous le titre « Engendrement éternel et naissance virginale […] », Ménégoz Fernand, en 1940, a développé une réflexion dont le cadre, il importe de le préciser, fut la dogmatique chrétienne.

Pour notre part, lecteur d'un auteur ayant travaillé sur la phénoménologie de la vie religieuse, à savoir Martin Heidegger, il semble possible de parvenir à une issue heureuse. Heureuse sera notre entreprise relative à l'introduction au courant d'une phénoménologie dont la spécificité sera d'être à orientation anthropologique.

Le bonheur sera d'être parvenu à établir la natalité humaine sur la mortalité du divin, le tout en pensant la relation originelle entre l'humain et le divin.

Sur le lien du divin au Dieu et à l'Homme, il va de soi qu'un Dieu qui n'aurait rien d'humain ne saurait connaître la mort tout comme un divin auquel il ne répugne pas de mourir ne s'offusquera point à l'idée de connaître la mort.

En conséquence, peut-être la phénoménologie en vue ici sera-t-elle en rapport, moins avec une mortalisation de ce qui, par essence, n'est pas mortel, c'est-à-dire Dieu, qu'avec la plastique, c'est-à-dire l'art poétique appliqué à la thématique du divin.

L'on s'accorde généralement pour dire qu'est divin ce qui appartient à Dieu. Pour notre part, est divin ce qui peut être de Dieu, c'est-à-dire être ontologiquement éternel, mais a comme particularité d'appartenir à la fois à l'humain, c'est-à-dire d'être, facticiellement, mortel.

Aussi, notre point de départ voudrait-il être le suivant : de la mort du divin naît l'humain. Un tel propos, s'il peut heurter la sensibilité courante, pourrait néanmoins faire sens en ce qui regarde la sensibilité poétique. Dans ce cas, l'on prendra avant tout garde que poétique ne signifie pas affabulatoire.

En ce qui regarde le lien de la poésie à l'expérience même de la vie, l'idée que la mort du divin constitue, pour ainsi dire, le berceau de l'humain, n'est pas sans approcher la vision entretenue par ce célèbre poète français du XIXe siècle qu'est Victor Hugo ; vision que restituera, entre autres, l'une de ses citations littéraires.

La citation se libelle comme suit : « Le berceau des enfants est le tombeau des parents » ! La relation des enfants aux parents s'inscrit dans celle du Nouveau à l'Ancien. L'une comme l'autre des relations décrivent la tradition, qui se retrouve en toute institution, la biblique aussi.

Par-delà la poésie, notre essai trouvera toute sa pertinence, à la fois scientifique et sociale, en une déclinaison fortement anthropologique de la virginité qui, au-delà de la philosophie comme de la théologie, a pour assise, la tradition scripturaire judéo-chrétienne.

Au sujet des Écritures, « les narrations concernant la naissance virginale de Jésus, […] on les lit dans Matthieu 1, 18-25 et Luc 1 26-39 » (Ménégoz, 1940, p. 105).

En plus des Écritures, un autre lieu de fondation scientifique de notre recherche, ici, fidéiste, constitue la dogmatique chrétienne, surtout le dogme de l'Immaculée conception, lequel fait scripturairement écho mais fonde facticiellement la nativité virginale de Jésus de Nazareth.

Sur le plan spécifique de l'anthropologie politique ou culturelle hébraïque, les Écritures « se greffent sur une tradition plus ancienne qui présentait le «Messie » Jésus comme descendant matériellement, par son père Joseph, de David, et cela soit par la lignée royale (Mt. 1, 17 ; cf. 1, 20), soit par une lignée de particuliers (Luc 3, 23-31 ; 1, 27-32 ; 2, 4-11) » (Ménégoz, 1940, p. 105).

Divin, le Messie chrétien est un homme. Son arbre généalogique renvoie à l'histoire de notre espèce en son caractère multiséculaire. Son histoire s'insère dans une unique tradition généalogique : à double ramification, autant celle du peuple d'Israël, que celle de ses rois. L'une comme l'autre seront mutées, par après, de la sphère spécifique à la culture juive, à la tradition spirituelle du christianisme que la tradition juive fonde.

« De cette vieille tradition, des traces subsistent dans les Évangiles (Mt. 13 55 ; Luc 2 33.48 ; 4 22 ; Jean 1 45 ; 6 42 ; voir aussi Luc 227.41.43). Le manuscrit dit *Syro-sinaiticus*, découvert en 1892, en conserve même, dans Mt. 1, 16, cette leçon : «Joseph... engendra Jésus, appelé le Christ ». (Ménégoz, 1940, p. 105).

La naissance de Jésus relie l'Ancien au Nouveau Testament, tout comme l'événement d'une nouvelle-naissance, en toute famille, resserre les liens entre la génération vieillissante et la génération montante.

Si ce lien de l'Ancien au Nouveau se vérifie pour Jésus de Nazareth comme homme, cela ne se pourra néanmoins pas en ce qui concerne le Christ que ce même Jésus, comme Dieu, est. Il faudrait qu'un événement exceptionnel fût l'intermède entre le Dieu et l'Homme, entre la tradition théologique adossée à l'histoire d'Israël et le phénomène inaugurée dans la virginité. Ce n'est pas tout.

La virginité spirituelle entendue comme pureté, a comme portée phénoménologique, de pouvoir relier les divins et les humains. Si elle peut être de provenance théologique, c'est-à-dire procéder de Dieu, et s'originer dans la tradition théologique catholique, la pureté virginale a sa phénoménalité dans l'anthropologie, c'est-à-dire, la liaison du divin à l'humain.

« Dans l'ensemble, la […] tradition a cédé la place, dans Matthieu et dans Luc, à un thème nouveau : celui de la naissance virginale du «Messie ». La couture entre l'ancienne et la nouvelle tradition apparaît clairement dans Mt. 1, 16 et Luc 3, 23 » (Ménégoz, 1940, p. 105).

La pureté virginale a, phénoménalement, c'est-à-dire, ici, historiquement, son inauguration dans le passage de la tradition culturelle prise en charge par la théologie judéo-chrétienne, à l'anthropologie philosophique.

Cette anthropologie se fera phénoménologie. La philosophie fera voir l'inauguration de la virginité comme caractère de l'humain. Elle le fera via l'événementialité même de la facticité vécue par la Vierge Marie. Ce vécu appert dans la tradition culturelle et religieuse juive assumée par celle-ci comme proto-chrétienne à Nazareth.

Le proto-christianisme marial a pour teneur propre la rupture événementielle où se constituent à la fois l'Annonciation, la Nativité de l'Homme mais aussi la Mortalité du Divin comme expériences inaugurales de l'Humain.

La Nativité, comme dogme religieux en lien avec la Mort du Christ comme Mortalité du Divin, et la Mortalisation comme virginalisation du mortel, sont respectivement déthéologisables et démoralisables, en visée purement anthropologique. Par où le dogme se dessaisira de sa charge théologique. Par où encore la théologique moralisation des concepts philosophiques se déchargera de sa teneur culturelle. La mortalité et la virginité laisseront dès lors apparaître l'universalité du caractère fondamental de ce dont la nativité et la virginité annonce sont le nom. Elles sont le nom de la manière dont le Divin (enfant du divin) nait de l'humain en se faisant enfant dans les mains virginales du divin (parent du Divin).

Un enfant qui naît, ce sont les parents qui s'éteignent un peu. La venue au monde d'un enfant, du fait que ses parents lui ont donné *la* vie, rappelle déjà à ses géniteurs que, du point de vue de l'anthropologie, autant philosophique que culturelle, tout homme est déjà assez vieux pour mourir.

La mortalisation, pourtant, est une thématique que l'on sait étrangère à la représentation moderne de l'humain. Si selon la représentation commune, il est un lien de proximité entre la mortalité et l'humanité, en revanche, l'objectif naturel de l'humanité semble de s'immortaliser sur terre.

L'histoire de la philosophie en constitue une attestation. L'ambition initiale du Père de la Modernité était de développer la médecine aux fins de voir l'humanité se perpétuer sous le ciel, et il était nécessaire de trouver la science qui servirait de moyen pour une telle fin.

La médecine était pour lui la science des sciences : la « conservation de la santé est sans doute le premier bien et le fondement de tous les autres biens de cette vie» (*Discours de la Méthode*, 6e partie).

Descartes souhaitait la longévité pour rendre les hommes « comme maîtres et possesseurs de la nature. Ce qui n'est pas seulement à désirer pour l'invention d'une infinité d'artifices, [...] mais principalement aussi pour la conservation de la santé ; laquelle [serait] le premier bien et le fondement de tous les autres biens de cette vie : car même l'esprit dépend[rait] si fort du tempérament et de la disposition des organes du corps ». (*Idem*).

On compend que c'est prenant une pente abrupte et inverse à celle de Descartes, c'est en prenant, pour ainsi dire, le contre-pied de la manière de voir de l'humanité d'« aujourd'hui », que la présente étude postule que le mourir constitue le cadre même pour la natalité de l'humain.

Si on a entendu Heidegger signifier que « dès qu'un homme est né il est assez vieux pour mourir », le poète anglais Wordsworth, nous apprend que « l'enfant est le père de l'homme ». Que de célèbres pensées faisant voir qu'il est un lien étroit entre natalité et mortalité !

Aussi, en partant du commun au spécial, l'engendrement sera conceptualisé dans le rapport avec son autre que constitue la mortalité. Par-delà la natalité, on sait que la mortalité a partie liée avec le fait de se taire à jamais, d'entrer dans un silence définitif, ou tout au moins relatif.

D'emblée, la notion de la mortalité sera approchée à partir de l'une de ses déclinaisons, la phénoménalisation du silence en particulier.

En vertu de la thématique de la phénoménalisation de l'humain, ici, en essai de conceptualisation, il sera essentiellement question de présenter l'expérience au travers de laquelle en entrant dans le silence, l'Étant, accède à la mortalité.

Mieux, accéder à la mortalité pourrait signifier pour l'Étant, accéder à l'humanité. L'accès à la mortalité comme expérience du silence sera abordé en rapport avec le phénomène qui, à lui, semble s'opposer, la parole notamment.

Or, la problématique du rapport de l'humanité à la parole n'est pas une mince affaire. Et pour cause : la parole est couramment présentée comme étant à la source de l'humanité.

« La parole est un phénomène dont nous projetons spontanément l'origine au début de l'humanité et du temps » (Van Haecht, 1947, p. 189). D'ailleurs, ne dit-on pas que « la parole est l'origine même de l'histoire et de l'humanité » (Idem) ?

Notre objectif général, qui s'oppose à la vision commune, est de montrer que le silence constitue le phénomène d'accession de l'Étant à l'humanité.

L'intérêt de l'étude est de démontrer ceci : moins que la parole, c'est le silence qui constitue l'essence de l'homme. Que le silence fonde l'humanité, cela signifie : l'humanité trouve son émergence dans la mort de la parole originelle.

Un objectif subsidiaire s'attache à la généralité plus haut formulée : il s'agit de montrer que la poésie constitue la discipline qui, mieux que tout autre mode du savoir, permet d'accéder à la phénoménologie du silence.

Nos objectifs devront s'affronter à ceux de la philosophie de la parole. L'on verra d'abord que la pensée consacrée à la parole sera présentée par Heidegger comme recelant quelque chose d'ontologique, de non point chimérique, donc !

Théoriquement, le logos heideggérien se présentera comme détenant encore quelque chose de métaphysique. La métaphysique rivera aux dieux, au démiurgique et à une annexion de l'anthropologique au théologique.

Or, Heidegger reprocherait à notre démarche d'être métaphysique parce qu'elle ne serait pas médiatisée par la question de l'essence de l'être. Pour lui, « toute détermination de l'essence de l'homme qui présuppose déjà, qu'elle le sache ou non, l'interprétation de l'étant sans poser la question portant sur la vérité de l'Etre, est métaphysique » (Heidegger, 1966, p. 77).

Pour notre part, toute détermination de l'essence de l'homme qui ne passe pas par une herméneutique anthropologique mais qui subordonne l'anthropologique à l'ontologique, en ce que cette dernière démarche s'établit sur une essence non pas immanente mais transcendante, est métaphysique et non point phénoménologique.

« Comme l'a écrit Heidegger [lui-même, ici, pris au mot], il est phénoménologiquement absurde de dire du phénomène qu'il se dresse devant quelque chose de plus fondamental qu'il ne fait que représenter (Heidegger, 1979, p. 118) » (Zahavi, 2008, p. 512).

L'intérêt du phénoménologique que nous élirons dans l'essai sera de faire passer d'un logos abstrait à l'eidétique (au sens de Husserl) silence dont la particularité sera un agir physique (au sens marxo-richirien).

Ramenant à la praxis, cet agir touchera jusqu'à l'essence de ce qui est astral, voire à l'angélique en tant qu'il détient un lien qui passe du faux-semblant à l'essentiellement humain : celui du silence.

De nos jours, l'art musical comme les événements politiques, sont l'illustration du règne de pseudo-lumières prétendant éteindre la Lumière. C'est ce qu'illustrent dans un pays comme la Côte d'Ivoire, la promotion d'une musique urbaine comme le « couper-décaler » (dont la symbolique est de « voler et s'enfuir »), de même les embrouilles politiques rencontrées par le « juste ».

Face à la mise en valeur de tout ce qui brille sans forcément être de l'or, notre intention sera de montrer comment l'apparition d'étoiles dans l'univers obéit au principe d'éteinte de ce qui, originairement, leur a donné de *sa* lumière.

Par le mot « étoiles », nous visons autant les étoiles réelles – astrophysiques, dont la lunatique constellation pourrait vouloir éclipser le soleil – autant que les symboliques – ce, au sens ou une star de cinéma ou un grand présentateur télévisuel passent pour des étoiles susceptibles d'éteindre le politique et le savant.

Pour la problématique, l'objectif de l'essai, tel que décliné, répond à un problème existentiel cardinal : quel lien le vivre détient-il avec le mourir ? Ce problème a pour déclinaison logique ce qui suit : quel rapport la parole entretient-elle avec le silence?

Théoriquement, cet unique problème du rapport entre l'expérience du mourir et le vivre, qui semble se comprendre à la lumière du silence de la parole, mobilise la réflexion dans le sens d'un autre problème spécifique : celui du rapport que le métaphysique peut entretenir avec le phénoménologique.

Ce dernier problème ne manque pas lui-même, de mettre en jeu un autre, qui se libelle ci-après : quel lien y-a-t-il entre le transcendant et le physique ?

Aux rivages du pré-existentiel et de la physique contemporaine, un autre problème advient, le suivant : quel lien la physique du mélange des genres humain et divin peut-elle entretenir avec l'astrophysique contemporaine quant au phénomène qui préside à la naissance des étoiles naturelles et quant à la mythique naissance de personnalités dominant la société actuelle ?

Conceptuellement, le champ que couvre l'essai part de la logique métaphysique à la logique phénoménologique, de l'ontologie poétique, à la phénoménologie du silence, de la finalité de la vie au pré-existentiel, et de la physique du mélange à l'astrophysique contemporaine.

Pour ce qui est de la méthode d'analyse, notre étude, parce qu'elle concerne l'humanité qui en sa pure réalité, nous semble virginale, ne saurait être ontologique mais eidologique. Et pour cause : « L'être réel ne peut aucunement être déduit à partir de la notion pure, étant donné la neutralité ontologique de celle-ci. Ceci est vrai notamment des notions-limites, comme celle d'« être réel » ou d'« être nécessaire » et de l'argument des vérités nécessaires » (Girardi, 1961, p. 670).

Or, la notion de l'humanité nouvelle que nous thématisons ici nous semble s'originer dans un être qui, pour apparaître archétypal en ce qui concerne la virginité, en l'occurrence Marie de Nazareth, relève d'une réalité historique ayant concrètement existé. En cela elle relève de l'originel. De Marie de Nazareth, la réalité, à savoir la virginité, est de toute nécessité. « En ce sens, l'eidologie ne peut pas constituer la méthode et en particulier le point de départ de l'ontologie » (Idem).

Méthodologiquement, il sera d'abord question de faire jouer le rapport entre l'originel, qui dit un point de départ historiquement datable, et l'originaire, ce commencement sans début, comme déterminante de la relation du mourir à la vie. Le mourir est originaire. C'est depuis qu'en esprit, l'humanité est, que le fait de donner sa propre vie pour que vivent ses amis, est.

Or, Jésus est Fils de l'Homme (la spirituelle Vierge Marie). Autrement dit, l'événement de la passion du Christ, de sa mort et sa résurrection n'est spirituellement pas datable. S'il était datable, la Vierge Marie qui, historiquement, a précédé son fils dans la vie, n'aurait pu en bénéficier pour apparaître l'Immaculée conception.

Quant à la vie, elle est originelle. La mort du Christ un vendredi de l'an 33 de notre ère constitue le commencement daté de la vie spirituelle. Car c'est de son vivant que la Vierge Marie a connu la « mort », ce même jour de l'an 33. La mort physiue du Christ n'a pas constitué l'arrêt de la vie spirituelle. La plénitude de la vie spirituelle a son dépôt éternel dans la Vierge Marie, épouse de l'Esprit Saint.

Une analyse qui s'inscrit dans cette vision eidétique de la vie et de la mort nous permettra de parvenir à un concept originel de la vie dans l'Esprit, une vie entendue comme humaine en tant qu'elle est vécue dans la pureté de la chair, dans la radicale humanité, donc.

Sur le rapport de l'originaire à l'originel, l'on sait par ailleurs en une vision non radicale, que le second peut être conditionné par l'extérieur et dire une existence émiettée comme lot du mortel.

Quant à l'originaire, il peut exprimer la liaison du divin à l'humain. Sur ce dernier rapport, chez Heidegger, il y a passage du voir à l'entendre, de l'intuition sensible, kantienne, à l'intuition eidétique, husserlienne.

C'est que le voir peut être extérieur et mobiliser les sens externes alors que, davantage phénoménologique, l'entendre peut être essentiellement intérieur, et non point métaphysique, ainsi que le corpus heideggérien pourrait en rendre compte.

En effet, chez Heidegger, « en 1919 la philosophie est [...] définie comme protoscience ou science originaire (*Urwissenschaft*) » (Dastur, 2006, p. 15), « mais en tant que science pré-théorique » (*Idem*, p. 16), c'est-à-dire qui « vient « avant » la science elle-même » (*Idem*, p. 17).

Pour ce faire, il convient de rompre avec l'idée d'une primauté de la logique et avec la définition de l'intuition comme pur voir, puisque l'expérience vécue n'est pas donnée à voir, mais doit bien plutôt à être com-prise, mieux, entendue.

Heidegger forge le concept étrange d'«intuition herméneutique», lequel doit être compris comme un regard non objectivant porté sur le processus de la vie, sur ce que Heidegger, utilisant l'expression chère à Dilthey, nomme le *Lebenszusammenhang*, la cohésion de la vie qui ne peut jamais être mise en pièces et décomposée en élément (Dastur, 2006, p. 17).

Dans ce processus inhérent à la vie originaire, nous semble anthropologiquement décisive, l'étape de l'originel, c'est-à-dire de quelque chose de corporel, ou plutôt de charnel dont la saisie scientifique justifie l'hypothèse d'un étant humain situant non à l'origine d'un étant divin, mais à l'origine d'une vie humaine autonome.

On comprend qu'une année après 1919, Heidegger ait forgé le concept de « « science de l'origine de la vie » (*Ursprungswissenschaft vom Leben*) » (Dastur, 2006, p. 15).

Cette origine, conformément à notre posture méthodologique, nous l'appréhendons en une option davantage originelle.

Ce concept de l'originel, sera ici perçu en un sens moins logique, moins établi sur le logos grec, que sur l'*eidos* (visage) chrétien ou a-thée. Aussi, l'inclinons-nous dans un sens non plus théologique comme ce fut le cas chez Heidegger lui-même, mais plutôt anthropologico-poétique.

Une telle inclinaison est opérée en vertu d'un principe non plus transcendentalement métaphysique mais phénoménologiquement immanent. Et pour cause : il faudrait que, anthropologique, l'humain fonde l'humain !

Dans cet esprit, notre méthode, une herméneutique phénoménologique, permettra également de mettre en dialogue la poésie de Heidegger avec la poésie de Trakl.

Mettre en lien poésie et concrétude anthropologique peut trouver sa pertinence dans l'histoire de la philosophie chez Platon déjà dont Heidegger, on le sait, fut lecteur. Pour le dire en empruntant les mots de Duchemin (1955, p. 12), Platon « s'est donné pour tâche [...] de rationaliser la réflexion philosophique et plus particulièrement métaphysique ; or il exprime la doctrine la plus abstraite de la façon la plus concrète qui soit, par l'image. Cet appel à l'imagination est capital dans l'architecture et la mise en œuvre de ses dialogues ».

Passer du métaphysique et par ricochet du théologique à la concrétude de l'imagination poétique, ce sera s'inscrire explicitement dans un cadre typiquement anthropologique. L'on passe ainsi du «tournant théologique» (Janicaud, 1990) au tournant anthropologique (au sens de Sommer).

Là où, tout comme pour le philosophe des philosophes allemands, à savoir Hölderlin, la lecture heideggérienne de Trakl est couramment inclinée vers un motif métaphysique, pour ne pas dire théologique, il s'agira d'offrir une perspective nouvelle.

Cette perspective, nous l'aborderons poétiquement dans une vision non plus théologique mais anthropologique du dialogue de Heidegger avec Trakl. Pour le premier, à partir de « Bâtir, habiter, penser », et le second, dans son poème intitulé « Silence ».

Dans l'Esprit du silence et là seulement, apparaîtra un « sujet [explicitement] postmétaphysique. Lequel se comprend[ra] à la lumière du passage du « tournant théologique au tournant anthropologique » (Sommer, 2011) de la philosophie.

Comme il s'agit pour nous de parvenir au simplement anthropologique, c'est-à-dire indépendamment de quelque inclination théologique, une telle entreprise, comme chez Sommer, se recevra d'un athéisme méthodologique :

> « Athéisme » de méthode et de principe oblige, la libération phénoménologique des potentiels «théologiques» ne sauraient dépendre de l'alternative, simpliste, entre la croyance ou l'incroyance, ou d'une confession déterminée, car la reprise de ces sources fondamentales se concentre, en les conceptualisant, sur les vécus, expériences, gestes, modes d'être universellement humains qu'elles abritent. (Sommer, 2011).

Ce ne sera pas tout !

> Cette opération de reprogrammation conceptuelle, par l'exploitation des sources, s'exerce[ra] nécessairement à un niveau « méta-théologique » et « méta-philosophique », c'est-à-dire au niveau, « anthropologique », de l'analyse technique et archéologique d'une formation conceptuelle et de ses conditions de fonctionnement. (Sommer, 2011).

Il s'agira enfin de voir comment une interprétation poétique de la physique du mélange de L. Couloubaritsis, mise en lien avec l'astrophysique contemporaine, permettra de penser dans une perspective nouvelle, c'est-à-dire anthropologique, la naissance de l'humanité au regard du silence de l'astre le plus primitivement lumineux.

Cela, la pensée heideggérienne du Quadriparti en apparaîtra la voie royale. En effet, « la fameuse conférence *Bauen Wohnen Denken* entoure de soins étymologiques la pensée inquiète du « séjour terrestre des mortels » » (Deguy, 2006, p. 104).

Ce séjour se déroule en mode quadri-partite (Ciel, Terre, Mortels, Divins). La possibilité de mettre en lien poésie et astrophysique apparaît au moins au travers d'une citation faite par Deguy. En effet, au sujet de ce séjour qui se déroule sous le ciel des astres, Deguy, en note de bas de la page citée, écrit: « On aimerait pouvoir reprendre le mot astro-logie, impliquant aussi l'astrophysique » (Idem, note 2).

L'emploi du conditionnel comme temps du verbe « aimer » informe de ce que la phénoménalité des Quatre fait de nos jours question :

> La pensée du Quadriparti ? Ce n'est pas que le ciel soit « vidé » ; nullement. Mais sa « phénoménalité» est perçue, reçue, de manière différente. C'est l'astronomie qui est notre météoro-logie, théo-logie, divination. Dit autrement : « ménager le quadriparti» [comme le souhaite Heidegger,] est tout simplement impossible, parce que l'expérience du céleste a changé. (Deguy, 2006, p. 104).

Le ciel reçoit une connotation nouvelle. L'expérience du céleste a changé. La religion a changé de sens. Là où elle était théologique, elle est devenue astronomique. (Mais pourquoi ne deviendrait-elle pas anthropologique ?)

> Ou encore : un *Geviert* sans les divins est-il possible? Le divin soustrait, qu'est-ce qui reste ? Trois ; un triparti est-il suffisant ? La terre-vue-du-ciel affecte le « sur la terre comme au ciel » de la prière – sur la

> terre-comme-vue-du-ciel est-ce une formule suffisante pour protéger la terre de la déterrestration ? (Deguy, 2006, p. 104).

Qui sont les dieux contemporains ? Les astres ! Plus de ménage possible. Apparemment plus de dieux ! Tout se passe comme s'il fallait épuiser les ressources terrestres. Là n'est pas le plus grave.

Le plus grave nous semble le fait qu'il existe des dieux nouveaux : au dieu théologique et métaphysique se sont substitués des dieux physiques, à savoir les astres, ces étoiles approchables à partir de la science des corps célestes : l'astrophysique !

Lorsqu'ils ne sont pas célestes, les corps en question se présentent comme n'ayant pas les pieds sur terre, à qui il manquerait donc une âme humaine. On aurait dit des étoiles tombées sur terre. Ainsi apparaissent les stars de cinéma sinon les étoiles des mass médias, princes d'un monde déshumanisé, et donc possiblement perverti.

L'expérience terrestre ne se reçoit plus à partir de la terre. Chez Heidegger, l'expérience humaine de la terre est médiatisée, non par quelque chose d'anthropologique, mais d'astrophysique.

Or, le ciel lui-même est dépeuplé ou plutôt il a des habitants nouveaux. Ainsi qu'on peut encore l'expérimenter à partir de la pensée de Heidegger, ce qui reste lorsque le ciel, ou plutôt lorsque le sens céleste de la terre est déterrestré, n'est autre que la représentation imagée de réalités non appréhendables par le simple homme.

> Et qui ménage cette terre-comme-du-ciel ? Réponse: la poésie. Or il est avéré que la poésie ne protégera pas la terre. Il y a […] Il n'y a plus les dieux, les mânes, les morts, les bêtes. Mais qu'est-ce qu'il y a ? C'est la tâche pour la poésie… Ce qui reste (*bleibet*)

> est la chose de la poésie (*stiften*). (Deguy, 2006, p. 104).

Pour l'époque contemporaine, le ciel semble dépeuplé de dieux. Ce qui reste, ce qu'il y a, c'est la poésie.

Notre hypothèse générale de travail est la suivante : à l'ère de la fuite des dieux, là où par référence à l'antiquité poétique grecque, Heidegger en appellera à un dieu nouveau et, où Parménide en appellera à une déesse, pour notre part, ce que la poésie a comme tâche de présenter, c'est l'Homme (et même pourquoi pas la Femme !)

Ce dont il sera question dans la suite de ce travail concerne la manière dont l'humanité aujourd'hui soutient poétiquement (chapitre 2) et astrophysiquement (chapitre 3), la divinité. Cette manière regarde uniment la phénoménologie du silence de l'agir fondamental (chapitre 1) qui offre son assise racinale pour un spirituel accueil de la parole originaire.

Aussi, sous les traits respectifs de la féminité (motif du silence) et du rassemblement du reste de l'Étant en une communauté de destin (motif de l'immanence phénoménologique), il s'agira de présenter tour à tour :

1) la phénoménologie du spirituel Silence de la Parole où s'engendre l'Humanité nouvelle ;

2) l'herméneutique de l'humanisation par le logos silencieux ;

3) la naissance de l'humanité nouvelle.

Mais avant de dérouler cet essai d'une herméneutique phénoménologique présidant à la naissance de l'humain, il conviendrait de présenter le cadre théorique dudit essai.

Cadre théorique :
UNE PHÉNOMÉNOLOGIE ANTHROPOLOGICO-POÉTIQUE

Le propos de ce livre intéresse, par un côté, la parole. Ce vocable est couramment rendu par le mot « logos ». Qui dérive du grec λόγος. Mais nous lui préférerons celui de *Rede*[12].

Rede nous semble mieux restituer la dimension affective, quelque part, poétique, de la parole. Il semble mieux parler que *Logos*, qui pourrait incliner vers le discours savant, possiblement scientiste.

Dans l'histoire récente de la philosophie, le mot *Rede,* aura été réduit à la fonction *délotique* du *logos.* Une telle réduction trouve son acuité chez Martin Heidegger. *Délotique*, la *Rede,* assimilée au *Logos,* est couramment référée au fait de discourir, de manifester (δηλοῦν), de faire voir[13]. Par-là, il approche le jugement établi sur le vrai et le faux.

Logos ou *Rede* ? Et si par-delà l'opposition, la parole dénotait de l'affectivité comme déterminante des possibilités fondamentales de l'humain ce, avant même qu'existant, l'homme ait songé à s'employer à quelque discours ?

---

[12] Ce faisant, dans l'économie des études heideggériennes, nous nous rangerons du côté de « F. Fédier aussi bien qu'E. Martineau [qui] traduisent «Rede» par «parole» » (Vandevelde, 1992, p. 8, n. 3), contrairement à Pol Vandevelde et F. Dastur qui préfèrent le terme «discours».

[13] C'est ce sur quoi débouchent les « analyses préparatoires du cours du semestre d'hiver 1925-1926, *Logik, Die Frage nach der Wahrheit, (Logique, la question de la vérité)*, sur la fonction « délotique » du *logos* (*Rede*, discours) : manifester (δηλοῦν), faire voir. Selon Heidegger, le *logos* comme *apophansis* a une structure synthétique : il fait voir quelque chose *(etwas) avec* quelque chose *(mit etwas)*, *comme* quelque chose *(als etwas)* – ce pourquoi il peut être vrai ou faux » (De-libera, 2018).

Une vision fondamentale de cette possibilité se rencontre chez Heidegger, dès le § 34 de *Sein und Zeit* [*Être et Temps*] (1927). Elle concerne la « communication des possibilités existentiales de l'affection, autrement dit l'ouvrir de l'existence [qui] peut devenir le but autonome du parler “ poétique ” » (trad. Martineau, 1985, p. 130).

Cette pensée de Heidegger, que Martineau traduit au sens de la « poésie » et dans les termes de l'affectivité, Vézin le rendra dans un esprit plus « pratique », celui de la disponibilité de celui qui vit sa vie dans la « normalité » inhérente à une logique de l'existence.

En voici la lettre : « La communication des possibilités existentiales de la disponibilité, c'est-à-dire la découverte de l'existence, peut-être la fin que se fixe la parole qui “ parle en poème ” » (trad. F. Vezin, Gallimard, 1986, p. 209).

Ce qui vient d'être relevé chez Heidegger comme horizon de possibilité, sa communicabilité, le type d'existence concerné, ainsi que le type de Dasein qui se rend disponible à cette fin, de même la parole qui alors prend un sens éminemment poétique, tout cela peut être mis en lien non seulement avec le *Logos* de l'Evangile.

De cette logique de l'existence qui se partage via un *logos* poétique, le tout peut également être mis en lien avec les différentes cultures humaines, ici, l'européenne et l'africaine en particulier.

**Proximité logique gréco-allemande et attié-ivoirienne avec la facticité mariale*

Sans entrer dans le cœur des développements heideggériens sur le *logos*, l'on peut rapidement présenter un aperçu des différences culturelles respectives à des entités linguistico-culturelles spécifiques, le grec et l'attié, et ce, du point de vue de leur rapport facticiel au *logos*.

La logique culturelle qui nous intéresse ici, s'origine en ce prend en vue Christian Sommer dans son article sur « L'inquiétude de la vie facticielle ». Cette logique est mue par la langue en tant qu'« elle agit selon le juste milieu dont le critère est la droite règle (orthos logos) » (Sommer, 2006, p. 11). Cette règle trouve sa rectitude dans son « caractère kaïrologique (kairos – temps) déterminé (facticiel), son rapport déterminé au temps » (Idem, p. 21). Ce rapport est non plus métaphysique, abstrait, mais phénoménologique, réglé sur l'immanence du vécu propre au peuple en question : soit grec, soit attié.

Bien que respectivement propre aux cultures en question, notre démarche s'inscrit dans le sens de celle entreprise par Sommer en ce que, comme chez cet exégète du jeune Heidegger, elle intéresse les questions de théologie de la gloire, mutable chez nous en anthropologie de la croix, du christianisme primitif, de la vision grecque antique ou aristotélicienne du monde, à la vision éburnéenne, pré-chrétienne du monde, les us et coutumes, etc.

Au *Logos* propre au Prologue de l'Évangile de Jean, Heidegger n'est point étranger, lui qui l'aura même thématisé ! Du Prologue, une lecture heideggériano-logique faisant droit à la logique d'une existence inter-culturelle dirait :

Les possibilités fondamentales de mener une existence, grecque (européenne, fondamentale) ou attié (illustrant l'ouest-africaine), mais toujours digne de la Vérité qui fonde l'humain, se déc-ouvrent peut-être dans le rapport culturel à la Parole ! Ce rapport départage une vision démiurgique et une vision chrétienne de l'être ainsi que le type de logique qui en découle respectivement.

La Parole, via le poème évangélique, semble se communiquer à tout ce qui est né de la chair et du sang ; à ce qui, pour ainsi dire, se rencontre à partir des sens externes !

On sait que l'évocation des sens peut rappeler que chez les Grecs antiques, la *phronèsis* recelait une dimension de la praxis existentielle établie sur la parité et le sens commun.

Heidegger, en approfondissant ses recherches dans le sens du *De Anima*, quêtera le vrai *au sens grec*. S'appuyant sur Aristote, il découvrira que sont premièrement vrais, les sens. Lesquels, sans juger, accueillent purement et simplement, sensiblement quelque chose[14].

Par où l'on voit qu'un alliage de l'ontologie, qu'exprime l'intelligible connaissance de l'être heideggérien, et de l'eidétique, la sensation comme cette vérité première, aristotélicienne, que nous voudrions exprimer au sens de l'expérience sensible faite de la virginité mariale par l'Ange Gabriel lors de l'Annonciation, comme étant inaugurale de ce qui dit l'*être* humain, est possible. L'expérience facticielle de l'être qui se fait dans les sens découvre à l'eidos sa portée ontologique.

« L'eidologie découvre sa portée [...] ontologique en s'intégrant à l'expérience. Cette rencontre [...] est possible [...] si [...] l'expérience humaine, interne et externe, est conçue dans son unité subjective de sensation et d'intellection, et [...] objective de sensible et d'intelligible, et si, [...] la nécessité propre aux notions et aux jugements eidétiques est considérée comme relevant de la structure logique de ces connaissances » (Girardi, 1961, p. 670).

En approfondissant un tant soit peu nos recherches dans le sens de la « logique » ouest-africaine de l'existence, plus particulièrement ivoirienne, précisément attié, nous sommes en quête du vrai, en un sens universel, à la fois sensationnel

[14] Sont vrais, « les sens. Or les sens ne « jugent » pas. Est donc « vrai » au sens grec (et plus originellement que le λόγος) l'αἴσθησις : « l'accueil pur et simple, sensible de quelque chose » ». Heidegger parvient au sensible par la méditation de « deux passages du *De anima* : De an. 427 b 11 sq. pour R1 ; De an. 430a26 sq. » (De-libera, 2018).

et sensible, intellectuel et intelligibles, de l'humain. D'emblée, il se peut que ce sens ne soit pas étranger à ce qui nous semble dire un christianisme fondamental[15].

En nous appuyant sur la vision chrétienne, et attié, de l'existence, il se découvre également qu'est premièrement vraie, l'expérience affective réalisée par une figure fondamentale du vécu chrétien, la Vierge Marie en l'occurrence.

Et si cette dernière était originairement offerte comme la figure universelle de la Femme, de la femme véritable, chez les attié en particulier et chez les Ivoiriens en général ?

Au travers de la femme ivoirienne, ce sont autant les communes que le pays de la Côte d'Ivoire qui sont appelés à répondre à la vocation d'incarner l'universalité du visage virginal de Marie, un visage dont le trait propre est l'accueil empreint d'humilité et de compassion.

Bien que non entièrement attié, la commune de Cocody, qui relève du territoire de la Cote d'Ivoire, et où vit avant tout une autre ethnie ivoirienne, celle des ébrié, vient d'être consacrée à la Vierge Marie.

« La commune de Cocody, au nord-est d'Abidjan, le 28 octobre 2019, a été consacrée à la Vierge Marie. C'était au cours d'une célébration eucharistique présidée par l'Archevêque d'Abidjan, le Cardinal Jean-Pierre Kutwa » (Radio Vatican, 2019).

Selon le média catholique, «la cérémonie a réuni les membres du conseil municipal, les représentants d'institutions politiques et diplomatiques, ainsi que certaines personnalités exerçant leurs activités dans cette commune du nord d'Abidjan » (Idem).

Comme personne, comme commune, comme pays, comme peuple, être choisi sans raison calculée pour être mis sous le manteau virginal d'abord, être ensuite consacré à la

---

[15] Sur cette question, voir notre ouvrage de 2018 sur les spiritualités chrétiennes et contemporaines.

Dame de tous les peuples, n'est-ce pas se disposer à manifester ses vertus : le silence, la virginité ou pureté spirituelle, l'humilité et la compassion en particulier ?

La Vierge Marie, approchant le sans-raison de la rose de Silésius, sans se préoccuper de son soi, comme ne le devrait la femme attié ou ébrié quant à son sort historique par exemple, écoute, reçoit et garde l'Esprit de la Parole autant en ses sens interne qu'externes.

Nous pourrions nous faire fort de cette trouvaille établie sur des possibilités phénoménologiques d'ouvrir l'existence telle que comprise en termes heideggériens, à des horizons phénoménologiques interculturels à partir d'un *eidos* marial.

Dans cet horizon, nous demandons, rhétoriquement : le sensible, qui accueille quelque chose, la Parole par exemple, n'en est-il pas d'emblée affecté, n'en partage-t-il pas originairement l'Esprit, en tant qu'il pourrait l'avoir aimé dès un temps anhistorique?

On sait que chez Heidegger, hormis « une note sur l'angoisse relative au §40 [...] dans laquelle [...] saint Augustin [est] cité, c'est à l'occasion du §29 consacré au «Da-sein comme affection» » (Perrin, 2009, p. 248), que le motif affectif de l'amour, est explicité.

On sait par ailleurs que la Bible chrétienne, aussi bien en ses livres du *Cantique des cantiques,* des *Proverbes* que de la *Sagesse,* contient de beaux passages sur l'expérience affective d'un amour divin, celui de l'*Agapè* christique, offert en langage humain, érotique.

Ces passages, l'exégèse mariale les traduit comme le chant d'amour que l'humaine vierge Marie et la sainteté de l'Esprit divin s'adressent en leurs épousailles mystiques exprimées via des paroles poétiques.

L'on peut être tenté, en s'avançant phénoménologiquement, d'explorer poétiquement les horizons judéo-chrétiens de traduire interculturellement les « possibilités existentiales de l'affection » auxquelles dispose le heideggérianisme.

Y renonçant ici, l'on différera le plaisir qu'il y aura d'aller jusqu'à évoquer la pléthore de chants d'amour ou de discours élogieux du mâle attié pour la femme de cette culture dont regorge la discographie ivoirienne.

Ç'aurait été le témoignage d'une richesse culturelle et artistique qu'il est possible de conceptualiser en étudiant de plus près la vision ouest-africaine du monde. N'empêche ! Toute la richesse des cultures et des nations ne vaut pas la puissance créatrice de la pureté virginale !

Somme toute, en recentrant le propos sur le heideggéranisme, il sied d'analyser de plus près les possibilités herméneutiques qu'ouvre par exemple la *Befindlichkeit.* Nonobstant la direction davantage heideggérienne, l'on ne manquera pas de remarquer ceci :

L'être-affecté, celui de la *Rede* (la « parole »), en ses traductions culturelles européenne et africaine, nous semble constituer un existential[16], en notre sens, plus originaire que le *Verstehen*, ce comprendre auquel l'on ramène couramment le logos lorsqu'on l'appréhende seulement comme discours[17].

Ce sens, il nous semble non seulement universel, mais également susceptible d'appeler à penser la parole en son essence peut-être anthropologico-spirituelle. Penser consistera désormais à considérer la parole à l'aune du rapport du divin à l'humain. Une telle considération concerne encore, mais en un sens autre que heideggérien, le Logos johannique. Elle renvoie au mouvement qu'opère le divin dans sa naturelle mobilité. Le mouvement naturel du divin consiste à se laisser

---

[16] C. Gauvry (2014, p. 473) nous offre l'une des rares études qui font droit à « l'indication du paragraphe 34 de l'*opus magnum* de Heidegger : la *Rede* (la « parole » en tant qu'elle n'est pas d'abord prédicative) est un existential aussi originaire que le *Verstehen* ou la *Befindlichkeit* »

[17] La fonction délotique du *logos*, Aristote, dans le *Peri Hermèneias*, l'étayera comme *apophainesthai*. Il se comprend comme « laisser voir » (*phainesthai*) à partir (*apo*) de ce dont il est parlé.

aller vers l'humain. De même, le mouvement naturel de l'humain (à distinguer de l'homme en général), est de se mouvoir par nature vers le divin.

Le rapport de la Parole divine en mouvement d'humanisation nous semble radicalement dispensé dans celui de l'Esprit de Dieu qui couvre la Vierge Marie de son ombre à la veille de l'ère chrétienne. Ceci est à expliciter ! Mais comment l'Esprit Saint agit-il ? Comment un esprit agit-il ?

Il agit selon le même principe à partir duquel agira l'esprit de l'homme une fois spiritualisé. L'agir spirituel est puissance de changement à partir du « verbe » silencieux. L'agir de l'esprit est ce que Hengstenberg appelle sa « constitution ontologique ». La constitution ontologique de l'Esprit Saint est la Vierge Marie. Autrement dit, la Vierge Marie constitue l'être de l'Esprit Saint. Elle en est la phénoménalisation.

Phénoménologiquement, la modalité de l'agir spirituel est augustinienne : « L'esprit n'est pas constitué par ses actes, dont il ne peut être que l'*origine* indivise et simple. » (Kühn, 1996, p. 26). La Vierge Marie est l'Esprit Saint en acte. Les actes de l'Esprit Saint ne sont autres que ceux posés par la Vierge Marie. « Les actes spirituels produits par l'esprit forment, par contre, le soi-même (*Selbst*) que l'on peut nommer alors le « verbe » mental ou intrinsèque de l'esprit » (Kühn, 1996, p. 26). La parole de l'Esprit Saint n'est autre que son agir. Ce que dit l'Esprit s'entend par qui est spirituel comme une réalité concrète et matérielle : il s'entend comme action. La Vierge Marie est l'Esprit Saint en acte, c'est-à-dire en chair et en os. Pour connaître l'Esprit Saint, il faut méditer la vie de la Vierge Marie, lieu de consignation de chacun de ses gestes.

Le rapport de la Vierge Marie avec l'Esprit Saint se donne comme le libre jaillissement de l'Humanité dans la pureté de la dimension spirituelle. En Marie de Nazareth, l'humanité est spirituelle. Ce, en tant que l'Époux de Marie, à savoir l'Esprit de Dieu, est Esprit. De même, si elle est Esprit, son Époux est Vierge. Ici le virginal est synonyme du spirituel.

Des épousailles de la Vierge avec l'Esprit, le fruit est le devenir-chair de la Parole. La Parole est Esprit. On comprend que Saint Augustin, pour désigner la Parole de Dieu, nomme l'Esprit Saint. L'Esprit est Vie. La Vierge est chair.

L'un(e) passant dans l'autre, mourant naturellement ainsi à soi, laisse chacun apparaître le fruit commun de leur mortification réciproque. La mortification de la Vierge Marie est sa parole, son agir. Le Silence comme parole agissante de la Vierge s'appelle du nom de Spiritualité.

Le Silence virginal constitue la *garde* qui abrite et prend soin de la Parole spirituellement semée par l'Époux. Le silence comme puissance de *re*-garder Dieu la caractérise en ceci que l'Humanité est fondamentalement mariale – entendez-virginale – c'est-à-dire pure de la virginité du Dieu Trine (Père-Fils-Esprit). Dans ce Silence de la Matrice humaine, se meut la Parole.

Le mouvement de la Parole n'est autre que son entrée dans cet unique Silence où le Dieu-Père lui-même s'abandonne, sa semence spirituelle avec, entre les mains de sa Fille, la Vierge Marie.

Dans la confiance de cette filiation spirituelle de Père et d'Époux, cette confiance qui trouve sa gloire dans l'abaissement qui consiste à abandonner entièrement la création aux mains de la Créature, cette confiance qui est naturelle dépossession de soi, Dieu meurt à sa toute-puissance de Créateur.

Alors se réalise le mouvement de co-création, de co-conception et de co-engendrement du divin par la virginité de Dieu entièrement déposée entre les mains de la Vierge. Le divin apparaît le mi-lieu entre l'Homme et Dieu.

Le milieu divin est en engendrement dans l'extrême faiblesse de l'humain. Cette faiblesse est partagée par Dieu, dans le silence de la Parole comme ce silence de la plénitude qui spiritualise c'est-à-dire humanise. À ce divin mi-lieu de l'humanisation par la silencieuse spiritualisation qui confère à la simple humanité la plénitude du Pouvoir de co-créer le monde et de garder le divin, toute créature humaine est appelée à participer.

Comme l'écrit Ménégoz (1940, p. 106), il est « substitué à la notion de l'action «créatrice » de la puissance de Dieu la très réaliste idée de la «conception par le Saint-Esprit », à la naissance naturelle la naissance virginale ». Ce caractère réaliste d'une conception spirituelle dont naît à la virginité l'humanité, voilà qui dit tout ! Fait gravissime : cette réalité nous semble ce qui fait sens pour qui est assoiffé de saisir ce qui s'est joué à l'aube de l'existence humaine.

Ce sens, pour en revenir à Heidegger, nous semble à saisir à la frontière de l'existentiel et du discours poétique comme expression d'une expérience phénoménologique originelle de l'affectif.

Un tel sens, il est à se demander s'il est pour l'heure éprouvé autant, par la plupart des philosophes de métier, les lecteurs de Heidegger[18] en particulier, les philosophes chrétiens également, que par les anthropologues et autres scientifiques du reste de la planète, les Ouest-africains y compris.

Laissons la question ouverte pour – souci de discursivité oblige – s'orienter vers une réflexion sur la parole qui serait de loin plus recevable par la tradition philosophique courante !

---

[18] Il faudrait à ce sujet saluer Gauvry (2014, p. 473) qui a inscrit son analyse « dans la tradition de lecture qui examine « la philosophie du langage » de Heidegger ou, plus exactement, le traitement spécifique accordé au concept de logos dans les cours qui préfigurent *Être et temps*, dans un héritage phénoménologique et aristotélicien ». Charlotte Gauvry s'est ainsi placée « dans le sillon des importants travaux de Françoise Dastur, Jean Francois Courtine et Franco Volpi » (*Idem*). Mais elle s'oppose à ceux-ci selon qui, dans le maître ouvrage de Heidegger, les structures du « discours » sont dissoutes au profit de l'analyse existentiale.

L'on sait qu'en première approche, *logos* signifie « discours »[19]. C'est d'ailleurs ainsi que le recevra la philosophie occidentale contemporaine[20], Martin Heidegger avec.

Celui-ci s'inscrit dans la ligne de pensée qui a cours depuis Platon. Dans l'antiquité grecque, en effet, les philosophes caractérisèrent initialement le *logos* comme un *legein*[21].

Cette manière de voir tenait pourtant sa source d'une tradition autre que philosophique, la poésie d'Homère[22] en l'occurrence, laquelle aura été réinterprétée dans un sens conceptuel par les philosophes officiels, Platon en particulier.

Par la suite, Aristote s'appropriera les découvertes poétiques et philosophiques de son époque. Il concevra l'apophantique[23] comme la mise en lien d'une chose avec quelque chose d'autre.

---

[19] C'est ainsi que F. Dastur (2007) en rend compte.

[20] On aurait dit que Dastur se désolidarise de cette vision du logos apophantique tant l'interprète fait de Heidegger celui qui réhabilite la vision aristotélicienne de la parole. Heidegger montrerait qu'« Aristote a bien vu que le vrai n'a pas son lieu dans le seul jugement, mais dans la sensibilité, dans le simple acte de percevoir sensiblement quelque chose » (Dastur, 2007, p. 77). Or, ce disant, c'est moins à Être et temps qu'au cours de 1925/26 *Logik, Die Frage nach der Wahrheit*, que Dastur réfère. Or, le texte heideggérien de la *Logique*...nous semble en pas s'exclure du concept logique de la parole là où il faudrait viser le *pré* voire l'*a*logique.

[21] Platon utilise « ce terme pour caractériser *legein*, comme Heidegger le souligne dans son cours d'hiver 1924-1925 sur le *Sophiste* » (Dastur, 2007, p. 76).

[22] Les *Études sur le Sophiste de Platon* dirigées par Pierre Aubenque (1991) ont éminemment mis l'accent sur « les liens du logos du *Sophiste* avec le *légein* de la poésie homérique » (Meulder, 1993, p. 379).

[23] « Heidegger souligne le fait que la forme structurelle de la *sunthesis* qu'Aristote attribue au *logos apophantikos* vient de sa fonction apophantique », laquelle consiste à « faire voir quelque chose dans son être-ensemble avec autre chose » (Dastur, 2007, p. 76).

Voilà qui nous semble témoigner d'une pensée tout à fait intéressante, en tout cas pour ce qui nous intéresse ici, à savoir la vision universelle d'un logos affectif, universel en ce qu'il rassemble le poétique et l'existentiel.

Pour notre part, à la vision plutôt métaphysique, de la philosophie qu'adoptera vingt-cinq siècles plus tard la postérité philosophique au compte de laquelle l'on rangera Heidegger, nous préférerions une conception facticielle, à caractère davantage phénoménologique. Pour nous, il s'agit plus précisément de concevoir la facticité mariale[24], du reste, plus proche de la vision poétique de la parole.

Or, privilégiant plutôt une vision ontologique de l'*Auslegung*, Heidegger vise un concept du comprendre grec – par où il nous semble quasi-incapable de se décharger de son héritage logique –, qu'il voudra néanmoins fondamental.

Au fondamental, la poésie, dont le statut serait, pour Heidegger, ante-logique, ne parviendrait pas, du fait de son caractère pré-ontologique[25]. Heidegger s'obligera même à une « reprise phénoménologique [qui] fait de la poésie quelque chose de totalement secondaire » (Vandevelde, 1992).

Or, en notre sens, qui s'inscrit dans celui de Jules Girardi (1961), phénoménologiquement *eidologique*, la Parole est d'essence à la fois non logique et non ontologique, c'est-à-dire, ici, sans prédicat, et sans ek-stase. « L'eidologie pure joue [...] un rôle préontologique en précisant le sens des notions dont l'ontologie strictement dite devra se servir » (p. 670).

Elle est même relationnelle et concrète, c'est-à-dire relevant d'une matérielle phénoménalisation du poétique.

---

[24] Voir nos développements sur l'expérience facticielle de S. Paul, dans : Séverin Yapo, 2018, *Spiritualités chrétiennes et contemporaines : un dialogue ajourné,* paru à Paris, chez l'Harmattan.

[25] Le « dire poétique [...] qui relève [...] de l'explicitation pré-ontologique [...] à ce titre [,] est «sans logos», ainsi qu'il est dit dans les *Grundprobleme* » (Vandevelde, 1992, p. 12).

D'un type dont le fondement est originaire – que nous ne développerons cependant pas ici –, la Parole relève d'une radicalisation de l'apophantique[26], abandonnée par Heidegger, en sa lecture d'Aristote.

Autrement dit, radicalement apophantique, la Parole se présente d'emblée avec son autre, mais avec celui-ci comme avec quelque chose qui lui est immanent, un peu comme l'on verra Augustin confesser l'intime présence de Dieu en son âme, plus que ne le peut ce précurseur de la phénoménologie lui-même !

En ce sens, par-delà l'aperçu de l'image qui accompagne la voix, en une phénoménologie radicale, l'être fondamentalement affecté s'entend intimement de cela dont il a (est) l'image. Mais une telle expérience, qui d'autre que l'étant humain se trouvera en mesure d'en faire l'épreuve ?

Si le propos de notre livre intéresse la parole, il se rattache, par un autre côté, le principal peut-être, à l'humanité. Ce qui s'esquisse ici prend pour thème général le rapport de la parole à l'humanité. S'il concerne de spécifique manière, la parole et l'humanité, il les appréhende en leur origine.

Apparaîtra capitale, dans cet essai, moins les deux notions en débat, que ce qui, dans la phénoménologique direction de leur rapport, est en cause, à savoir l'originel. Et pour cause !

Vouloir savoir ce à quoi renvoient les deux premières notions peut paraître fortuit. Ce, tant l'humanité et la parole pourraient non seulement se compléter, mais surtout aller de soi. Et cela, dirait-on, depuis que le monde est monde !

Qui, en effet, ne sait pas depuis longtemps, depuis qu'il a l'âge de raison, sept ans, ce qu'est un homme ? Semble aussi

[26] « Dans le discours apophantique, l'on a affaire à du « *meta phantasias,* la voix [par exemple] ne pouvant signifier que parce qu'elle s'accompagne de l'image, de l'aperçu (*Gesicht*) de quelque chose » (Dastur, 2007, p. 76).

aller de soi l'idée suivante : on ne parle que là où il y a des vivants humains !

Mais d'où vient-il que l'on entende parfois des expressions comme : selon la parole de « l'oracle de Delphes », les dieux disent, etc. … ? On peut y trouver réponse là où dieux et hommes, ou plutôt le divin et l'humain parlent.

Et, là où Heidegger trouve une proximité entre poésie et divinité, il conviendra d'ajouter que pour passer du théologique à l'anthropologique, il faudrait que parole et humanité emploient un même langage.

Il faudrait pour ce faire qu'elles parviennent à s'entretenir sous l'égide de ce qui pourrait dire l'Autre, la silencieuse phénoménalisation de l'humain.

Afin de laisser s'entendre phénoménologiquement parole et humanité, pour nous autres qui n'avons ni l'allemand ni le français comme langue maternelle, il faudrait commencer par résoudre le problème de la langue philosophique, tel qu'il se pose avec Heidegger.

Heidegger croit phénoménologique[27] le fait de ramener au vieil allemand en trouvant les racines des mots aux événements originaires. Nous pourrions adopter une telle posture méthodologique.

Car chez nous aussi, il est question de penser l'originaire en situation de manque d'une langue appropriée. Mais alors, le risque est de procéder à ce que M. Henry interprète comme une naïveté philologique[28] due à un défaut d'enracinement théorique.

---

[27] Le « problème [de la] langue de la phénoménologie est celui de la langue de la réduction, alors [il n'y a] plus de problème du langage phénoménologique chez Heidegger. Ou plutôt ce problème s'est déplacé, ou plutôt il a été résolu, par l'analyse [du] vieil allemand, par [la] philologie » (Henry, 2011).

[28] Le problème de la langue chez Heidegger s'explicite au sens de pouvoir « – dire comment : les racines des mots seraient enracinées dans des événements phénoménologiques originaires et y renverraient… « cela se dit en grec… en vieil allemand… ». Mais tant que la théorie de

N'empêche ! Ce qui est intéressant chez Heidegger consiste dans cette visée appropriative du passé de son peuple. Le philosophe parle de « l'invitation à assumer une histoire par laquelle la pensée s'ouvre à son avenir authentique ».

Néanmoins, comme l'observent Schuback et Nancy (2014, p. 244), dans le dernier propos qui concerne un dialogue avec Parménide, « c'est l'« assumer », c'est la figure du retour aux grecs, la figure « grecque » du retour, qui devient question, qui se trahit ».

*Différence de la facticité ouest-africaine et de l'ontologie ouest-européenne : exemple de l'attié et du grec

Pour notre part, comment s'assumer anthropologiquement là où le retour au grec nous mettra en face non pas du simplement humain, mais, théologiquement, avec un divin susceptible de faire de nous des démiurges ?

Chez les Grecs antiques, l'humain « a le logos en partage comme le dieu »[29]. De fait, pour ce peuple chez qui, pour la première fois, cinq siècles avant la naissance du Christ, la philosophie occidentale a resplendi, l'homme ne semble pouvoir parler que parce qu'il a, en partage avec les dieux, le logos, - source de la logique inhérente à tout discours sensé.

Il ne suffit pas d'être un vivant, animal ou végétal, pour parler. « En grec, un *zôon* est toujours un être animé par une âme. C'est la présence de l'âme dans le corps qui définit le vivant : [d'ailleurs] toutes les choses sensibles dotées d'une

cet enracinement n'est pas faite, la méthode philologique est employée spontanément » (Henry, 2011).

[29] « L'humain est le genre central, intermédiaire. Il a en commun avec les deux genres extrêmes (bêtes et dieux) deux déterminations : il est mortel comme la bête, ce qui l'oppose au dieu, immortel ; et il a le logos en partage comme le dieu, ce qui l'oppose à la bête, illogique » Hilfiger, 2004, p. 192).

âme et d'un corps sont des *zôa*, des végétaux jusqu'aux dieux » (Hilfiger, 2004, p. 167).

Pour les Grecs, les dieux sont vivants. Ils sont immortels. Et pour cause : leur âme est purement logique. Elle relève de l'intelligence pure. Les hommes sont des vivants mais mortels. Ils ont en partage une simple étincelle de l'intelligence divine. Le corps constitue une enveloppe de terre. Le corps appartient à la dimension de l'espace. Le corps alourdit l'âme. Celle-ci est appelée à se hisser vers les hauteurs. La spatialité de la chair obstrue aux hommes la vision directe des réalités célestes. Les divins ont l'intelligence. Les mortels humains, la raison. Les animaux ont une âme qui est comme prise dans un perpétuel tourbillon. Quant aux végétaux, ils ont l'âme d'une manière si ténue qu'elle semble ne point être. Les minéraux l'ont encore moins.

Contrairement au Grec, européen, chez l'Attié, habitant[30] du sud de la Côte d'Ivoire, le rapport de l'humain au divin ne semble pas procéder de la raison qui présiderait à une métaphysique des mœurs comme chez Kant, mais plutôt de ce qui pourrait se donner comme une phénoménologie de la pureté.

Celle-ci identifiera non pas l'activité logique propre à l'intelligence angélique, ainsi que cela se retrouva chez Thomas d'Aquin, mais l'originaire passibilité affective qui un

[30] André Tommasini (1911, p. 399) parlait d'« un intéressant petit peuple, habitant les bords du Komoe, dans la partie moyenne du cours de cette rivière, qui coule, dans la Côte-d'Ivoire, près de la frontière delà Côte d'Or, presque directement, du nord au sud. Ce peuple forme une petite République. Ses habitants, qui portent le nom d'Attiés, diffèrent beaucoup des peuples qui les environnent, et qui, tous (Baoulés, Marenous, Indéniés, etc.), appartiennent à la race Agnie, comme, d'ailleurs, les Achantis de la Côte-d'Or ». Toujours d'après Tommasini, « les Attiés ont plutôt l'air de se rapprocher des Ebriés qui habitent les lagunes du sud, quoique leur langue diffère complètement. Malgré cette différence de mœurs et de langage avec leurs voisins, dans la plupart des cas, certaines coutumes et certaines cérémonies leur sont communes, surtout avec les Agnis. Les Attiés sont peu connus » (Idem).

peu comme chez Saint Augustin, qualifie la virginité humaine, cette fois en un sens purement marial (de la Vierge Marie).

L'Attié n'identifie pas Dieu ou les génies, anges bons ou mauvais, au vivant. Par où la mortalité et l'immortalité, qui ressortissent de l'ordre animal, et non pas encore de ce qui a l'éternité pour lot, ne caractérisent-ils pas l'humain et le divin.

Lesquels se laissent plutôt mesurer à l'éternité qui détermine ce qui, par nature, est esprit, c'est-à-dire non pas directement liée à la chair, dimension de la mortalité. L'attié distingue « Zö », Dieu, de « wɛnsɛn yanyan » (esprit mauvais ou malin), c'est-à-dire l'esprit impur (démon), plus précisément désigné par le mot « wuënsɔ puɛn », autrement dit, esprits impurs (démons), et les « wuënsɔ », anges (mot dont le singulier est « wuënsɛ », ange, mais aussi esprit). L'Esprit Saint, de Dieu, est nommé « Wuënsɛ fɛnfɛn », Esprit pur.

Pour désigner le « vivant », le grec emploie le mot « zôon ». Chez les Grecs, « ce qu'on appelle «vivant », c'est cet ensemble, une âme et un corps [entendez une chair] fixé à elle » (*Phèdre* 3 246c).

Pour l'Attié, le « hɛnpuɛn », littéralement, *yeux ouverts*, est le « vivant ». Il constitue ce qui est fait de « chair » et dont la vie, l'« âme », tient dans le « vën », sang. Le « hɛnpuɛn », les *yeux ouverts*, qui, pour appartenir à un « vivant », se composent de « chair » et de « vën », sang, sont appelés du nom de « nannan », animal.

Il est notoire que chez l'Attié, seul le rapport entretenu par le vivant avec le monde spirituel détermine la qualité de l'eksistence terrestre, de la vie qui est menée lorsque les yeux de sa chair sont naturellement ouverts. Plus les yeux de la chair sont naturellement ouverts, moins ils le sont spirituellement.

Plus les yeux de la chair sont naturellement ouverts, plus le « nannan » prend le dessus sur le « tsabi bien », le fils ou la fille de l'homme. Plus les yeux de la chair sont spirituellement ouverts, plus ils le sont sur le monde du « Wuënsɛ fɛnfɛn », Esprit pur.

Dieu est Esprit. Pour être exact, Dieu n'est pas vivant puisqu'il n'est pas mortel. Cela ne constitue pas un défaut. Comme Dieu ne peut connaître la mortalité, on dit de lui qu'il est l'éternité de la Vie. En termes propres, Dieu est l'Éternel.

Or, comme la vie a la mort en soi comme son Autre qu'elle traîne tel son ombre, Dieu, en tant qu'il échappe de part en part à la mortalité, ne saurait être qualifié à partir du registre de la vie, mais plutôt de l'éternité. L'éternité, en sa vérité, ne dit pas le silence des cimetières mais un être et une vie dont les caractères surpassent ce que l'on entend couramment par ces deux notions.

Apparemment brève, tel un pas, l'éternité véritable se reçoit pourtant comme l'actualité du se-passer-de ce qui a l'être d'une manière telle qu'il constitue le présent de ce qui, se différenciant de soi-même par soi-même, sans un terme intermédiaire, s'apparaît le même, et qui s'y apparaît tellement qu'il apparaît son autre. Cet autre est moins le néant que le néantir.

Le *se-passer-de* est à entendre comme on le réalise lorsqu'on se passe de quelque chose, quand l'on donne congé à ce qui, possiblement entaché de « wuënsɔ puɛn », esprits impurs, constituait un fardeau. Celui-ci, qui maintient les yeux ouverts sur le seul monde du « nannan », empêchait le « dzabi », l'homme, de les ouvrir au présent de l'éternité.

Pour nous, le « hɛnpuɛn », *yeux ouverts*, pour autant que, vivant sur terre déjà, il s'ouvre au présent de l'éternité, constitue le « mourant ». Il constitue ce qui, étant fait de « chair », perd sa vie, de « nannan », d'animal. Mais, cette vie, il la retrouve immédiatement, dans sa vérité spirituelle, comme purifiée dans le « vën », sang, du « Dzabi Biɛn », Fils de l'Homme.

Le « hɛnpuɛn », les *yeux ouverts*, qui, pour appartenir à un tel « mourant », se composent de « chair » et de « vën », sang, pur, sont appelés du nom de « dzabi gbagba », humain, qui se traduit littéralement par l'expression *vrai homme*. Comme vrai homme, l'humain est le divin.

L'humain qui partage le « vën », sang, pur, garde par-là son esprit pur ou sinon voit par-là son esprit être purifié par le « Wuënsɛ fɛnfɛn », l'Esprit Saint, co-artisan de l'éternité véritable. Le « Wuënsɛ fɛnfɛn » construit l'éternité véritable en travaillant de concert avec le « Dzabi Biɛn », Fils de l'Homme et le « Dzabi », l'Homme. Il travaille à co-enfanter l'éternité véritable en tout « dzabi biɛn », enfant de l'homme.

L'éternisation véritable se vérifiera dans la compassion habitant l'« wuënsɛ », esprit, du « hɛnpuɛn », vivant aux *yeux* incessamment *ouverts* sur la passion du « Dzabi Biɛn », Fils de l'Homme. De celui-ci, le « vën », sang, en purifiant la chair du « hɛnpuɛn », a fait de lui, dans les épousailles du « Wuënsɛ fɛnfɛn », Esprit Saint, et du Dzabi, l'Homme, un « dzabi gbagba », humain.

L'éternité trouve sa vérité dans l'actualité de la passion du divin. Celui-ci se présentifie, il se rend présent, dans la compassion de l'humain. L'éternisation dans la vérité est la présentation du divin et de l'humain chacun à soi. La présentation à soi est pleine présence à l'autre. Elle s'offre comme la douceur du se-passer de soi comme du pseudo-autre. Elle est à la fois l'humanité du divin. Elle n'est pas l'humanité de la divinité ; mais seulement du divin, comme humain.

L'éternisation dans la vérité constitue le présent du pas sage où l'humain se dessaisit, et de la vie du « nannan » (celui-ci tend naturellement à la garder), et du mal que propage naturellement le « wɛnsɛn yanyan », esprit impur, dans le règne végétal et animal.

Pour l'Attié, tout esprit, fût-il celui d'un homme, d'un démon ou d'un ange, a d'emblée l'éternité en partage. Il la *passe* soit dans la pureté, soit dans l'impureté. Un esprit ne meurt pas.

Seul ce qui a une âme est mortel en tant qu'il peut connaître la corruption. Celle-ci est plus ou moins liée à l'attachement, excessif ou ténu, de l'âme, lors du vivant de l'homme, à une chair plus ou moins corrompue par un esprit impur.

Platon désigne [...] invariablement comme zôa les dieux, les hommes, les animaux et même les végétaux, selon un unique passage (Timée 77a) » (Hilfiger, 2004).

Nous désignerons différemment Dieu, les hommes et les animaux. Ce, conformément à l'attié. Qui, s'il nomme de manière générale, « hɛnpuɛn », « vivant », aussi bien l'homme que l'animal, qu'il appréhende littéralement au sens des « yeux ouverts », les distingue du point de vue de ce sur quoi l'un et l'autre ouvriront pleinement les yeux, une fois qu'ils seront des mourants.

Tous les vivants ne sont pas des animaux. L'animal, comme déjà signifié, se dit « nannan ». Le vivant humain est nommé « tsabi ». On traduit par « tsabi dzhɛn » le corps humain. Quant à la plante, elle se dit « pɛ ». La vie des végétaux, de la plante par exemple, est d'un ordre différent de celle de l'animal. Mais plantes et vivants animaux se rejoignent en leur destination. Lorsqu'ils meurent, ils retournent à la terre dont tous deux proviennent.

Quand le « nannan », vivant animal, tout comme le « tsabi », vivant humain, retournent à la terre dont l'un et l'autre proviennent, ils ferment les yeux. Ils « yô », meurent. Mais, différemment du « nannan » qui n'a pas l'esprit, le « tsabi », dans son fermer les yeux par retour à la terre primitive, les ouvre sans plus aucune barrière sur le type d'esprit, « wuënsɔ puɛn », impur, ou pur, Wuënsɛ fɛnfɛn, auquel son âme ce sera le plus habitué, de son vivant, lorsque les yeux de sa chair étaient naturellement ouverts.

Si selon Heidegger, seul l'homme parle, pour lui, on sait aussi que chez lui, l'homme ne parle que pour autant qu'il écoute.

Mais, les exemples des muets et des silencieux ne nous apprennent-ils pas que parler ne va pas de soi pour l'homme ? Nous voilà avec déjà assez de raisons positives et négatives pour demander : « D'où viennent parole et humanité ? »

L'histoire des idées nous apprend que c'est à l'an 1119 que remonte la définition de l'*humanitet.* Elle est définie comme l'« ensemble des caractères qui constituent la nature humaine » (Ph. de Thaon, Comput, 1553 ds DG).

De tous les animaux, seul l'homme, dit-on, parle. On pourrait dans cette optique alléguer à ceci : l'homme est l'animal dont la nature est de parler. Comme homme, je suis l'animal parlant. Cela veut dire : quand je prends la parole, ce que je dis semble se rapprocher, venir dans *ma* présence – si je parle vraiment – ou tout simplement dans *la* présence.

La parole semble signifie alors le rassemblement, le rapprochement du dit avec le dire, et – là où il est vraiment parlé – avec le diseur, c'est-à-dire l'homme. Si peut être en jeu, dans le parler, le fait de rendre proche, la question « d'où vient la parole et d'où vient l'homme ? », maintenant, s'entend comme suit : « d'où vient-il que l'homme parle ? ».

Poser ainsi la question, c'est avoir déjà soupçonné la possibilité du lien d'origine entre parler et être homme. L'on demanderait d'emblée ceci : y aurait-il un lien originaire entre les caractères qui définissent une nature d'homme, et la parole, c'est-à-dire, ce dont la nature même consiste à rendre proche ce qui est nommé ?

La tâche ne sera pas aisée. Une tâche qui vise à interroger la relation originaire de la parole à l'homme ne peut être de tout repos. La difficulté semble se trouver dans cette possibilité ou non de penser la proximité entre ce qui, la parole, en son sens racinal, en venant apparemment du lointain – le ciel ? –, a pour caractère propre de rendre proche ce qu'il désigne, et l'étant qui, vivant sur la terre, pour sa part, bien que semblant provenir de celle-ci, détient un rapport particulier avec celle-ci, un rapport autre que simplement animal.

Or, le *zôon,* chez les Anciens, est toujours traduit par « vivant » (un *zôon* est un être animé au sens large). Fort de cette précision, notre difficulté sera atténuée ! L'on devra tenir pour acquis ceci qu'en grec, un *zôon* est toujours un être, végétal, animal, humain ou divin, animé par une âme. Mais cela, c'était chez les Grecs antiques.

Or, l'on ne pourra pas se dérober en réduisant la difficulté à une question d'époque. En son étymologie, le mot homme est rendu par l'ancien latin "hemo" (et le latin "humus" la terre), par opposition aux dieux et à l'animal ; l'un qui, comme perçu, peut provenir du ciel, l'autre disant ce qui, déjà sorti de terre, n'approche pas nécessairement encore l'humain.

Par ailleurs, la possible proximité d'origine de la parole et du diseur semble porter au seuil d'une région où l'une (la parole) pourrait avoir originairement requis l'autre (l'humanité) pour se dire.

Et ce, de manière que l'une comme l'autre ne pourraient se comprendre qu'au travers de ce qui semble une affection originairement mutuelle et réciproque. Une telle réciprocité se comprend au sens où ne peut affecter que ce qui est pure affectivité – à savoir la parole – et ne peut être affecté que ce dont le fond et la forme sont affection – l'humanité –.

À supposer que le lien de l'homme et de la parole soit vraiment celui d'une affection mutuelle, une autre question surgit, la suivante : et si l'homme détenait un rapport si originaire avec ce dont le dire, en le touchant lui-même, touche toute chose d'une manière telle qu'il rapproche l'humanité et toutes choses qu'il touche en leur originaire affection ?

Ce, au sens où ce serait originairement que, l'‘humanité, étant affectée, affectait déjà, c'est-à-dire que, à la fois, –elle était l'originaire prochain de ce qui a pouvoir de rapprocher – la parole en l'occurrence –, de sorte qu'en une espèce de chasser-croiser, l'humanité aurait à la fois la capacité d'être du lointain, peut-être des divins, tout comme la terre dont il procède, de même que la parole serait à la fois originairement proximale, étant affectivement le plus proche de chacun, aussi bien de l'homme, de l'animal que du divin?

Dès lors, la difficulté s'accroît, qui se rapporte au fait que ce qu'il s'agit, non pas certes de seulement penser, mais également d'expérimenter, doit concerner l'affective proximité où se rassemblent l'humus – dont, comme hommes, nous serions – et ce dont l'essence est rapprochement – la parole – : cette proximité et ce rassemblement étant appelés du mot Origine.

Jean Greisch (1991, p. 191), lorsqu'il s'est trouvé devant la même difficulté, s'exclama : « Quels que soient les noms dont la pensée se sert pour dire l'Origine : l'Un, la Principe, l'être, l'absolu, Dieu…, chaque fois que cette notion s'impose à la pensée, elle entraîne une double difficulté tout à fait caractéristique, une difficulté de dire et de penser ».

Mais est-il seulement avéré que l'Origine s'impose à nous sous les seuls vocables de Dieu (objet de la théologie), quasiment mis sur le même plan que l'être (préoccupation de l'ontologie), au nom de l'Un par l'exégète de Martin Heidegger, et que partant, ce soit uniquement au travers du dire et du penser que puisse se dénouer la difficulté de faire face à l'Origine ?

Ce semble sous le motif d'une ontologie quasi-fondatrice de théologie que le commentateur de Heidegger, dans le souci de fonder conceptuellement sa quête de l'Origine, référera à l'autorité de ce qui, depuis l'aube de la pensée occidentale, fait référence quant au début de cette pensée, une pensée qui, comme Greisch semble s'en réjouir, serait « affranchie du mythe » (*Idem*), bien que, comme il l'ajoutera, ce soit « à peine encore », en l'occurrence le Poème de Parménide, *Magna Charta*.

Dans le fragment 8 de ce poème que J. Greisch expose (nous ne l'exposerons pas en entier) d'après la traduction de Denis O'Brien, il confesse être particulièrement frappé par le virage décisif qui est opéré dans le poème : « Le *muthos* de l'être, bien qu'unique, ne s'avance pas seul ; il a des acolytes, car il est entouré par tout un cortège de « signes » (*semata*) qui balisent une route du discours et un chemin de la compréhension » (Greisch, 1991, p. 194).

Identifiant dans le grec *muthos* et ses *semata*, la parole parménidienne de l'origine, J. Greisch qui, non seulement observe que le terme du *muthos,* parole n'ayant rien de « mythique », est un *hapax* dans le poème, mais lui reconnaît également comme traduction allemande le terme heideggérien de la *Sage* de l'être : *Estin,* y décèle à la fois une « parole hors série, fondatrice » (*Idem*, p. 193) et « le sujet non exprimé du verbe être » (*Idem*, p. 194) .

J. Greisch de demander : « Que signifie une « tautologie » aussi exorbitante ? Ne sommes-nous pas en présence d'un « discours du même » tout à fait hyperbolique, dont les pensées contemporaines de l'altérité et de la différence auraient pour vocation de venir nous délivrer ? » Et J. Greisch de poursuivre, émerveillé : « Discours du même » en effet, puisque le poème de Parménide consacre un des axiomes de base de toute la tradition ontologique et métaphysique ultérieure : « être et penser, c'est le même » (fr. 3). C'est un axiome que le fragment 8 [...] réitère en écho en disant : « C'est la même chose de penser et de penser que c'est ; car sans l'être dans lequel elle est exprimée, tu ne trouveras pas la pensée » (fr. 8, v. 34-36).

De concert avec Clémence Ramnoux, en appelant à l'idée des signes balisant un itinéraire qui situent à la racine du *semeion*, et dont dérive le terme « signes » (*semata*), J. Greisch, avec grande lucidité, perçoit dans la compréhension du « rapport particulier qui s'instaure entre l'unicité de la parole fondatrice (*muthos*) et la multiplicité de ses « indices » », tout le problème de l'origine de la parole comme parole de l'origine.

Or, si J. Greisch a cerné le problème, il nous semble loin d'avoir cerné la problématique qui s'en dégage quant au rapport que nous autres, hommes, avons avec la parole de l'origine. Et si ce dont la multiplicité des signes de cela qui, non mythique (non simplement fictionnel donc), est un *muthos* (c'est-à-dire quelque chose d'effectif), étaient l'‘indice renvoyait, c'était le silence ?

Et si, c'était la raison pour laquelle il pouvait apparaître parole la hors série, hors paire, qui pourtant est fondatrice autant de l'Être que des étants qui balisent le chemin de l'Être ? Qu'est-ce donc que le « sujet non exprimé du verbe être », sinon le silence de l'agir qui se passe ? N'est-ce pas lui qui motive l'axiome de départ de la tradition, non plus ontologique et métaphysique, mais anthropologique et phénoménologique actuelle, à savoir : « C'est la même chose que d'agir et d'agir en se passant ; car sans le passage dans lequel il se reçoit, tu n'éprouveras pas l'agir ».

Non plus discours, le silence est silence où agit le même de la parole dans l'accueil duquel se passe une des expériences fondatrices de la tradition anthropologique et phénoménologique en émergence : « passer et agir, c'est le même ».

A l'exclamation du heideggérianisme selon laquelle les noms dont la pensée se sert pour dire l'Origine doivent, au nom de l'Un, renvoyer au Principe, l'être, l'absolu, Dieu, nous proposons de substituer l'*Archè*, le se passer, le l'in-fini et l'Homme. Chaque fois que cette notion viendra à l'esprit, elle s'accompagnera entraîne d'une unique épreuve : agir dans le silence.

C'est que l'origine nous est présente sous le visage de l'Homme (sujet anthropologique) silencieux au travers de l'agir comme cette incessante Com-passion au travers duquel l'humain et le divin se disent.

En guise de réponse à la « tautologie » de l'Etant qui se passe par différenciation d'avec l'Être, nous nous accueillons, hommes, comme les signes mêmes du silence de la parole dont le passage, dans l'aujourd'hui de l'Unité anthropologique de cet Etant originel dont émane tout être (humain comme divin), a pour vocation de laisser se dire.

Dans cet originel silence disant l'unité du phénoménologique et de l'anthropologique qu'habite désormais l'Être, et que l'exégète de Heidegger approcha sous un motif ontologique et métaphysique, sans pour cela même pouvoir y pénétrer, parole et humanité se rapportent l'une à l'autre.

Ce rapport, l'on peut être tenté de l'approcher par le truchement du philosopher de Martin HeideggerLe Philosophe de l'Être a le mérite d'avoir cerné l'acuité avec laquelle se pose le problème du rapport de la parole à l'humanité, de nos jours. Ce problème trouve son acuité dans la relation au divin.

Heidegger, en effet, révèle que, pour certains, la parole fait partie des « performances par lesquelles l'homme se produit lui-même », là où « d'autres soulignent au contraire que le verbe de la parole est d'origine divine » (Heidegger, 1976, p. 17).

Le partage établi par Heidegger entre performance humaine et origine divine semble opposer l'homme et le divin quant à leur positionnement au regard de la parole.

À côté des deux groupes définis par Heidegger, il semble se dégager un troisième groupe de personnes se définissant au regard du rapport de l'homme et du divin à la parole. C'est de ce dernier groupe que nous semble provenir l'opinion de M. Heidegger lui-même.

L'on peut dire : d'aucuns, Heidegger y compris, s'inscrivent dans le registre de la manière facile de voir le divin – facilité consistant à croire le divin systématiquement opposé à l'humain –, manière de voir que nous caractériserons à partir du terme de christianisme courant, et auquel nous voudrions opposer une quatrième catégorie, le christianisme fondamental.

Heidegger, et ce groupe, qui croient l'autoproduction de l'humanité être un mal, relèvent du courant du christianisme qui, pour pouvoir attribuer à la parole une origine divine, se voient obligés de dénier le divin à l'humanité.

Ce faisant, ils opposent l'homme au logos originaire, perçu, hâtivement peut-être, comme créateur, comme producteur de tout. Cette parole, selon eux, relèverait d'un divin, une fois encore, antithétique et tout à fait étranger à l'humain.

Ce groupe, qui pour ce faire, partage une vision pessimiste du corps humain, qu'il caractérise comme une animalité étrangère à un spirituel qu'il croit encore être l'apanage d'un divin auquel répugne l'humain, procédant, qui plus est, d'une conception de l'être dont la souche, pourtant, est cosmique, ne tenant que d'une vision naturaliste de la création.

La vision naturaliste de la création est thématisée par exemple par un éminent lecteur de M. Heidegger, S. Camilleri sous le titre « *Bereshit* : éléments pour une phénoménologie génétique biblique », laquelle est issue de l'Ancien Testament.

Même si Camilleri (2007) traitera de la création de l'homme en *Genèse* 2, 4b – 3, 24, comme d'un « commencement dans un commencement », pour l'heure, il ne thématise pas encore le pré-commencement, celui qui, bien que chronologiquement ultérieur aux deux premiers commencements (celui du cosmos et celui de l'homme vivant), est inaugural de tout : il s'agit du commencement du christianisme comme tel, lequel demeure essentiellement pré-séant à tout commencement, judaïque ou hellénistique.

Pour le philosophe français, « la création de l'homme vivant est un nouveau commencement qui, pris phénoménologiquement, a autant de valeur sinon plus que la création du cosmos » (Camilleri, 2007, p. 414).

Cependant qu'il ne semble pas encore accéder au commencement essentiel, celui, purement spirituel, qui, précédant le nouveau commencement, constitue le commencement nouveau, apparaissant du coup l'unique lieu de naissance de l'humanité nouvelle et, partant, du monde nouveau.

N'admettant que le logos antique étant à l'origine de la création de l'univers visible inhérent aux corps animaux, les adeptes grecs, juifs ou allemands du logos propre au christianisme courant ne peuvent réaliser qu'au commencement était non pas la Parole mais le Silence.

En une reprise du début d'un propos tiré d'un site web anonyme, le suivant, fsspbesancon.fr › wp-content › uploads › 2017/01 › Silence-parole-action, susceptible d'être complété en vue de l'explicitation de notre position, l'on peut présenter l'expérience du silence inaugural du christianisme fondamental ce, dans les termes ci-après :

« Au commencement était le silence [dont l'apparaître est la chair virginale de Marie] ; et le silence se fit parole [Saint Augustin pour désigner la Parole de Dieu emploie le terme « l'Esprit Saint dit » ; Jésus lui-même dira : « mes paroles sont Esprit et Vie »]; et la parole [l'Esprit virginal comme le mouvement de la Vie se communiquant à toute chair en engendrement dans le sein du silence] devint action ».

Plus encore : « Au départ, il y a ce souffle puissant de l'Esprit [dont le Corps est la chair virginale de Marie de Nazareth où repose le Corps du Christ en gestation depuis l'Incarnation jusqu'à la Mort et la Résurrection du Christ, cette dernière apparaissant dans l'Essence du divin ou de l'humain au sens du commencement entendu comme l'expérience du silence relatif au tombeau vide], ces langues de feu qui descendent silencieusement sur les disciples [prémisses des membres du Corps du Christ nés de la Com-Passion, la Mort de la création naturelle et la Résurrection comme création spirituelle] réunis en prière autour de Marie, mère de Jésus [...], mort et ressuscité pour la multitude d'Israël et des nations » (*Idem*), du monde nouveau donc !

Le christianisme courant, parce qu'étranger à l'expérience inaugurale du christianisme fondamental ci-dessus relatée, oublie ceci : quelque part, il y a du divin dans l'humain. Aussi, le rapport du divin à l'humain se comprend-il moins dans ce qui nous semble le christianisme courant que dans le christianisme fondamental.

Le christianisme courant a pour substance son caractère limitatif. Il s'établit sur la définition courante de l'humanité : « À la question « qu'est-ce que l'humanité ? », la conception courante de répondre donc qu'elle renvoie à la puissance de la conscience humaine manifestée au travers des réalisations temporelles sous-tendues par un Dieu considéré dans l'ordre de la nature comme ayant les perfections déterminant les limites et faiblesses de la puissance de l'homme » (Yapo, 2018, p. 221)

Parce que basé sur une conception négative de l'humain, suivant ses limitations théologiques donc, le christianisme courant, étant par suite préoccupé à l'idée de ne pouvoir *égaler* Dieu ou de ne pouvoir bâtir le divin sur le théologique, définira toujours l'homme par défaut. Le défaut consiste dans l'usage courant qui s'y rencontre des qualificatifs tels le mortel, le néant et la corruption, qui, ici, connotent péjorativement.

La position chrétienne courante du divin s'affirme par exemple dans sa variante théologique. Elle s'affirme comme suit : « L'homme est naturellement mortel, puisqu'il vient du néant. Par sa similitude avec l'être, s'il l'avait conservée grâce à la contemplation, il aurait émoussé la corruption naturelle et serait resté incorruptible, comme dit la Sagesse: « L'observation des lois est la confirmation de l'incorruption. » (*Sag.* VI, 19). Incorruptible, il aurait dès lors vécu comme Dieu ainsi que l'indique quelque part la divine Ecriture : J'ai dit : vous êtes des Dieux et les fils du Très Haut. (*Ps.* LXXXI, 6 et 7.) » » (Gaudel, 1931, p. 22).

La seule « observation des lois », si elle dit une moralité coupée de l'esprit de la loi, c'est-à-dire, en notre sens, de l'étant vivant dont le service a pour accomplissement l'amour qui donne sa vie pour l'autre homme, relève d'une religion corrompue étant similaire, dans une mesure moindre, à ce que dénonce le jeune Hegel, à savoir la moralité dénuée de foi, mais qui dans une mesure plus large, trouve sa complétude dans la foi thématisée par l'Évangéliste Jean, au sens des œuvres qui témoignent de la qualité de la foi.

L'on voit que la moralité peut dans certains cas être impulsée par une foi dont l'essence peut n'être que rationnelle, c'est-à-dire philosophique, par où son fidéisme ne peut être que théologique, tournée vers une divinité abstraite, métaphysique donc, et non point anthropologique, qui aurait eu l'humble service du bien du prochain, le mortel, comme finalité.

Comme la variante théologique du christianisme courant, sa variante philosophique soutient que l'homme vient du néant. Mais là où la première trouve à l'homme une *similitude* avec l'être, la variante philosophique se définit dans l'*autoreprésentation* du moi. Cette dernière variante à laquelle Hegel nous semble appartenir, proposera que l'homme parvienne à posséder naturellement l'être par la liberté de trouver sa représentation dans la création de soi-même, à partir du néant, et de l'humanisation de son monde à partir de la moralité, qui nous caractérise, nous autres mortels, comme êtres éthiques.

Hegel (2002, p. 30) écrit : « La liberté est chez elle dans l'esprit. L'homme peut pâtir de la loi ; mais ce qu'est la loi, c'est l'essence propre de l'homme. La violence est donc seulement ce phénomène tel que ce qui s'appartient mutuellement est en même temps réciproquement extérieur ». Pour Hegel donc, l'homme s'appartient comme être spirituel, à partir de la liberté d'autodétermination de soi comme être divin, et à la fois comme être naturel à partir de sa détermination physique par le monde auquel il appartient.

Or, comme son esprit, naturellement porté vers la liberté divine, récuse son être physique, socialement incliné vers les déterminations de la nature biologique ayant préexisté à la moralité de son être spirituel, la portée théologique de la spiritualité hégélienne gît sous la pesanteur physique du monde naturel présidant à sa philosophie.

En conséquence, le projet hégélien de retrouver dans son univers physique une représentation conforme à l'être d'esprit, c'est-à-dire libre, que l'on est, est-il comme voué à l'échec, car l'être spirituel n'aura de cesse de subir la violence du monde physique.

Ce n'est pas tout ! Les variantes théologique et philosophique du christianisme courant se rejoignent dans l'unité respective de la similitude (avec l'être théologique) et de la représentation (de son être par l'homme lui-même). Similitude ontothéologique et autoreprésentation ontologique, en unissant les deux variantes du christianisme courant, les rapprochent de Heidegger.

Elles les rapprochent du premier Heidegger, *d'abord* : c'est celui qui, s'étant perçu lui-même, en sa jeunesse, comme un théo-*logien* chrétien, ne privilégiant que le logos au détriment du *theos* (au motif que celui-ci était ontique, dès lors enchaîné aux catégories biologiques grecques aristotéliciennes), lorsqu'il parvient à la maturité, voit dans la sortie du tout de l'étant, sens de l'ek-stase définissant le Da-sein, la conception de cette « image » de l'être que devrait être l'homme, ce dernier qui, de l'être, constituerait l'ouvert.

La similitude ontothéologique et l'autoreprésentation ontologique rapprochent la variante théologique et la variante philosophique du christianisme courant du dernier Heidegger, *ensuite* : c'est celui que Trotignon qualifiera comme l'auteur d'une « théologie du verbe poétique ou pour mieux dire, une méditation sur le sens théogonique de la parole poétique » (1965, p. 66). Cette parole, imagée, apparaît, à P. Trotignon, « le témoignage le plus important de l'absence de philosophie en notre temps » (*Idem*). Elle procède de la théodicée, de la cosmologique théologie grecque antique. Au faîte de sa théodicée, Heidegger signifiera, en 1966, que seulement un dieu pourrait encore sauver l'humanité occidentale.

Heidegger, sauf à distinguer affectivité et rationalité, méditation et fidéisme, n'est donc pas loin de Hegel ! La variante philosophique du christianisme courant, qui culmine dans l'hégélianisme, observe que dans son développement historique, « le christianisme a substitué la foi en Jésus-Christ à la moralité, l'homme étant incapable de celle-ci et n'étant promis à la béatitude que par la grâce divine » (Depré, 1993, p. 262).

L'hégélianisme s'en désole. Qui, sous la plume d'Olivier Depré, observe : « Dieu est éloigné de l'homme, qui ne sent plus en lui la chère «étincelle divine» que Hegel chantait avec ses amis » (*Idem*), Schelling et Hölderlin, en particulier.

N'est-ce pas ce à quoi, chez Heidegger également admiratif de la plastique développée par Hölderlin, fera écho, l'évocation, dans les *Chemins qui ne mènent nulle part*, des poètes qui, via le son, grave, de leurs voix, gardent la trace des dieux enfuis ?

Ce à quoi Heidegger substituera, plus tard, la poésie ce, au nom de l'autre pensée, c'est-à-dire le silence, humain. Pour notre part, humain, le silence se fait l'écho d'un divin dont le premier garde toute la parole qu'il médite incessamment. Cela, si Hegel l'avait perçu, l'on aurait estimé le hégélianisme se développer dans le cadre d'une conception moins facile, moins courante donc, du christianisme.

Or, ayant subordonné le divin et sa parole ainsi que l'humain et son silence à une catégorie métaphysique, la moralité individuelle et la légalité politique qui s'ensuit en particulier, « dans *Unter objektiver Religion...* (G.W. 1, n° 23) », Hegel s'interroge sur la capacité « de la religion chrétienne à favoriser la moralité » (Depré, 1993, p. 261). Par où la finalité de l'idéalisme allemand et de la « spiritualité » qui le hante, est-elle seulement morale et légale, et non point religieuse encore moins compassionnelle.

Le propos ci-après, d'O. Depré en rend compte: « Dans *Es sollte eine schwere Aufgabe...* en effet, Hegel dénonce que la religion chrétienne ait atteint la moralité par le chemin détourné de la vénération du nom du Christ » (Depré, 1993, p. 262).

Le chemin prétendument détourné que constitue la vénération du nom du Christ semble constituer, aux yeux de la résurgence d'une religiosité issue de l'idéalisme allemand, une corruption morale.

Par où le vocabulaire de la corruption de l'homme, que résumerait une certaine décadence morale, et contre lequel nous semble se déployer le christianisme non fondamental, se retrouve-t-il dans la religiosité hégélienne, et par ricochet, dans le moralisme religieux inhérent à l'ensemble de l'idéalisme allemand.

De fait, « le plus vieux programme de système de l'idéalisme allemand », que l'on attribue généralement à Schelling, semble se résumer dans la proposition suivante émise par Depré (1990, p. 81): « Toute la métaphysique se confondra à l'avenir avec la morale — ce dont Kant n'a donné qu'un exemple avec ses deux postulats pratiques, mais sans avoir rien épuisé, — cette éthique ne sera rien d'autre qu'un système complet de toutes les Idées ou, ce qui est la même chose, de tous les postulats pratiques ».

Les postulats pratiques de la métaphysique ne sont, une fois encore, point religieux mais moraux. Ils ne sont non plus relationnels, c'est-à-dire communautaires, encore moins compassionnels, mais bien plutôt *égotiques*, voire solipsistes. Et le concept de la liberté qui en émanera ne sera point celui de la responsabilité qui incombe à l'humanité de se maintenir dans la libre relation au divin, mais seulement de garder le moi, qui *est,* contre la prétendue originarité du néant qui menacerait le moi de le réduire à néant, de le voir y retourner.

Aussi, là où les postulats de la métaphysique allemande intéresseront la naissance du monde, en se faisant physiques, ils ne demanderont pas : comment un monde [humain] doit-il être disposé pour être en relation avec le divin, c'est-à-dire une humanité qui, pour se dire religieuse, ne sera définie que selon sa compassion qui assume la passion divine ?

De l'idéalisme allemand, comme l'affirme Depré (1990, p. 81), « la première Idée est naturellement la représentation *de moi-même* comme d'un être absolument libre. Avec l'être libre et conscient de soi pénètre en même temps tout un *monde* — à partir du néant — la seule *création à partir du néant* qui soit vraie et évocable. Ici je redescendrai dans le champ de la physique; la question est celle-ci: comment un monde doit-il être disposé pour un être moral? ».

L'idéalisme allemand, lorsqu'il s'autorise à parler du christianisme, ne reconnaît comme « seule *création à partir du néant* qui soit vraie et évocable », que le « moi » moral. Celui-ci est relation de l'être humain à l'éthique. Il nous semble méconnaître la catégorie du « nous » religieux, qui dit la relation des étants humains aux étants divins.

La position ontologique de Heidegger, relative à ses *Apports à la philosophie,* a bien des similarités avec celle de l'idéalisme allemand. Et ce, malgré *d'une part* une accentuation passionnelle, qui laisse venir, via le pas en arrière, comme amenée (production ?) de l'être humain par l'*estre,* là où chez Hegel il était question d'aller vers, de progresser en s'autoproduisant, et en dépit *d'autre part*, d'une substitution par Heidegger du registre du sentiment à celui de l'Idée, et de l'estre à l'être. Pour s'en convaincre, il faudrait comparer notre dernière citation d'Olivier Depré, lecteur de Hegel, avec la suivante, qui est de Heidegger :

> « L'être humain a le pressentiment de l'estre ; il est celui qui pressent l'estre, parce que l'estre se l'amène à soi – et en fait de telle façon qu'à cette avenance à soi, d'abord, il faut quelque chose qui lui soit en propre un *soi-même*, que l'être humain a à soutenir sous forme d'être-soi, en une *singulière* instance insistante, laquelle le fait instamment être le là, pour qu'il devienne cet étant qui s'atteint uniquement quand la question qui s'enquiert de lui demande : *qui* il est » (Heidegger, 2013, p. 282).

En ce qu'ils n'accèdent pas encore à la relation au divin comme réalité fondamentalement humaine, en ce qu'ils se limitent à une revendication de l'humain respectivement par l'Idée et par l'estre, idéalisme allemand et théologie poétique nous semblent une fois encore appartenir à la position du christianisme courant, laquelle, après tout, est loin d'être fondamentale.

La position chrétienne courante n'atteint pas à la réalité même de l'humain : à savoir ce que recouvre la proposition suivant laquelle l'homme est naturellement mortel. Qui est plus précisément de savoir ceci : si l'homme est mortel, c'est non pas parce qu'il proviendrait d'un néant auquel il doive retourner, mais uniquement en tant qu'il trouve *sa* naissance dans l'union de la Passion (du Christ) avec la Com-passion (de la Vierge Marie).

Seule cette union préside aux origines de l'Être, de l'estre comme de l'Idée, fussent-ils humain ou divin. Le christianisme courant oublie que l'homme est incorporé au Néant de par son originaire participation à la com-passion. La corruption naturelle de l'étant est originellement émoussée par la compassion de l'humanité virginale.

La Sagesse inhérente au Christianisme fondamental, qui n'établit pas l'incorruptibilité humaine sur la moralité théologique ou philosophique mais bien plutôt sur l'originaire union de la Passion et de la Com-passion, l'affirme en des termes autres, et que l'on retrouve dans deux ouvrages récents.

Le premier part de M. Henry. On y peut lire que chez celui-ci, la religion est « l'essence phénoménologique de ce pur rapport du Moi à la Vie qui l'engendre [...]. La religion n'est rien d'autre que la relationnalité nue de ce Rapport, l'épreuve de ce « lien » comme passibilité absolue, comme *religio* » (Kühn, 2012, p. 213), site de la passibilité originaire.

Chez Michel Henry en effet, « ce site ne peut être correctement compris, qu'à partir d'une Passibilité sans nom et visage, qu'à partir de ce Mode par lequel toute vie affective et charnelle plonge dans l'Absoluité de la Vie pure » (*Idem*). « Mais dans le christianisme fondamental qui se présente ici, cette passibilité a un nom, « l'être-vers », un visage, l'humanité du Christ, et des contours, la Vierge Marie » (Yapo, 2018, p. 114) dont les puissances sont affectives.

Le second ouvrage relié à l'originaire union de la Passion et de la Com-passion, s'énonce au sens où « l'affectif vécu dans la temporalité du présent, f[ai]t partie intégrante de l'expérience du croyant proto-chrétien » (Yapo, 2019, p. 82).

L'affirmation cardinale du christianisme fondamental est la suivante : s'il y a du divin dans l'humain, il y a également que le logos divin a pour cœur l'humain. Comment cela ?

L'affirmation cardinale du christianisme fondamental est approchée par l'anthropologie théologique chrétienne. Mais, celle-ci, parce que de souche théologique et non d'abord anthropologique, ne fait qu'approcher l'humain siégeant originairement au cœur du divin.

L'affirmation cardinale du christianisme fondamental est par exemple approchée au sein d'une étude datant de l'an 1991 et intitulée « Vrai Dieu et vrai homme ...». Dans cet article, Simon Knaebel, dialoguant avec la théologie de la Croix de M. Luther, ne manque pas, en citant celui-ci, de signifier non seulement que c'est « dans l'humanité du Sauveur (que)... la vraie nature de Dieu apparaît qui est la bonté et la douceur mêmes »[31] mais surtout que c'est en son humanité, qui est mariale, que nous devons commencer.

Comme M. Luther lui-même l'affirme, « il faut que tu commences là où (Christ) a commencé lui-même, c. à. d. dans le sein de la Vierge, dans la crèche, aux mamelles maternelles... Car c'est là qu'il est descendu lui-même, qu'il est né, qu'il a vécu parmi les hommes, qu'il a souffert, qu'il a été crucifié, qu'il est mort » (cité d'après Gabus, 1983, p. 149).

Un essai de S. Breton, dont le titre est *Le Verbe et la Croix,* approche l'affirmation cardinale du christianisme fondamental. Il l'approche en montrant que « la Croix et la kénose sont au cœur même de Dieu, en ce sacrifice éternel dont il est le prêtre et la victime » (Breton, 1979, p. 139). Seul défaut, l'oubli de voir que celui dont il s'agit dans le sacrifice, c'est l'Homme et non le Dieu.

L'Homme ! Tel est l'objet de l'ouvrage dont le propos liminaire se donne au travers des présentes lignes. De cet ouvrage, le contenu sera présenté de manière imagée ce, au travers d'une phénoménologie établissant la simplicité du rapport de redevance du logos (parole) originaire au *sigao* (cette garde de la parole dans le silence qui rassemble humains et divins) originel.

[31] Commentaire sur les Psaumes, WA 4, p. 647s.

Mais, qu'est-ce que le christianisme fondamental et qu'a-t-il de fondamental au regard du « christianisme avant le Christ » (ce christianisme de souche grecque antique) et du christianisme d'après la mort du dieu de souche idéaliste allemande, c'est-à-dire le christianisme hégéliano-heideggérien, ce dernier christianisme que, eu égard à son établissement sur la prétendue mort de Dieu, l'on pourrait aussi dénommer le *christianisme après le christianisme* ?

Le caractère fondamental du christianisme anthropologico-marial, qui s'esquisse ici, est approchable via la littérature poétique qui, à l'*hubris*, la démesure grecque, substitue l'humilité de la Vierge Marie comme esprit du proto-christianisme. En effet, en 1838 Edgar Quinet publie un poème intitulé « Prométhée ». Rey (2010), dans un article intitulé « Le christianisme avant le Christ », souligne que Quinet, « en réécrivant la légende de Prométhée », fait de Prométhée une des « énigmes de la poésie païenne qui n'ont été résolues que par l'esprit du christianisme » (*Idem*).

Jean-Michel Rey observe que « Quinet emploie la même expression que Hegel quelques années plus tôt: «l'esprit du christianisme» » (*Idem*). Par où l'on pressent ceci : le christianisme d'avant le christianisme courant est avant celui, philosophique, qui se fonde sur la mort de Dieu. Ce dernier, ainsi qu'entrevu, on pourrait le dénommer le christianisme après le christianisme. L'un et l'autre se rejoignent sur l'idée d'un christianisme dont l'esprit fait problème à la civilisation occidentale. Ils sont pourtant inconciliables.

Ils sont inconciliables en ce que, comme cela apparaîtra avec Heidegger, le prophétisme inhérent au christianisme allemand courant attend un salut futur, censé provenir d'un dieu nouveau. Quant au dieu des dieux grecs antiques, c'est-à-dire Jupiter, qui tenait captif Prométhée, en étant détruit par le Christ sous la plume de la poésie occidentale, il n'a plus droit de citer dans le registre des divinités, étant à jamais relégué au passé.

« Entre « le prophète de l'avenir et le Dieu du passé » il n'y a aucune conciliation possible sur le terrain du paganisme. Quinet de préciser ceci : « Tant que le Dieu nouveau ne paraît pas, le supplice du Caucase n'a aucune raison de finir ; le Christ, en détruisant Jupiter, est le seul rédempteur possible de Prométhée. » (Rey, 2010).

Le sort de Heidegger semble similaire à celui de Prométhée. Heidegger aura comme volé aux dieux la flamme de l'esprit des Germains anciens qui non seulement en ferait des peuples supérieurs, mais leur permettrait de supplanter le Dieu judaïque.

Ainsi que Nietzsche en appela au surhomme, de même est-ce la flamme du *Geist* inhérent au Dasein du peuple allemand qui semble avoir permis à Heidegger de trouver la force « spirituelle » pour aider Hitler à célébrer la race aryenne dans la Shoah aux fins de distinguer l'homme du mortel.

Heidegger entrera plus tard dans un grand mutisme au sujet de sa compromission nazie. Tout comme Prométhée voleur du feu de la connaissance aux dieux antiques, Heidegger semble vouloir se rendre immortel, c'est-à-dire affirmer sa supériorité, le peuple aryen avec. En « brouil[lant] le fait historique de l'extermination [Heidegger conclut] que l'homme n'est pas encore le mortel » (Rastier, 2015, p. 96).

Il dénie du coup au simple homme, le Juif en l'occurrence, la mortalité. Par où il est confirmé que chez Heidegger, l'homme n'est pas le mortel. À l'image du héros tragique Prométhée, qui a eu besoin de l'aide d'Epiméthée son frère pour le salut de sa race, Heidegger, prophète du salut de l'humanité contemporaine, aura bien besoin d'une rédemption que seule semble pouvoir lui octroyer le Christ :

« Le héros tragique a fondamentalement besoin d'une rédemption, et celle-ci ne peut avoir lieu que dans une perspective strictement chrétienne. Le terme même de rédemption est, comme on le sait, au cœur de la théologie christique ; il en est strictement inséparable » (Rey, 2010, p. 114).

De fait, « par le seul fait de s'accomplir, la religion (chrétienne) projette derrière elle son ombre dans le passé. [...] elle paraît avoir ainsi préexisté, sous forme de possible, à sa propre réalisation » (Rey, 2010, p. 116).

Et pourtant, comme Heidegger finit par renier le Dieu chrétien, par où il se constitua peut-être lui-même comme idole philosophique, il ne peut en avoir la rédemption, à moins de se voir, son édifice philosophie avec, crouler sous le pouvoir du Dieu chrétien, ainsi qu'il fut pour Jupiter.

Et à quoi d'autre que la logique de la séparation du logos et de ce qui rassemble humain et divin attribuer la mésaventure heideggérienne, de même le fourvoiement de la dialectique hégélienne qui finira par voir dans le Christ qu'un réformateur chrétien incapable d'accomplir la prétendue moralité grecque au fondement de l'esprit du christianisme[32] en mal de possibilisation dans la modernité révolutionnaire française ?

C'est donc à la simplicité de la logique (du *logos*) du *sigao* comme l'impulsion du logos qui rapprochera divinité et humanité via la Com-Passion, que nous sommes comme appelés, ici. À cette épreuve de l'intimité de l'Humain et du Divin, à cette simplicité, disions-nous, le chemin d'accès semble aussi devoir passer par le moment heideggérien.

Approcher la parole et l'humanité en compagnie du disciple d'Edmund Husserl semble peut-être conseillé ! Et pour cause, celui que « Arendt, Levinas et Leo Strauss, qui [en] avaient suivi [l]es cours à Marbourg dans les années 1920, [...] tenaient pour le plus grand penseur du XXe siècle » (Ferry, 2017), aura professé un *Acheminement vers la parole* et écrit une *Lettre sur l'humanisme*.

---

[32] Voir à ce sujet le premier chapitre de notre livre de 2019 : *Politique de la réconciliation* (Paris, L'Harmattan).

À en croire le Philosophe lui-même, le lien de la parole à l'homme n'est pas arbitraire : « C'est [...] la parole qui [selon lui,] rend l'homme capable d'être le vivant qu'il est en tant qu'homme » (Heidegger, 1976, p. 13). Aussi, dans son texte intitulé « La parole », lequel ouvre l'*Acheminement...*, l'on peut lire : « La parole a sa place au plus près de l'être humain » (*Idem*).

D'un premier abord, l'opinion heideggérienne est tout à fait légitime, qui peut trouver sa pertinence scientifique dans la racine du mot « parole ». L'étymologie du mot est la même que celle du mot parabole, en grec le mot παραϐολή signifie « rapprochement, comparaison », autrement dit, proximité.

Or, le mot même de la proximité, du « plus près » comme dit le penseur, semble obliger à questionner la capacité qu'a Heidegger d'acheminer vers la proximité de la parole et de l'homme. L'on peut, à notre tour, être tenté de demander à Heidegger si ce « plus près » de l'homme auquel achemine-rait la parole, il en a pris toute la mesure !

D'emblée, si l'on pourra se servir des textes de Heidegger, il n'est pas sûr que ce soit dans la ligne du philosophe allemand que parole et humanité seront le mieux étudiées. Et pour cause ! Le philosophe semble avoir fermé les yeux sur l'autre de cela qui restituerait la faculté de l'homme libéré du poids des activités rapprochant plutôt de l'animal, cette faculté désignant la parole.

L'on songera à cet autre non pas comme à cette oisiveté qui, redoutée (parce qu'elle serait mère des vices et proximité du silence de la mort), pourrait avoir obligé les Grecs à tenir pour un animal laborieux, c'est-à-dire un esclave, celui que sa nature maintiendrait dans une prison, l'individu qui n'aurait pas droit à la parole.

Le logos qui parle serait l'apanage de dieux métaphysiques à qui Pythagore attribuait l'exclusivité de la sagesse. Celle-ci, non seulement donna arbitrairement son nom à la philosophie, mais étant aussi considérée comme le synonyme d'un bonheur inaccessible à l'homme et signifiant l'immortalité, la sagesse, disions-nous, fonde la perception de ce qui est au-delà du physique comme sanctuaire du temple philosophique[33]. Pourtant Antique, « le terme de philosophie est une création de Pythagore. Le premier, il s'est appelé philosophe dans ses entretiens de Sicyone avec Léon, tyran des Sicyoniens... Il alléguait qu'aucun homme n'est sage, que la sagesse est le privilège des dieux » (Diogène Laërce, 1999, Prooemium 12 et VIII, 8).

Vers la sagesse, seraient tendus – sans plus –, seulement le très peu des hommes qui parvenaient à se faire amants de la sagesse. Ce, au sens ou le philosopher sera défini par les Grecs, Socrate notamment, comme le fait d'apprendre à mourir, à célébrer ce qu'il y a d'immortel en l'homme, à savoir l'âme ; mourir à la dimension animale de son être que constituerait le corps, devient du coup une manière d'accéder au monde des dieux.

Ici point une vision contradictoire à laquelle Heidegger, on peut le pressentir, échappera difficilement. « Limite de l'humain : l'animalité. Pour autant qu'il est corps, l'homme est animal et participe de la sauvagerie de la nature. Nous sommes des bêtes, nous ne sommes pas des bêtes : toute l'équivoque de l'être-humain est dans cette contradiction. L'homme se démarque de l'animal et rejette celui-ci dans l'inhumanité pour mieux asseoir son statut privilégié d'humain » (Bleikasten, 2004).

Toutefois, dans l'Antiquité, la dimension animale a pu apparaître plus noble que « l'humaine ». Au sujet de la prétendue supériorité de l'humain sur l'animal alléguée au nom d'une supposée proximité de l'humaine condition avec la divine, il conviendra de faire la part des humanités. Faire la part, c'est dire que le privilège divin revendiqué par l'homme

---

[33] Selon le mot même du philosophe moderne, Hegel lequel invitera à abandonner le nom d'amour de la sagesse pour celui de la Science.

au détriment de l'animal concerne un homme « précis : l'homme occidental, l'homme « humaniste » » (*Idem*).

« Car il fut un temps où les bêtes avaient leur noblesse, où leur fonction dans l'économie du sacré et du sacrifice était primordiale, un temps où l'ordre animal était l'ordre de référence et où les hommes se qualifiaient par affiliation symbolique à l'animal, et c'est ce temps perdu de l'alliance mythique entre l'homme et la bête que Faulkner » (*Idem*), par exemple célèbre dans « The Bear », de même au sujet des amours d'Ike Snopes et d'une vache dont *The Hamlet* présente le récit.

Toutefois, au sujet de l'animalité comme ordre de référence à partir duquel l'humanité devrait se qualifier, il convient de relever ceci : l'on relèvera d'abord cela était dû au fait que l'éminence du caractère immanent de l'épreuve affective de la filiation originairement virginale, c'est-à-dire pure, spirituelle donc, de l'humanité, sur le caractère transcendantal d'une référence à une altérité extérieure, animale ou divine, n'était pas encore vécue par les mortels humains.

C'est pourquoi, par la suite, ceux-ci, tantôt comme les métaphysiciens matérialistes, se sentaient obligés de s'identifier aux âmes animales (aux seuls êtres de chair et de sang) dont le sang était supposé plaire aux dieux qui par défaut assimilaient les hommes à ces simples animaux. Les matérialistes, tout comme ceux d'entre les hommes qui tantôt, comme les idéalistes, se sentaient obligés de s'identifier aux esprits angéliques, chaque fois uniment, s'identifiaient les uns et les autres à l'extrême pureté divine.

Mais jamais les uns comme les autres ne songèrent à tautologiquement s'identifier à ce qu'il y a de plus pur, de plus spirituel, de plus divin donc, en eux-mêmes, à savoir la virginale pureté.

Or, loin du matérialisme et de l'idéalisme métaphysiques, historiquement, c'est la virginale pureté de la Terre que figurera humainement, selon la chair, Marie de Nazareth. C'est également la virginale pureté du Ciel que figurera, humainement, selon la chair, Jésus de Nazareth. Marie de Nazareth et Jésus de Nazareth vécurent chacun comme un dieu, c'est-à-dire conformément à la pureté spirituelle qui caractérise l'humanité en son essence, par où s'affirme naturellement sa racine divine, c'est-à-dire, en sa phénoménalité.

L'on comprendra que, non plus métaphysique mais phénoménologique, qui plus est spirituelle, l'anthropologie contemporaine réhabilite le corps et la dimension animale de l'homme en affirmant le caractère anachronique de toute démarche qui s'appuie sur quelque anthropologie métaphysique, kantienne par exemple, laquelle est d'accentuation morale, établie sur le bien et le mal.

L'anthropologie contemporaine fait voir que dès l'Antiquité, un philosophe comme « Épicure rompt avec les « opinions de tout le peuple grec », qui considérait la divinité et l'immortalité comme les prédicats identiques d'un rang d'êtres inatteignables par l'homme et qui voyait là l'unique fondement d'un bonheur que l'homme ne saurait atteindre » (Blumenberg, 2005, p. 148).

Or, ultérieurement, la romanité, en se réclamant de ce qui domine l'héritage philosophique grec antique, consacrera l'hégémonie de l'idéalisme sur l'empirisme. Par exemple, le bas-latin *tripalium*, instrument de torture à trois pieux, sera arbitrairement incliné pour donner sa connotation animalisante et non point divinisante au mot travail.

Heidegger, qui ne critique pas une telle vision, semble également oublier la teneur propre de l'activité qui est réalisée sans murmurer, selon l'autre de la parole, c'est-à-dire le silence inhérent à une passion qui a pouvoir d'abaisser l'orgueil de l'angélisme inhumain convoitant le Ciel sans égard pour la Terre, et de l'abaisser jusqu'à l'humus de la mortalité, ce qu'a inauguralement connu le Christ, dans l'humilité, cependant.

D'un autre côté, l'anthropologie moderne, qui déjà tira intelligence de ce qui engendrera la phénoménologie matérielle c'est-à-dire le matérialisme non pas métaphysique mais relevant d'une praxis existentielle, étant le propre d'une humanité qui vit de son essence en (se) travaillant (au fort d'un silence étranger à la concupiscence de dieux faillibles), nous rattache à la contre-tradition grecque qui est celle d'Épicure.

Sur cette question d'anthropologie phénoménologique, Blumenberg (2005, p. 148) qui, ici, apparaît comme notre précurseur, écrit : « Dans l'un des manuscrits parisiens de 1844, Marx fait allusion au mythe épicurien des dieux, lorsqu'il désigne les propriétaires fonciers et les capitalistes comme des « dieux oisifs ». Le travail s'est mis à la place de la sagesse, pour légitimer la possession du bonheur ou le bonheur de la possession ».

Aux antipodes de dieux bruyant parce que se tenant loin de leur propre essence, le « silence » restitue le grec *hesuchia,* qui signifie « tranquillement », « paisiblement ».

Il se rencontre chez Heidegger également quelque chose de similaire au *hesuchia.* La préservation en tant que mode existential de l'être-dans-un-monde.

Hesuchia décrit la vie de celui qui reste chez lui à faire son travail, et ne se mêle pas des affaires des autres. Son état exprime le verbe *sigao*, « garder le silence, se tenir en paix », mais aussi la situation de ce qui est « gardé ».

Par déformation, le grec *sigao* viendra à signifier « être mis au silence, être enfermé », là où il aurait fallu maintenir le sens du « tenir gardé » qui est conceptualisable à partir de la pureté comme étant la détermination de celui dont le caractère propre est de se réaliser dans l'immanence même de son essence, et en cela seulement.

Or, comme s'il se tenait également loin de l'essence, chez Heidegger, au moins quatre (4) assertions viendront révéler que ce philosophe ne s'intéresse ni à l'homme, ni au divin en leur essence, mais uniquement à l'Être, et à l'Être pour l'Être, pourrait-on dire !

Dans cet essai, notre intuition majeure est la suivante : si Heidegger n'avait pas sous-estimé l'homme et le divin, ce « plus près » de l'humain que *garde* par *rapprochement* la parole, il l'aurait compris au sens du silence comme l'essence même qui, relevant de l'esprit, assigne à la parole son site.

Les citations en question sont les suivantes :

Primo : « Ce qui est essentiel, ce n'est pas l'homme, mais l'Être comme dimension de l'extatique de l'ek-sistence. » (Heidegger, 1966, p. 96).

Secundo : « De tout étant qui est, l'être vivant est [...] pour nous [autres hommes,] le plus difficile à penser, car [...] il est [...] notre plus proche parent » (Heidegger, 1966, p. 82).

Tertio : « L'essence du divin nous [est] plus proche que cette réalité impénétrable des êtres vivants; j'entends: plus proche selon une distance essentielle, qui est toutefois en tant que distance plus familière à notre essence ek-sistante que la parenté corporelle avec l'animal, de nature insondable, à peine imaginable » (Heidegger, 1966, p. 82).

Quarto : « L'homme... est au fond de son être un diseur (*der Sager*). [...] C'est ce qui le distingue de la pierre, de la plante, de l'animal, mais aussi des dieux. [...] Si notre essence ne se tenait pas sous le pouvoir de la langue, alors tout étant nous demeurerait fermé » (« Qu'est-ce que la métaphysique ? », p. 62-63)

Les citations 2 et 3 ont en commun de reconnaître une certaine proximité de l'homme avec le divin. C'est de la première citation, relative à l'ek-stase du Dasein, que part le problème ; et c'est en la 3è, qui rapproche ek-stase et ek-sistance, qu'il culmine. Quant à la 4è, voyant dans la langue l'essence de l'homme, elle semble même éloigner du divin. Maintenant, quelles limites dans le traitement heideggérien du rapport parole/homme l'ensemble de ces citations révèle-t-il ? Essentiellement, trois !

D'abord, parce que Heidegger privilégie l'ek-stase, ne définissant l'existence que comme quelque chose d'extatique, n'ayant pas les pieds sur terre, l'ek-sistance n'étant dès lors pas faite pour des étants « en chair et en os » (au sens de Husserl), il nous semble ne pas pouvoir permettre de penser l'homme, lequel nous semble un étant susceptible de partager la vie du divin.

Ensuite, – c'est bien pourquoi – là où Heidegger voudra appréhender l'homme, il ne pourra que le distinguer de l'animal, sans le mettre radicalement en lien avec le divin. Cette distinction humain/divin n'aura eu chez lui, pour finalité que d'établir le distinguo entre corps et pensée, le tout en rivant le corporel à un *bios* qui n'aurait rien de divin, rien de spirituel, donc.

Heidegger commence par séparer l'homme de l'animal et de la pierre ! Heidegger, afin de comprendre ce qu'est l'homme, établit naturellement des marges. Dans les *Concepts fondamentaux de la métaphysique*, il « invite à se comprendre en se distinguant de ce qui n'est pas nous. Pour Heidegger, les marges sont l'animal et la pierre » (Bégout, 2013).

Pour notre part, l'homme n'est-il pas un corps animé c'est-à-dire une âme dans un corps, c'est-à-dire un animal ? Mais il va de soi que nous sommes une espèce particulière et distincte d'animaux. Heidegger derechef, poursuit : « La pierre est sans monde, l'animal est pauvre en monde, l'homme est configurateur de monde » (Bégout, 2013).

Mais quel monde l'homme heideggérien configure-t-il si tant est que, extatique, il semble flotter en l'air ? La vie du divin n'aurait-elle donc absolument rien à voir avec la terre ? Ne découvre-t-on pas, dans la Bible chrétienne, que le royaume des cieux, domaine des Divins, est au milieu des

Mortels que, comme animaux *spirituels*, nous autres hommes, sommes ?

Selon l'évangile de Luc au chapitre 17, les versets 20 et 21, « Les pharisiens demandèrent à Jésus quand viendrait le royaume de Dieu. Il leur répondit: Le royaume de Dieu ne vient pas de manière à frapper les regards. On ne dira point: Il est ici, ou: Il est là. Car voici, le royaume de Dieu est au milieu de vous » (Version Louis Segond).

Quoi qu'il en soit, selon Heidegger, « le monde de l'animal n'est pas une version appauvrie de celui de l'homme. [...] De fait, l'animal n'a pas d'ouverture au monde » (*Idem*). Soit ! Heidegger, somme toute, définit négativement l'animal, à partir des notions de « pauvreté » et de clôture.

Par-delà la puissance conceptuelle de son analyse de la pauvreté animale dont nous ferons ici l'économie, de Heidegger, dont l'on sait qu'il comprend le logos comme assemblement, est aussi l'héritier d'Aristote.

Dans l'*Histoire des animaux*, (I 16 (494b), Aristote, par souci de connaissance – ce que Heidegger n'entreprend pas –, distingue de manière rationnelle, l'homme et l'animal. Il souligne par exemple qu'en ce qui concerne leurs composantes naturelles, « il en va tout autrement des parties internes (Aristote vient de parler des parties visibles). Celles des hommes, en particulier, sont ignorées au point qu'il faut les étudier par référence aux parties des autres animaux dont la nature est proche de celle de l'homme ».

Or, Heidegger, on l'a vu, dédaigne l'animal, chez qui il attribue une « nature insondable, à peine imaginable ». Heidegger est loin du souci d'assembler, si possible dans la proximité du divin, le corps animé, en vue de distinguer entre les natures animales, celles qui, partagent une *ratio* à partir de quoi leur nature pourrait être approchée, soit de l'étant doté de la faculté de savoir, soit de la sagesse, et en quelque sorte, de l'humain.

L'histoire du christianisme révèle que Galien, en son traité *Sur l'utilité des parties du corps* (I,2), « définit l'homme comme « cet animal doué de sagesse et seul être divin parmi ceux qui vivent sur la terre » (Boudon-Millot, 2008, p. 33).

Cette définition, d'après Boudon-Millot, « isole [le seul terrien sage] mais [...] en même temps rassemble en désignant l'homme comme un de ces êtres qui vivent sur cette terre. Quant à l'extrême singularité de l'homme, elle est d'emblée légitimée par son rapport au divin » (*Idem*).

La définition proposée par Galien nous semble plus positive que l'heideggérienne. Elle l'est au sens où elle assume à la fois la corporéité animale et la sagesse divine. Mais Heidegger s'y opposerait, car à la supposée sagesse de l'homme, notre philosophe reproche un biologisme qui verrait dans le divin un organisme vital procédant de l'ordre animal.

Selon Heidegger, « l'erreur du biologisme n'est pas surmontée du fait qu'on adjoint l'âme à la réalité corporelle de l'homme, à cette âme l'esprit, et à l'esprit le caractère existentiel, et qu'on proclame plus fort que jamais la haute valeur de l'esprit » (Heidegger, 1966, p. 80).

La proclamation de la haute valeur de l'esprit allouée par le biologisme à l'âme humaine n'aurait de but, selon Heidegger, que de « tout faire retomber finalement dans l'expérience vitale, en dénonçant avec assurance le fait que la pensée détruit, par ses concepts rigides, le courant de la vie et que la pensée de l'Être défigure » (*Lettre sur l'humanisme,* §14).

S'il assigne l'être à l'homme, et l'esprit au divin, Heidegger écrit dans l'*Acheminement...* que, comme « la parole parle », « l'être humain parle ». Or, même s'il rapprochera davantage l'homme du divin que de l'élan vital, de l'animal donc, ce qu'oublie le Philosophe de l'Être, notre proposition provisoire, à vérifier, se profile au sens où l'homme se laisse moins penser à partir de la parole que du silence, moins par l'être qui fonderait la divinité, que par l'esprit qui relie l'humain et le divin.

Aussi, il ne faudrait pas croire le concept heideggérien de la divinité capable de permettre, à partir d'un possible rapport à l'humain, d'accéder à ce que, comme esprit vivant, nous sommes.

Pour Heidegger, c'est arbitrairement et accidentellement que l'esprit, qui nous rapprocherait du divin, nous serait adjoint, là où l'âme, qui ferait de nous de simples animaux mus par l'élan vital propre au biologisme, nous serait consubstantielle en tant qu'elle relèverait d'une nécessité liée à notre nature.

Pour Heidegger, qui réduit l'être humain au simple animal, « ce n'est que dans la lumière de l'essence de la divinité que peut être pensé et dit ce que doit nommer le mot « Dieu » » (Heidegger, *Lettre sur l'humanisme*, p. 133). L'essence de la divinité ne portera pas Heidegger vers l'humain mais vers le divin. Il n'empêche !

Ce n'est même pas vers le divin que s'achemine Heidegger mais bien plutôt l'Être. Ainsi que le commente Munier (1992, p. 12-13), selon Heidegger, « le sacré, seul espace essentiel de la divinité qui à son tour accorde seule la dimension pour les dieux et le dieu, ne vient à l'éclat du paraître que lorsque au préalable, et dans une longue préparation, l'Être s'est éclairci et a été expérimenté dans sa vérité ».

Enfin (troisième limite dans la position heideggérienne), cette essence de la divinité, le Philosophe ne réalise même pas que, si elle peut concerner, non pas la divinité mais son essence, sous le prisme du rapport « être, penser et parler », elle intéresse avant tout le rapport de l'essence divine à l'essence humaine ; il ne réalise pas que le rapport divin/homme est d'essence à essence, et non point de hauteur onto(être)-logique(parole) : au sens où seul le divin pensant parlerait dans l'être, et où à l'homme n'appartiendrait que la bassesse étante, c'est-à-dire inhérente à un néant humain, à l'étant n'ayant pas l'être.

Néanmoins, l'on sait qu'il est, chez Heidegger, un lien entre la pensée, le parler et l'être de l'homme. Et ce lien est présidé par l'Être. Sur la relation de la pensée à l'être de l'homme, Heidegger (1966, p. 67), dans la *Lettre sur l'humanisme*, écrit : « La pensée accomplit la relation de l'Être à l'essence de l'homme [...]. Dans la pensée l'Être vient au langage. Le langage est la maison de l'Être. Dans son abri, habite l'homme. [...] »

Pourquoi Heidegger, qui ultérieurement à 1927 dont date *Être et Temps*, envisagera, non plus l'Être mais son essence ou vérité, ne parle-t-il pas plutôt ici, d'une relation de l'essence de l'Être à l'essence de l'Homme (avec grand « M »)?

On sait qu'en 1929 l'essai *Vom Wesen des Grundes* évoque « une conception plus radicale et plus universelle de l'essence de la transcendance qui va nécessairement de pair avec une élaboration plus originaire de l'idée d'ontologie et, par là, de la métaphysique » (Heidegger, 1938, p. 108).

Mais la transcendance, en son essence, concerne un originaire dont le caractère propre trouve en fait de l'originel, du subjectif, donc. « Se retenant à l'intérieur du Néant, d'ores et déjà chaque réalité-humaine émerge hors de l'existant dans son ensemble. Cette émergence hors de l'existant, nous l'appelons *Transcendance* » (Heidegger, 1938, p. 62). Est transcendant, l'être humain dont l'existence n'est pas engluée dans l'existant. Est transcendant, celui dont l'existence n'est point retenue cachée par un étant quelconque.

Ainsi que Heidegger, mettant en lien *Phénoménologie et pensée de l'être,* en son commentaire du *Programme d'une phénoménologie pure et d'une philosophie phénoménologique,* de Husserl, énonce: « La « phénoménologie pure » est la « science fondamentale » de la philosophie qu'elle marque de son empreinte. Dans cette locution, « pure » signifie « transcendantale ». Mais « transcendantal » suppose la mise en jeu de la « subjectivité » du sujet [...] agissant » (Heidegger, 1976, p. 329).

Heidegger ne voit pas que ce qu'abrite le langage, c'est son essence, et que cette essence pure, c'est le silence de Celui qui, faisant face à la parole, agit. Non pas que Heidegger n'aurait pu accéder à l'essence silencieuse de la parole comme agir fondamental.

Ainsi qu'il l'écrit : « Le dire exige de nous que nous produisions par le silence (*er-schweigen*) dans l'être du langage le mouvement qui fait advenir, sans parler du silence » (cité par McCormick, 1974, p. 28), qui nous apparaît, une fois encore, comme l'essence de la parole.

Toutefois, nul n'est dupe ! Pour Heidegger, « l'essence linguistique, à savoir la manifestation de cette essence comme le dire, [...] réside dans ce qu'il appelle la proximité du rendre propre et du faire advenir » (McCormick, 1974, p. 27). Il est acquis que c'est dans le silence qu'advient le produit de la parole au travers de l'énonciation.

Or, Heidegger nous semble moins demeurer dans la proximité du « rendre propre », lequel aurait approprié l'humain et le divin, qu'à l'énonciation dont la faculté selon lui est de faire apparaître l'être. Négligeant le propre, Heidegger privilégie le dire qui « porte ce qui est présent, à partir de ce qu'il a de propre, au paraître...» (cité par McCormick, 1974, p. 29).

Pour se convaincre de la primauté du paraître énonciatif de l'être sur le propre qui nous semble être de l'essence, il faudrait prendre garde que, selon Heidegger, comme il l'écrit, « le langage [...] seul est ce qui parle véritablement et il parle solitaire » (cité par McCormick, 1974, p. 27), en quittant ce qu'il a de propre, pour aller vers le paraître qu'il prend comme finalité.

Heidegger parle de l'« expérience de l'être du langage en tant que dire (Sage) » (cité par McCormick, 1974, p. 26). Mais il oublie l'expérience de l'essence de l'être du langage.

Il a par ailleurs été dit par Heidegger que l'essence de la technique n'a rien de technique.

Analogiquement, Heidegger aurait dû comprendre que l'essence de la parole n'est pas un dire mais un taire, au sens du faire silence qui adjoint l'homme à son essence. Là où Heidegger invite l'homme à habiter ses paroles, pour notre part, c'est bien plutôt dans l'essence du langage, que constitue le silence, que l'homme trouvera l'abri constitutif de son habitation.

Sur l'abri du langage qu'habite l'homme, Heidegger propose : « Avant de proférer une parole, l'homme doit d'abord se laisser à nouveau revendiquer par l'Être et prévenir du danger de n'avoir, sous cette revendication, que peu ou rarement quelque chose à dire. C'est alors seulement qu'est restituée à la parole la richesse inestimable de son essence et à l'homme l'abri pour habiter dans la vérité de l'Être » (Heidegger, 1966, p. 74-75).

Pourquoi Heidegger ne comprend-il pas que ce par quoi il faudrait se laisser revendiquer c'est l'essence de la parole et que partant, ce dont il faudrait prendre garde, c'est de savoir garder le silence, c'est-à-dire prendre soin du silence en lieu et place de s'adonner à une énonciation dépourvue d'essence ?

« Puisque l'énonciation est inexprimable, Heidegger déclare ici qu'il nous faut garder le silence sur le mode de cette communication et, ajoute Heidegger, demeurer silencieux sur garder le silence » (McCormick, 1974, p. 28). Par où l'on voit que Heidegger n'a pas compris que l'énonciation a pour essence de receler la plénitude du silence.

La parole a pour unique richesse le silence. Le Breton l'a si bien compris, qui, l'explicitant à partir d'une situation limite, soutient ceci : « Face au mourant, il importe de rappeler la valeur d'une parole habitée, ou même du silence, s'il est allié à une qualité de présence » (Le Breton, 2013, p. 13).

C'est dans le silence, qui constitue l'essence de la parole, que l'homme trouve abri. Il trouve son abri en habitant, cette fois à l'actif de Heidegger, la vérité ou essence de l'Être que constitue le Néant. Celui-ci constitue le site de la relation entre l'essence de la parole, qu'est le silence, et l'essence de l'homme, qu'est le divin et non pas le Dieu.

Dans le Néant comme ce site s'offrant originairement pour la rencontre de la parole en la hauteur où perdure le silence, s'engendre l'étant humain, lequel prend chair dans le séjour du divin où s'a-néant-it l'être de Dieu.

Heidegger peut écrire : « La *réalité-humaine* ne peut soutenir de rapport avec l'existant que si elle se maintient à l'intérieur du Néant. Le dépassement de l'existant *s'historialise dans l'essence de la réalité-humaine*. Mais ce dépassement », n'en déplaise à Heidegger, ce n'est pas « la *Métaphysique elle-même* » (Heidegger, 1938, p. 71).

En l'a-néant-ir de l'être de Dieu, en cette descente dans l'abîme où il s'égalise dans l'originarité de l'Étant divin, prend chair l'étant divin, qui s'engendre dans le silence de la parole par la rencontre avec l'humain.

Dans l'*Acheminement*..., Heidegger écrit : « La parole est parlante. [...] L'abîme que nomme cette phrase [nous jette vers] l'altitude [qui] seule peut ouvrir une profondeur. Cette hauteur, cette profondeur, toutes deux mesurent [...] un site. [...] Nous y acclimater [permet] de trouver le séjour où se déploie l'être de l'homme » (Heidegger, 1976, p. 17).

Si la parole est parlante, c'est que l'essence de la parole, c'est-à-dire le silence, est écoutante. La profondeur que, du haut de son être, déc-ouvre la parole n'est autre que le silence, entendu comme vérité ou essence de la parole.

Le site que mesurent parole et silence est constitué par le Néant. Ce dont l'homme doit s'acclimater, c'est moins la parole que le silence. Celui-ci permet de trouver dans le néantir de l'Être le séjour où se déploie le divin. Le divin constitue autant l'essence de l'homme que l'essence de Dieu. Du néantir de l'Homme dans le silence de l'Être où se tait la parole, culmine le divin. Du néantir de l'Être où culmine le divin, jaillissent les étants : humains comme divins.

« La thèse ancienne « *ex nihilo nihil fit* » prend alors un autre sens, un sens qui concerne le problème de l'Être lui-même, et elle est à énoncer ainsi : *ex nihilo omne ens qua ens fit*. C'est dans le Néant de la réalité-humaine que l'existant dans son ensemble arrive seulement à soi-même, suivant la possibilité qui lui est absolument propre, c'est-à-dire selon un mode fini » (Heidegger, 1938, p. 71).

Par ailleurs, que profondeur et hauteur puissent s'égaliser dans le rapport des Quatre (Mortels humains, Divins (Immortels), Ciel et Terre) qui offrent à l'homme d'avoir l'être, voilà qui semble prometteur !

Mais, une fois encore, si tant est que Heidegger voudra, après la pensée de l'être, développer une pensée de la vérité ou essence de l'être, l'on est analogiquement poussé à demander : où se déploiera non pas l'être de l'homme mais l'essence de l'être de l'homme ?

Heidegger ne voit pas que, dans le rapport de la parole à l'homme, par-delà l'ironie qui raille le néant humain au profit de l'être divin parlant dans le silence du mortel, ce qui est en jeu concerne moins l'être, fût-il humain ou divin, que le néantir de l'être comme ad-venir du divin dans l'humain ou de l'humain dans le divin.

Aussi, la thèse sous-jacente à ce qui s'annonce dans le présent essai pour l'étude du rapport parole/homme semble la suivante : si, seul le néantir de l'être divin, c'est-à-dire son entrée dans le silence, par quoi la parole *garde* le silence, constitue l'engendrement du divin par l'humain, et si, en cette expérience, il peut n'être question que d'un originaire a-néanti-ssement de soi où règne l'Esprit pré-existentiel, ce qui est en jeu dans le rapport de l'être à l'homme regardera moins la parole que le silence, essence de l'être (humain comme divin).

Pour étayer brièvement cette thèse, disons ceci : le néantir de l'être divin concerne non pas l'Étant divin qu'est Dieu lui-même mais le néantir de celui-ci en tant que, comme être, par extase, il est sorti de soi. Ce néantir qui est l'entrée de l'être (humain/divin) dans le silence, constitue la vérité ou essence de l'être de l'Etant divin. Seul dans le néantir de l'être s'entend le silence de l'écoute. Le silence écoute la parole. Le silence écoute la parole en tant qu'il en constitue la présence. La parole se présente dans le (au) silence.

La parole s'écoute. Elle s'écoute en gardant le silence. « Si la parole rompt le silence, elle est issue de la même matière, elle ne le recouvre pas et s'en nourrit pour la rendre davantage audible » (Le Breton, 1997 ; 2013, p. 13). La parole garde le silence. Garder le silence, c'est le protéger. En le protégeant, la parole fait s'accroître le silence. La parole ne le peut que pour autant qu'elle est divine.

La Parole est Dieu. Conformément au Prologue biblique de Jean (« Au commencement était le Verbe » (TOB) ; « Au commencement était la Parole » (Louis Segond)) repris par Martin (2015), « dans l'*arkhê* était le *Logos* (la Parole) [...] et le Logos était Dieu ».

La parole garde le silence, autrement dit, elle écoute, se met à l'École du silence, en tant qu'elle est en même temps du divin, c'est-à-dire qu'elle relève de l'ordre du divin, d'un divin qui apparaît moindre que Dieu tout en appartenant à Dieu.

Le silence est humain. Il est humain en tant qu'il est le propre de l'Homme. Le silence est à la fois divin en tant qu'il est partagé par Dieu sans être de Dieu. L'humain engendre le divin qui apparaît moindre que Dieu et est ordonné par Dieu. Le divin engendré par l'humain est homme.

L'enjeu de l'étude qui s'ensuit devrait être le suivant : si l'essence du divin peut nous être plus proche que la réalité des êtres vivants, notre intuition philosophique majeure consiste à soutenir que tout comme l'essence de l'homme, l'essence ou vérité de la parole n'est rien d'autre que le silence de l'être que nous semble pouvoir constituer l'Esprit où s'engendre autant le divin que l'humain.

L'argument à développer sera le suivant : Heidegger, de fait, invitera encore à commencer par penser l'Être. Ignorant l'humanité et le silence comme essence de l'être humain, une essence dont l'autre consiste moins dans l'être divin émetteur de la parole, que dans l'esprit divin comme intime de l'essence de l'homme, Heidegger ne peut voir le lien qu'il y a entre l'essence de l'homme et l'essence divine en leur respective phénoménalisation.

Chapitre 1 :

PHÉNOMÉNOLOGIE DU SPIRITUEL SILENCE DE LA PAROLE OÙ S'ENGENDRE L'HUMAIN

La parole n'est pas inaugurale. Datable, l'inaugural est l'historique, qui renvoie au commencement d'une histoire personnelle ou collective. L'inaugural constitue ce par quoi quelque chose débute. Le début est un « quelque chose ». Mais il peut indifféremment apparaître « le rien » inhérent à « la puissance ancienne toujours neuve de la présence, de la persistance dans l'inaugural » (De Visscher, 1966, p. 246). L'inaugural est l'actual.

L'inaugural est généralement perçu comme inactuel. Cela est le fait des absents, de ceux qui, parce qu'ils ne gardent pas la présence, ne peuvent insister pour que l'inaugural ne soit oublié. Les plusieurs le relèguent dans le passé. Voilà qui rappelle à notre souvenir le Fragment 1 d'Héraclite : « Les autres hommes ignorent ce qu'ils ont fait en état de veille, comme ils oublient ce qu'ils font pendant leur sommeil ».

Pourtant, le radicalement inaugural, jamais ne peut être dépassé par l'étant humain. Il dit l'actualité spirituelle de l'humanité dont l'histoire n'a de sens qu'à quêter la vérité. On comprend pourquoi les Grecs ont défini la vérité comme aletheia, privation d'oubli. Selon Heidegger (1962, p. 97), « il n'y a histoire que chaque fois que l'Être de la Vérité se décide inauguralement ».

Originel, l'inaugural constitue le commencement. Il obéit à un principe nouveau, celui de la « création continuée »[34].

---

[34] Revol (2017) a établi six principes explicatifs d'une théologique création continuée compatible avec la « nouveauté naturelle » qui nous semble le propre du purement anthropologique : *1.* « Un concept de néant qui soit compatible avec le temps chronologique » ; *2.* Qui s'associe le moment intemporel de la création, relatif à la « procession des causes primordiales primaires ». Ces causes, s'associant à leur tour aux

Ce, au sens où les formes intemporelles sont plastiques. En vertu de cette plasticité, les causes primordiales primaires, logos (parole), eidos (d'une part idée, d'autre part, visage) et peras (contour) originaires, divins, en leurs ordres respectivement décroissant, œuvrent à la configuration des causes primordiales secondaires, les peras (visages) humains du divin en particulier. Ceux-ci, du coup, peuvent être reconfigurés via le logos (qui à leur contact, par la vertu du peras originaire, gagne en originellité) en eidos (ici, visage) humain.

Toute chose qui concourt à la perpétuation de la présence et à la duplication de la présence du logos originaire parmi les *peras* (originels, cette fois humains) au moyen du peras originaire (ce peras est à la fois divin et humain).

De la sorte, se présentant historiquement comme *eidos* (visage), l'origine se donne moins comme un originaire logos (idée) de Dieu que comme l'originel eidos (visage) humain identifiable par ses peras (contours) qui seuls en assument la présence. Pas que le logos (parole) ne soit originaire !

Originaire est ce qui constitue l'essence d'une chose. Il est le fond qui n'a pas de fond (*Grund*). Le Logos qui s'y rattache est originaire. C'est la raison « objective (*Grund*), principe [final] de causalité ». Il est à distinguer du Logos pris comme « raison subjective (*Vernunft*) » (De Visscher, 1966, p. 237), principe efficient de causalité.

Originel est ce qui constitue l'archétype d'une chose. Il est le fond qui a lui-même un fond (*Grund*) de nature autre

causes « secondaires desquelles procèdent temporellement un monde intelligible » ; *3.* il est « une plasticité des formes intemporelles et une [...] reconfiguration des causes primordiales secondaires en des plans d'organisation » ; *4.* « dont la procession, par l'action de l'Esprit créateur se réalise selon un partenariat [...], une interaction entre un acte créateur divin et une collaboration de la créature » ; *5.* la collaboration consiste en « une sélection, de laquelle des nouveautés inscrites dans les causes primordiales peuvent procéder ». *6.* Le résultat est « la créature *capax Dei*, nouveauté radicale », introduction de l'image de Dieu parmi les créatures, rendant possible l'Incarnation du Verbe divin ».

et qui s'atteint par saut vers un autre ordre de réalité. Originel est le silence qui dit l'humanité archétypale là où la parole peut provenir d'un fond théologique. Archétypalement humain, le silence est originel. Bien qu'originaire, la parole n'est pas originelle. Elle est à l'origine de tout sans en être le commencement.

Subjectif est l'originel, susceptible de ramener au sujet physique. L'historique, par quoi l'on débute, est l'originel. L'historicité du sujet physique trouve son originellité en son objectivation comme corps. Par exemple, la Vierge Marie, selon son corps, physique, et d'après sa naissance sous le nom de Marie de Nazareth un des jours précédant le début de l'ère chrétienne, constitue l'illustration historique de l'originel. Elle constitue l'originel, au moins pour ce qui concerne la part de l'humanité qui a la pureté des origines pour réalité ontique.

L'originaire est quant à lui anhistorique et méta-physique. Contrairement à ce que pense Heidegger (à moins que le mot de dévalement n'ait point de sens), « la dévalée du Dasein [...] doit [...] être prise comme "déchéance" à partir d'un "état originel" plus pur [mais moins] haut » (1986, p. 176).

L'état d'origine, par lequel l'histoire du sujet humain doté d'un corps physique commence, a pour apanage la pureté propre à l'incessante nouveauté de la Terre, symbole de ce qui s'abaisse, s'humilie soi-même devant l'Etant divin. Il est un originel faisant écho à l'originaire de la Parole. C'est l'Étant silencieux.

La Vierge Marie constitue l'originel Étant silencieux. Se recevant du silence de la Croix où, historiquement, conformément aux Évangiles, est également présent Jean, dont le nom signifie aimé, l'Étant silencieux a pour caractère propre la pureté des origines, que réfute Heidegger.

Il se rencontre chez le Philosophe de l'Être, une interprétation discutable du Logos johannique. Heidegger, voit dans le Logos évangélique, « l'expression d'une divinité inutilement tyrannique et cruelle » (Girard, 1991, p. 379) qui exposerait à la violence que subissent les esclaves.

Le Philosophe de Meßkirch ne parvient pas à faire le départ, non seulement entre le Logos judaïque - Heidegger voit dans le Décalogue une « tyrannie intériorisée »-, le Logos chrétien et le Logos grec. Selon lui, « le Logos de Jean et la pensée johannique ne seraient qu'une pâle copie de la seule pensée originale, qui est grecque » (Girard, 1991, p. 376).

Comme le dit bien à propos R. Girard, l'on retrouve ici, « transposée dans le Logos johannique, l'idée reçue numéro un de la Modernité au sujet de l'Ancien Testament. Les rapports entre Dieu et l'homme reproduisent le schème hégélien du « maître » et de « l'esclave » » (Girard, 1991, p. 378).

Nous convenons avec R. Girard que le Logos johannique n'est pas du tout « ce que Heidegger fait de lui lorsqu'il l'interprète à partir du Décalogue, comme une espèce de serviteur terrorisé et habilité seulement à transmettre les ordres d'un maître farouche » (Girard, 1991, p. 382).

L'originel de l'Étant silencieux, qui est paradigmatiquement chrétien, est antithétique d'un autre étant originel : à savoir l'Étant bruyant dont le paradigme est grec, héraclitéen, au sens où pour ce dernier la guerre est le père de toute chose. Tout aussi décrié par Heidegger est cet autre étant originel.

Ayant pour propriété l'*hubris*, c'est-à-dire la démesure procédant de la violence prométhéenne des démiurges antiques, l'Étant bruyant convoite le plus haut, apanage de l'Étant divin. C'est l'Étant bruyant qui, malgré Heidegger lui-même, règne au cœur des parleries de son très moderne Dasein, oublieux de l'Être.

L'originel inhérent à la parole dévalée est l'Étant bruyant caractérisant le Dasein heideggérien. L'Étant bruyant, parce que procédant de l'angélique[35], c'est-à-dire du divin, mais

[35] « Il n'y a pas, chez l'ange, la composition de la forme et de la matière. Il s'agit des « mouvements » lesquels proviennent directement de leur

déchu, s'il est ontique, physique donc, est également métaphysique.

L'originel inhérent à la parole pure est l'Étant silencieux caractérisant l'humanité en renouvellement dans la création continuée. L'Étant silencieux, parce que procédant de l'angélique, c'est-à-dire du divin, mais partageant en plus la pureté de l'originaire, est à la fois ontique, physique et phénoménologique : il appartient à la communauté spirituelle de l'Étant divin.

La situation ontologique de l'angélique, ce divin au caractère pur, situant entre l'homme et Dieu, est conforme à la conception de « Boèce, [qui a] établi [...] une *ratio* commune de la personne, valable analogiquement pour toute nature, qu'elle soit humaine, angélique ou divine » (De Belloy, 2007, p. 174).

Par le mot de « personne », Boèce, au début du chapitre III de son *Traité V*, désigne la « substance individuelle de nature rationnelle » (*persona est rationalis naturae individua substantia*) » (*Idem*, p. 165).

Deux principaux caractères qualifient la personne : relever à la fois d'une nécessité conférée par la nature et de ce qui nous semble appartenir à l'ordre divin, c'est-à-dire « de l'homme, de Dieu, de l'ange » (Nédoncelle, 1955, p. 216). Chez Boèce, « il n'y a pas de personne qui soit une nature accidentelle : la noirceur ou la blancheur ne sont pas une personne. Toute personne est donc par sa nature une réalité d'ordre substantiel » (Nédoncelle, 1955, p. 216).

---

condition de créature, de finitude, du niveau existentiel, puisque la seule composition qui leur est propre est celle de la forme et de l'existence. Pour entrer plus au fond dans ces questions, il faut connaître la doctrine thomasienne des anges, [Thomas d'Aquin, *Summa theologica*, I, q. 10, a. 5, resp., ad. 4., qq.] 50- 64 ». « Pour une discussion plus ample de cette problématique, voir LOTZ J.-B., Martin Heidegger et Paris, PUF, 1988, pp. 179-185 ; Sertillanges A.-D., *La philosophie de Saint Thomas d'Aquin* » (Aleksandravicius, 2008, p. 71, n. 5).

Substantielle nous semble la personne qui a en elle-même le principe de son bonheur, lequel nous semble éminemment affectif, établi sur un agir fondamentalement bienfaisant approchable par l'exemple de l'agir spirituel, qui, pour l'étant humain, touchant à l'âme, transcende l'état de veille. Sur cette question, l'on sait qu'« Aristote caractérisait le bonheur par l'être en acte, ce qui exigeait une condition : l'éveil » (Boulnois, 2018).

« Mais Albert le Grand renverse cette analyse, et soutient que l'être en acte de l'homme heureux subsiste même quand il dort. Car dans le repos, ses habitus restent ordonnés au bien. Même sans agir, on peut être vertueux, ce qui est également vrai des saints. Ce renversement est repris par Boèce de Dacie » (*Idem*), en quelque sorte, au sens d'un fleurir qui ne nécessite pas de causes objectives ni extérieures à l'étant florissant (dont la puissance est de n'être entravée par une quelconque pesanteur).

Si l'extérieur, ainsi de « l'assistance des amis [,] peut aider à agir bien dans la vie [dite] concrète, elle ne permet pas d'atteindre l'union à Dieu, qui relève de l'intime de l'âme et est toujours une affaire personnelle » (Yapo, 2008, p. 393) dont la finalité est la vie contemplative. Dans la recension d'un texte de Thomas d'Aquin – Boèce de Dacie, *Sur le bonheur*, il a même été montré que « dans l'absolu, la vie [dite] contemplative est supérieure à la vie [perçue d'ordinaire comme] active » (*Idem*, p. 394). Et si la supériorité du contemplatif se trouvait dans le caractère fondamental de l'agir inhérent à l'affectif, cette espèce de fleurs couronnant une vie dans l'esprit éminemment active ?

En matière de floraison spirituelle, une thèse de doctorat, défendue, il y a de cela quelques années, à l'Université Laval, ne manque pas de rappeler que « l'affect est comme la rose de Silesius » (Baassiri, 2016, p. 33). La rose de Silesius est « sans pourquoi, fleurit parce qu'elle fleurit, n'a souci d'elle-même, ne désire être vue » (Silésius, 1993, p. 39).

Chez « Heidegger, l'homme, à sa façon, et non seulement l'Être lui-même, est, comme la rose, « sans pourquoi » » (Brito, 1999, p. 452).

Mais, le lien valide entre l'homme et l'Être, en notre sens, devrait en rester au « sans pourquoi ». Il nous semble d'ailleurs illusoire de croire que « la façon dont Heidegger conçoit la relation du Dasein et de l'Être – relation de réciprocité, d'« entraide », que le mot *brauchen* signifie », soit rapprochée du rapport entre l'Être et l'homme.

L'entraide peut être égalitariste, et donc calculée, entre un supérieur et un inférieur, tel au sein d'une dialectique du maître et de l'esclave. Or, l'homme, en notre sens, trouve son essence non à partir d'une métaphysique de l'Être mais d'une phénoménologie de l'Étant. Cette dernière, qui est don gratuit de soi, sans arrière-monde ni arrière-pensée, libère de toute dette morale, la calculatrice métaphysique de mœurs kantiennes, y compris !

Heidegger n'a pas compris ce à quoi renvoie ce mot d'affectivité. Celui-ci, pour nous, traduit l'humain, en tant qu'il dit un divin autre que le « sacré » heideggérien. De ce dernier, Emilio Brito aura présenté le sombre *hymne*, comme le *sacré* métaphysique qui est sans affect. De fait, pour Maitre Eckhart dont Heidegger est lecteur, « la Divinité (*Gottheit, divinitas*), l'unité absolue de l'être divin […] est le *Gründ* le plus profond, à partir duquel s'originent même les Personnes de la Trinité » (*Idem*) chrétienne, ce qui est phénoménologiquement inconcevable.

Loin de Heidegger, l'importance d'un recours à la dimension affective de la personnalité en matière de conception de la personne consiste en ceci : conduire vers ce qui nous hante et apparaît central dans cet essai. Y est central, un concept passionnel, plus exactement compassionnel, de l'étant. La personnalité compassionnelle se reçoit de la *ratio* comme de cet affect spécifique qui confère à l'étant humain sa phénoménalité la plus phénoménologique. De cela, l'Étant silencieux constitue le proto-phénomène.

Aux fins de passer de la *ratio*, comme dimension active de la personnalité, à la place royale de l'*affect* dont la spécificité est son caractère définitoire de la personne, passer par une intuition partagée par un phénoménologue comme Michel Henry nous semble décisif.

Henry « transforme une métaphysique de l'expérience intérieure, donnée dans un sentiment actif spécifique, en ontologie phénoménologique, celle d'une épreuve passive de « s'éprouver soi-même », un « se sentir soi-même » » (Devarieux, 2013).

Le problème contenu dans le confinement dans la *ratio,* en effet, s'entendait d'une limitation de l'humain à une métaphysique de l'opposition des facultés, la sensibilité et l'entendement en particulier, avec par surcroît une préséance ontologique attribuée par le rationalisme à la seconde faculté.

Or, le « s'éprouver » se vivra, chez nous, « sans médiation des sens, en une affectivité qui est le concept » non pas « de la révélation » comme le pense Henry, suivant « l'immanence pathétique du soi henryen ([comme celui-ci le croit encore] de la vie elle-même) », mais selon les « modalités propres que Biran dégage de la seule *motilité volontaire* » (Grégori, Leclercq, Monseu, 2013, p. 47).

La position de Biran nous semble approcher celle développée par Carlyle. Elle est relative à « la nature de la Raison comme force agissant en l'homme » (Vitoux, 1998, p. 18).

En ce sens, la vie n'est point pathétique mais joyeuse. Éprouver du déplaisir, pâtir n'étant pas antithétique d'avoir la joie de l'Esprit : la compassion s'offre comme l'assomption de la vie qui se passe d'elle-même pour s'assumer pleinement dans le silence du mourir où elle engendre l'Autre.

Hors l'Étant divin, au début de toutes choses, se trouvent soit l'Étant silencieux, soit l'Étant bruyant. Originaire (ontologique et anhistorique) et dès lors non pas originelle (ni ontique ni historique), la parole est « loin d'être située au début de toute chose comme instance de création » (Borgeaud, 2006, p. 73).

Le créatif réfère bien plutôt au silence de l'agir fondamental. Il est un auto-engendrement de *soi*. Le créatif se comprend comme un se sentir originairement soi-même comme possibilité pure. L'auto-engendrement se vit au travers d'une vie dont le sens est plus ou moins marxien…

Lorsque Heidegger, à l'incipit de sa *Lettre sur l'humanisme,* écrit : « Nous ne pensons pas de façon assez décisive encore l'essence de l'agir. On ne connaît l'agir que comme la production d'un effet dont la réalité est appréciée suivant l'utilité qu'il offre. Mais l'essence de l'agir est l'accomplir » (Heidegger, 1946, p. 67), sa proposition nous semble détenir un accent marxien.

De l'agir, l'essence comme accomplissement, hélas, ne sera pas heideggérien. C'est dans le passage d'une compréhension métaphysique, plutôt heideggérienne, à une compréhension typiquement phénoménologique, c'est-à-dire sans arrière-pensée, que culmine l'acception marxienne du concept heideggérien de l'accomplissement.

Heidegger écrit : « Accomplir signifie : déployer une chose dans la plénitude de son essence, atteindre à cette plénitude. Producere. Ne peut être donc être accompli proprement que ce qui est déjà. Or, ce qui « est » avant tout est l'Être. La pensée accomplit la relation de l'Être à l'essence de l'homme » (*Idem*).

Deux conditions intrinsèquement liées président à conférer une pertinence scientifique et sociale à la notion heideggérienne de l'agir comme accomplir : le caractère non utilitaire et l'auto-production de soi que nous avons plus ou moins perçue au sens de l'auto-engendrement.

Le contraire peut être entendu comme la division du travail ou encore l'aliénation du travail, fût-il spirituel ou matériel, jouissif ou laborieux, ontologique ou ontique, divin ou humain.

En effet, comme le souligne Karl Marx dans *L'Idéologie allemande*, « la division du travail entraîne la possibilité et même la réalité que l'activité spirituelle et matérielle, la jouissance et le travail, la production et la consommation échoient à des individus différents » (Marx, 1971, p. 60-61).

Ainsi que Michel Henry commente Marx, « dès lors chaque individu, [appelons-le l'Être ou l'essence humaine], considéré en lui-même, se trouve privé de la réalisation de multiples possibilités d'une vie qui est pourtant la sienne, qui constitue son être propre » (Henry, 1969, p. 253).

Or, si ne peut être accompli que ce qui est, cela sous-entend que seul ce qui est peut-être accompli. Ce qui n'est pas ne peut être accompli, sinon il serait accompli par autre chose auquel il servirait seulement de moyen et non pas de fin. En conséquence, si l'essence de l'homme n'était pas déjà, elle n'aurait pu être accomplie, à moins d'être accomplie par autre chose, pour laquelle elle n'aurait de valeur qu'utilitaire.

La conséquence est la suivante : soit l'essence de l'homme est déjà et alors elle s'accomplit d'elle-même en s'auto-produisant au travers d'un agir fondamental, soit l'essence de l'homme est accomplie par autre chose dont elle sert de moyen pour atteindre une fin n'obéissant plus au principe que Kant aurait dit catégorique.

Sous la plume de Heidegger, l'essence de l'homme est accomplie en vertu d'un principe hypothétique car l'essence de l'homme est au service de quelque chose qui lui est étranger : l'Être.

Dans le meilleur des cas, qui est celui que nous proposons dans cet essai, l'essence de l'homme doit s'accomplir au travers d'un agir qui, pour ne pas être utile à autre chose que sa propre essence, peut relever d'une activité antérieure à toute production d’un effet observable, et dont l’effet serait bruyant ou autre qu’humain, par exemple métaphysique.

Or, antérieure à la production de quelque chose qui serait caché à l’essence humaine, fût-il appelé Être, nous semble la phénoménologique auto-production de l’humanité elle-même par son essence. Ce que l’humanité produit depuis sa propre essence, c’est uniquement l’Homme, et rien que l’Homme, non pas l’Être.

L’Être ne peut produire l’homme car l’essence de l’homme n’est en rien l’essence de l’Être. Et pour cause : l’ordre de l’Être sur lequel se tient Heidegger n’est, à proprement parler, en rien l’ordre de l’Étant humain, ou encore, du vivant humain, sur lequel nous nous tenons.

En son essence, l’étant humain s’auto-produit. En cette auto-production fondamentale dont l’effet n’est pas apparent, l’humanité, dans l’originaire, s’auto-engendre. La vie comme auto-engendrement se vit au travers d’une existence qui peut être conceptualisée d’une manière henryo-carlylienne interprétable à partir de la notion du « se sentir soi-même », plus haut rencontré.

D’abord, henryen, comme on peut le lire dans *L’essence de la manifestation*, le « se sentir soi-même, est un s’éprouver soi-même, être affecté par soi, c’est là l’être et la possibilité du Soi » (Henry, 1963, p. 581).

Ensuite, carlylien, le « se sentir soi-même », nous semble s’offrir dans les termes de ce qu’avec (P. Vitoux, 1998, p. 18), on dénommerait une « imagination « recréatrice ». Laquelle, non seulement concilie l’humain et le divin, mais également complète la vision biranienne de la volonté. Ce, en « établissant la concordance entre la nature et l'esprit » (*Idem*).

Chez Carlyle, l'intuition fondamentale, est, comme chez Henry, celle du divin. Or, chez Henry, il y a enfermement dans une révélation séparant l’humain du divin. *A contrario*, chez Carlyle, le divin est appréhendé comme étant « présent dans la nature, [il] n'est pas le résultat d'une révélation, mais d'un acte de foi. Le salut relève non de la contemplation mais de l'énergie » (P. Vitoux, 1998, p. 18), de l'énergie inhérente à une volonté qui accepte de se saisir comme la pure réceptivité, la passion qui s'offre, se crée un monde conforme à ce que l'on est.

En cette expérience carlylienne, qui nous semble proto-phénoménologique, « la Nature n'est plus Matière morte et ennemie, mais le voile et le vêtement mystérieux de [ce que l'on appelle] l'Invisible ; pour ainsi dire, la Voix par laquelle la Divinité se déclare à l'homme » (*Miscellaneous Essays* I, 445).

Spirituelle, la nature se présente comme « la force d'accentuation et la vigueur résolue d'un homme » (idem, p. 465). Elles sont la réponse donnée à la Nature. Pour répondre, « il faut renoncer à la tentation du bonheur et du pouvoir » (P. Vitoux, 1998, p. 19): « Ce n'est que par la Renonciation (*Entsagen*) qu'on peut dire à proprement parler que la vie commence ». Or ne peut renoncer que qui compatit à quelque chose de plus grand.

A supposer que l'on en était encore dans l'ordre métaphysique des facultés humaines dont la sensibilité et 'entendement prétendument en conflit, chez Carlyle, l'«annihilation du Moi» c'est-à-dire la « renonciation aux désirs et ambitions du moi empirique [...] va de pair avec l'affirmation d'un moi transcendental inspiré par la révélation du divin dans la nature [entraînant la] rédemption du monde phénoménal » (*Idem*, Voir : Sartor Resartus).

A qui voudrait encore employer le langage métaphysique, l'on dirait ceci : le monde phénoménal étant du coup « racheté », il n'y a plus ni supériorité du nouménal sur le phénoménal, encore moins de l'Être sur l'Étant.

L'on sait de fait le logos originaire, par quoi tout a été fait, détenir la primauté dans l'ordre *onto*-logique, qui est celui dans lequel s'inscrit Heidegger. En effet, dans l'ordre exclusivement métaphysique, il y a hiérarchie : supérieurs et inférieurs.

Il y a précisément supériorité de l'être sur l'étant. Heidegger, dont Henry, tout compte fait est l'héritier, nous confine somme toute dans l'ordre métaphysique. Son ontologie n'est pas vraiment phénoménologique. Elle est essentiellement métaphysique. Comment cela ?

Heidegger en 1924 écrivait : « Es gibt keine Ontologie *neben* einer Phänomenologie, sondern *wissenschaftliche Ontologie ist nichts anderes Phänomenologie* ». Selon Heidegger donc, *l'ontologie comme science n'est rien d'autre que la phénoménologie.*

La phénoménologie est, pour Heidegger, science de « ce qui se montre soi-même en tant qu'il est là » : le phénomène, est entendu comme ce mode privilégié de présence de l'étant.

Mais Heidegger ne s'en tient pas à l'étant. Selon lui, ce mode a pour privilège de faire plutôt voir « ce qui de prime abord et le plus souvent, ne se montre justement pas, […] est en retrait, mais […] en même temps appartient essentiellement, en lui procurant sens et fondement, à ce qui se montre de prime abord et le plus souvent [l'étant] ».

Il faut dès lors prendre garde au sens effectif de la proposition heideggérienne qui voit, dans l'ontologie, de la phénoménologie. Comme le soutient Tarditi (2013), « chez Heidegger, la phénoménologie ne perd pas seulement son statut de science autonome en faveur de l'ontologie, mais il faut surtout penser cette régression au rang d'*ancilla philosophiae* essentiellement méthodologique en fonction de la nouvelle proposition d'une ontologie ». En quoi Heidegger subordonne-t-il la phénoménologie à l'ontologie ? D'après Heidegger (1975, p. 423), « la recherche phénoménologique est interprétation de l'étant en direction de son être. C'est-à-dire qu'est établi comme dessein pour cette interprétation ce qu'elle a par avance comme thème : un étant ou une région d'être déterminée. Cet étant est questionné en direction de son être ».

Au total, comme Heidegger déclasse l'étant en faveur d'un être qui ne se montre pas, sa prétendue recherche phénoménologique, qui viserait ce qui se montre, est toute métaphysique, n'ayant de vue que ce qui se cacherait derrière l'étant.

Ici, ne nous intéressera pas, outre mesure, l'ordre *onto*-logique de la création. Sera plutôt privilégié ici, l'ordre *chrono*-logique de l'apparaître phénoménal qui est celui de l'Etant primordial dont le règne est le spirituel Silence de la Parole. C'est là, ce à partir de quoi tout a été créé.

Pleine du silence de l'Esprit, la matière primordiale étante est physique. Elle est physique, non pas au sens « objectif » où l'entend la physique moderne, mais de « l'expérience pure et simple »[36] ou encore du « concept naturel de monde »[37].

Expérience pure et simple et concept naturel de monde renvoient à quelque chose d'originaire : « le monde de l'esprit »[38]. Par monde spirituel, Husserl entend le *Territorium*,

---

[36] Ce concept renvoie en phénoménologie, à l'année 1907, et réfère à « une série de cours donnés à Göttingen, connus sous le titre de « Dingkolleg ». Dans ces leçons consacrées à la constitution de la chose, Husserl oppose déjà au monde « vrai », objectif, de la physique moderne l'idée d'un monde préscientifique qui serait celui de « l'expérience pure et simple » (p. XXVIII) » (Farges et Perreau, 2008, p. 214).

[37] Est ici décisive, « la lecture par Husserl, en 1902, de *Der menschliche Weltbegriff* de R. Avenarius, à qui Husserl empruntera le « concept naturel de monde », première figure conceptuelle de ce qui sera ensuite nommé *Lebenswelt*. » (*Idem*).

[38] Est davantage décisif l'apport de la philosophie de Dilthey. « En 1911, Husserl étudie de près *L'édification du monde historique dans les sciences de l'esprit* et cette lecture se révèle déterminante pour la rédaction de ce qui deviendra le second tome des *Idées directrices pour une phénoménologie et une philosophie phénoménologique pures* et pour la caractérisation phénoménologique du « monde de l'esprit » » (*Idem*).

« support de toute culture ou de toute édification d'un monde environnant (*Umwelt*) spirituel »[39].

Le Physique constitue la matière première. Il appartient à la sphère primordiale. Charnel, le physique se tisse dans l'Esprit du Silence pré-logique (au sens où le silence des origines précède le logos). À l'Esprit du Silence pré-logique appartient, comme à un époux son épouse, la silencieuse Chair de l'Esprit.

La silencieuse Chair de l'Esprit constitue l'*infini* modèle en quoi tout, dans la triple territorialité spirituelle, naturelle et culturelle, est forgé. La chair[40] silencieuse constitue, dans

[39] « Le concept de territoire (*Territorium*) » entre en jeu sous la plume de Husserl dans les « *Husserliana XXXIX. Die Lebenswelt. Auslegungen der vorgegebenen Welt und ihrer Konstitution. Texte aus dem Nachlass (1916–1937)* édités par Rochus Sowa (Springer, Dordrecht, 2008, 957 p). , notamment les pages 72, 177 sq., 181, 186, 189, 203, 329 sq., 342 sq., 394 sq., 522-526) « pour désigner, par-delà l'opposition entre nature et esprit, la nature telle qu'elle est vécue concrètement ou encore la « nature vitalo-mondaine » (*lebensweltliche Natur*), c'est-à-dire non pas la nature comme couche abstraite du monde réal, ni la nature construite mathématiquement par les sciences idéalisantes, mais la nature comme support de toute culture ou de toute édification d'un monde environnant (*Umwelt*) spirituel » (*Idem*, p. 220).

[40] Sur le « statut de la chair », il y a exactement moins de deux années de cela, en partant des intuitions phénoménologiques de Patočka, Vishnu (2018, p. 123) a montré ceci : la chair « ne serait pas seulement l'élément qui plombe l'existence humaine d'une matérialité à laquelle elle ne saurait se dérober. Il se peut bien plutôt que la chair, dans une veine phénoménologique somme toute classique, soit en un autre sens à comprendre comme le produit d'un mouvement d'incarnation (et pourquoi pas : d'un mouvement spirituel), depuis un promontoire ontologique où ce mouvement se définit originairement comme une spontanéité agissante, libérée des affres et de la pesanteur terrestre de la matérialité ». Mais à cette pensée, qui n'accède pas encore à l'expérience de la Terre pure et de la Matière pure des origines spirituelles de l'humanité, il convient d'apporter des modifications. L'on substituera au promontoire ontologique, qui renvoie à un avatar métaphysique survivant au phénoménologique, l'assise ontique du divin qui restitue une communauté d'esprit entre l'angélique et le purement humain.

l'ordre non pas *onto*-logique de la parole, mais *chrono*-logique du silence, le *primus*.

Par le concept de chair, que nous tenons d'une reprise appropriative de Claude Vishnu Spaak (2018), nous entendons l'*étant*, c'est-à-dire l'actualité d'un mouvement spirituel d'incarnation qui relève d'une « spontanéité agissante », appartenant à l'originaire de l'Esprit et dénuée « des affres et de la pesanteur [...] de la matérialité » pour matérialiser la pureté de l'Esprit.

Mais l'on pourrait nous reprocher ici ce que Marion, dans *Dieu sans l'être*, dénomme l'idole. Selon Marion, que nous lisons de concert avec Ghislain Lafont (1979) en effet, « l'idole ne laisse advenir le divin qu'à la mesure de l'humain ». Or, notre mesure de l'Étant n'est pas exclusivement humaine, elle voudrait célébrer la communauté ontique du divin et de l'humain.

Pour Marion, « l'icône s'ouvre en un visage, qui regarde nos regards pour les convoquer à sa profondeur ». De fait vers quoi d'autre fera signe notre analyse sinon le fait que le Noir du Trou et le Silence de la Parole convoquent autant l'homme que la théodicée vers plus d'humanité ?

Chez Marion encore, icône et idole disent « deux modes d'appréhension du divin dans la visibilité. D'appréhension ou, sans doute aussi, de réception ». D'un côté, contre Marion, l'idole chez nous ne caractérise point le divin mais le démiurge ou le surhomme. Seule l'icône caractérise l'Étant humain communautaire du divin.

De l'autre côté, comme Marion, nous privilégions la réception. Aussi, force est-il de reconnaître que, contrairement à Heidegger, chez nous, l'Étant originaire ne cherchera pas à montrer Dieu mais plutôt, dans le silence de la passion, à en faire l'expérience.

Chez Marion, l'idole renvoie à « ce qu'un regard [...] a vu du dieu ». Toujours chez Marion, l'icône « ne montre rien » car le « regard de l'invisible vise l'homme ». Marion après le Paul de Colossiens (1, 15), rappelle que le Christ est « l'icône du Dieu invisible ».

Pour Marion, « ne peut servir de support – intelligible – à l'icône, qu'un concept qui admette de se laisser mesurer à la démesure de l'invisible… ». C'est que, selon Marion, « l'icône impose au concept de recevoir le parcours de la profondeur invisible » là où, n'en déplaise à l'idéalisme absolu hégélien, « toute prétention au savoir absolu [...] relève de l'idole ».

Nous avons, pour notre part, déjà quitté la pensée conceptuelle qui absolutisait le savoir. Nous sommes au faîte de l'expérience de l'Étant divin qui se vit dans l'unique Mesure. Celle-ci se constitue dans l'amitié avec l'humain. Aussi, nous intéresse moins l'invisibilité de Dieu que l'humanité visible du Christ. Celle-ci se reçoit et s'assume originellement.

L'originaire de la visibilité du Christ s'assume originellement et historiquement dans la nature primordiale de l'Étant humain. Cette nature (à la fois spirituelle et matérielle) se reçoit comme matière. Non point métaphysique (c'est-à-dire sans un sujet s'opposant un objet, sans avant ni après, sans haut ni bas) mais simplement phénoménologique (dans la simultanéité du matériel et du spirituel), la naturelle matière, qui dit l'Étant humain, constitue la matière même de l'Esprit divin.

Dans l'ordre phénoménologique qui concerne le rapport de la matière aux étants finis, il n'y a ni supériorité ni infériorité. Parole et silence s'y donnent en même temps. Pour les besoins de la cause soit ontologique, soit ontique, l'un apparaît avant l'autre et vice versa. À l'étant, l'Étant apparaît avant l'être. À l'être, l'Être apparaît avant l'étant. L'Être fonde l'être et l'Étant fonde l'étant. L'Être se donne dans l'être comme l'Étant, dans l'étant. L'Être se donne dans l'Étant tout comme l'Étant se reçoit dans l'Être.

Un propos émis par Saint Augustin dans *La Création du monde et le Temps*, nous semble fondateur du purement phénoménologique. Le propos en question nous informe de ceci : là où la métaphysique fait des étagements entre les temps, le phénoménologique comme tel précède le temps au sens où le temps, que Heidegger rend équivalent de l'être, ne précède ni l'Étant divin (Père de Jésus-Christ), ni l'Étant humain (Mère de Jésus de Nazareth).

Saint Augustin, s'intéressant à « Ce que Dieu faisait avant la création du monde », s'adressant à Dieu en guise de réponse, dit au Créateur: « Auparavant que vous fassiez le ciel et la terre vous ne faisiez rien. Car si vous eussiez fait quelque chose, qu'eussiez-vous pu faire autre que des créatures ? » (Saint Augustin, 1993, p. 32).

Le temps, le ciel et la terre ont été faits simultanément par la parole de l'Étant divin à partir de la silencieuse matière primordiale unitairement propre à l'Esprit divin et à l'Étant humain.

La parole parle dans le recueil du silence. Accueillir le silence, c'est recevoir la paix des origines. Se recueillir dans le silence, c'est recevoir la parole dont le silence a la garde. Unique originel, le silence est pro-créateur. Martin Heidegger appelle « le parler de la parole, le recueil où sonne la paix silencieuse » (Heidegger, 1976, p. 35).

Le se-recueillir au son de la paix est un habiter-le-reposoir de la parole. Le repos de la parole constitue son entrée dans le silence. L'entrée de la parole dans le silence signe sa mortalité. La parole s'*im*-mortalise, elle entre dans la mort, en reposant dans le silence de son expiration.

La parole expire avec les étoiles impures. L'expiration de la parole constitue la génération de l'humanité dans la pureté du silence des origines.

L'homme, en sa pureté originaire, a quelque chose de divin. Il vaut plus que les étoiles et quelque part, la mort et la nuit n'ont pas le dessus sur lui. Ainsi se comprend le propos de Hölderlin repris par Heidegger (1976, p. 35) : « L'ombre de la nuit avec les étoiles […] n'est pas plus pure que l'homme, cette image […] de la Divinité, est-il sur terre une mesure ? Il n'en est aucune ».

Rien, encore moins la nuit et les étoiles, ne mesure l'homme sur terre. Et ce, dès lors que l'humanité est engendrée par pro-création dans le silence de la parole par quoi, seule, lui vient la pureté des origines à quoi se mesure l'humain.

Relativement au « processus créateur dans la poésie homérique, [toutes les] données biographiques […] sont […] des procédures étiologiques visant à constituer l'aède épique en « auteur » de l'épopée » (Perceau, 2017, p. 110).

Le silence où la parole expire est une natalité. Le silence de la parole est la constitution de l'humanité. L'expiration de la parole constitue l'inspiration de l'humanité dans la respiration du silence qui engendre. Le silence dont la respiration est engendrement de l'humanité thématisée, ici. De celle-ci, la facticité relève d'une inspiration de type supérieur à tout ce qui s'est rencontré jusqu'ici dans l'histoire de la poésie, par exemple.

On sait que « les Poèmes homériques montrent des aèdes-poètes en performance, ce qui permet de se représenter la façon dont ils composent, et en quoi consiste pour eux ce que nous appelons « inspiration » » (Perceau, 2017, p. 111). Par-delà la simple fabrication d'œuvres artistiques, l'humanité-facticielle dit plus qu'un analogue en rapport avec l'aède-poète homérique.

Mieux que l'art des aèdes-poètes que l'on retrouve plus particulièrement dans l'*Iliade* par exemple, l'humanité-facticielle performe dans la présentation-composition de soi par soi-même, autrement dit, dans l'auto-engendrement.

Dans l'*Iliade* (V, 60-61), l'on peut lire : « L'*Harmonide* // qui avec ses mains savait (*epistato*) // des *daidala* de toutes sortes fabriquer ; car il était aimé de façon exceptionnelle par Pallas Athéna ».

Selon le commentaire de Perceau (2017, p. 98), « dans ce passage, le savoir artisanal est [...] placé sous le patronage d'Athéna [...], déesse des artisans-artistes, présentée comme celle qui « aime » les artisans, tout comme la Muse, dit Ulysse, « aime la race des aèdes » (*Odyssée* VIII, 481) ».

Comme la Muse aime la race des aèdes, de même le Silence aime-t-il la race des hommes. Le savoir-faire inhérent à la facticité humaine a pour patron non une déesse mais l'Humaine-même, qui aime les pro-créateurs. Ce qui se compose dans la pro-création au travers d'un art dont le sublime consiste à se présenter originairement soi-même à soi ne peut que charmer le divin. Ce, en tant qu'il partage la sagesse qui contemporanéise humains et divins.

D'ordinaire, inspirer est entendu comme un recevoir la vie de la parole ou encore la parole qui donnerait vie. Dans le mouvement de la respiration, d'ordinaire, n'est-il pas allégué que qui inspire reçoit l'air qu'il n'aurait pas déjà, et qu'il le reçoit d'un autre ?

Et pourtant, il n'est pas exact de croire que l'humanité reçoit passivement la vie qui lui serait insufflée dans la bouche par les dieux. Aussi les premières paroles du nouveau-né ne doivent-elles pas être assimilées à des balbutiements approchant la vaticination de poètes sous inspiration divine.

Dans la pauvreté du silence qui engendre, l'on devra accepter de se tenir éloigné de la conception de la natalité humaine pouvant approcher la vision homérique de la poésie comme « inspiration » divine. Où « l'aède de l'*Odyssée* [justifiait] une conception de l'« inspiration » poétique où les Muses devenues les énonciatrices de récits auctoriaux, parlent par la bouche de vérité de poètes qui vaticinent (Vernant, 1959 ; Detienne, 1967) » (Perceau, 2017, p. 107).

A contrario, l'humanité nouvelle s'auto-engendre. Elle s'engendre dans le silence comme expiration du divin où sont supprimés tous les dieux antiques. L'humanité s'engendre dans le silence de cette expiration entendue comme ce qui configure l'humanité, conférant à cette dernière la capacité de se constituer dans la paix et l'amitié du divin.

L'on pourrait alors assimiler notre présentation de l'inspiration engendreuse de l'humanité à de l'épopée. Mais l'analogie ne concernera que les images poétiques. Car ce qui advient dans l'engendrement de l'humanité, s'il se donne poétiquement, ne relève point de l'épopée. Cette restriction étant relevée, ce qui est dit du rapport entre le poète épique grec antique et la muse inspiratrice pourrait, ici, s'appliquer. « On a l'habitude d'assimiler l'inspiration des poètes épiques archaïques à une possession par la ou des Muse(s). » (Perceau, 2017, p. 111).

A la possession, devra faire place, dans le cas de l'humanité en engendrement, la procession. Les poètes épiques grecs pouvaient être possédés parce qu'en leur fond ils se pouvaient qu'ils développent leur art sous la dictée des dieux antiques.

Or le lien entre le Silence et les humains est d'immanence. L'un et les autres appartiennent à une tradition non point épique mais bien plutôt facticielle, historique, celle qui voit l'humanité s'engendrer dans la mort de l'épique. L'épique meurt dans la réalité de l'histoire. « Mais dans l'*Iliade*, les Muses, filles de Mémoire, sont en fait les garantes de l'authenticité des informations délivrées par le chant et de leur conformité à la tradition épique » (Perceau, 2017, p. 111).

Le Silence préside à la naissance de l'humanité qui en lui, trouve incessamment sa nouveauté. Toute humanité se renouvelle au sein de la tradition de cette épreuve de la mort où s'engendrent toutes les générations. Elles s'engendrent, une fois encore, dans la mort de la parole qui entre ainsi dans le silence d'où jaillissent les enfants des hommes. La natalité est respiration.

L'homme ne respire, c'est-à-dire il n'advient à la vie, que dans la mesure où il accède à la prise de parole, ce qui signifie lorsqu'il prend la parole chez soi. Or, prendre la parole ne renvoie à rien d'autre que partager sa mortalité qui configure à l'humain. Mais ne peut prendre la parole que celui qui, dès l'origine, a pour demeure le silence, partageant du coup la mortalité de la parole, laquelle par-là affirme son caractère anthropologique.

En ce qu'elle a la mortalité pour lot, la parole est de nature non pas théologique mais anthropologique. L'histoire des nations enseigne. Pour l'exemple, « la Grèce ancienne est terre d'oracles et d'inspirations. Mais elle ne revendique pas, pour la parole elle-même, une origine divine » (Borgeaud, 2006, p. 73).

L'esprit de la paix silencieuse où s'engendre l'humanité constitue la parole en son essence. « La parole est parlante. L'homme parle pour autant qu'il répond (*entspricht*) à la parole. Répondre, c'est être à l'écoute. Il y a écoute dans la mesure où il y a appartenance à l'injonction du silence » (Heidegger, 1976, p. 36) (*Geheiß der Stille*).

Cette injonction du silence ou ce silence qui enjoint, combien, dans le moderne tourbillonnement des turbines de souche technique, des maisons de production audiovisuelle, ou sur la glaciale interactivité des réseaux technologiques, s'en rendent encore dignes ?

Mais, les très peu qui parviennent à se rendre dignes du silence qui adjoint l'homme à la parole, signent du coup l'amitié du Ciel et de la Terre. Dans le silence de leur réponse qui les relie à la vérité de l'Étant dont ils procèdent, les très peu reçoivent, de l'humain, le sens.

L'humain a pour sens la cor-respondance, comme réponse ad-joignant le divin à l'humain. C'est Heidegger qui cite Hölderlin (1968, p. 232) : « Aussi longtemps qu'au cœur l'amitié, la pure amitié dure encore, l'homme n'est pas mal avisé, s'il se mesure avec la Divinité ».

Lorsqu'elle n'est pas vraiment entendue, la parole n'est perçue que comme instrument de communication. « La parole chez les Grecs apparaît le plus souvent comme un instrument humain, un producteur d'artifice autant qu'un outil de communication » (Borgeaud, 2006, p. 73).

Qui n'écoute pas réellement ne peut vraiment entendre. Qui n'entend pas ne peut réaliser ceci : la parole n'est pas couramment perçue en son essence. Pour être féconde, la parole est originairement associée d'un média, d'un instrument qui s'entremêle à elle.

Pour qui n'entend pas bien, il est possible de confondre la parole avec le médium qui le féconde pour engendrer l'humain, c'est-à-dire le silence. Une telle confusion peut être heureuse. Il y a, à l'autre extrémité, quelque chose de tout à fait réprouvable !

Pour qui n'y entend rien, il est possible de confondre la parole avec le pseudo-médium, dieu métaphysique ou Étant bruyant et mortifère, pseudo-Esprit ou esprit du mensonge, qui le pervertit, le soumettant à l'esclavage spirituel, et à cet esclavage tel qu'il en naît le surhumain ou un démiurge (à la fois mi-dieu et mi-homme).

Maintenant, est-il possible que la parole, puissance de libération spirituelle et d'engendrement illimitée de l'humain, apparaisse la source vivifiante que, demeurant dans le silence de son essence, elle n'a jamais cessé d'être ? Si oui, comment ? Tel est le problème auquel le présent écrit voudrait tenter de répondre.

Dans son texte des *Derniers Jours de l'humanité* (1922), Karl Kraus, écrivain autrichien, démonte les techniques visant à s'emparer des esprits afin d'écraser et détruire l'humanité. En guise de présentation du livre de K. Kraus commenté par Bouveresse (2019), l'éditeur observe : « Les moyens de communication les plus puissants et les plus modernes offrent au mensonge, désormais « mécanisé », des possibilités susceptibles de le rendre à peu près irrésistible ».

Exposée au vacarme qui véhicule l'esprit de mort, la parole est en proie aux mécanismes et aux technologies de la destruction de peuples entiers. Ceux-ci sont, pour ainsi dire, soumis au règne du mensonge planétairement distillé via les mass médias. « Les mots sont plus que jamais capables de se transformer en armes meurtrières, au pouvoir de destruction quasiment illimité » (Bouveresse, 2019, Présentation de l'éditeur).

Qui prend au sérieux ce réquisitoire conviendra de ceci : l'humanité a encore besoin d'être ré-humanisée et ce, non seulement à l'échelle de la planète mais qui plus est, en considérant le savoir qui la prend en vue.

Ce n'est même pas la seule humanité qui peut avoir besoin d'un supplément d'âme. À qui d'autre imputer la dérive mondiale que la conseillère attitrée de l'humanité d'aujourd'hui, cette conseillère qui, au sein des sciences humaines, tient, dès les commencements, le rôle de Mère et d'éducatrice, à savoir la philosophie ?

De cette discipline, l'étymologie – amour d'une certaine sagesse dite l'apanage des dieux – rappelle qu'elle voisine le divin. Vers ce divin, la philosophie ne pourra mieux faire que de tendre, véritable Sisyphe condamné par les dieux à, sans cesse, rouler une pierre jusqu'au sommet d'une colline dont elle retombe.

Sur la source fondamentale de la dérive de l'humanité actuelle, comme pour départager avant l'heure le défaut dans la communication, les politiques mortifères et une tension impuissante vers la sagesse à communiquer à une humanité en quasi période d'adolescence, c'est Hugo (2015, p. 498) qui avertit : « Entre celui qui fait et celui laisse faire, celui qui laisse faire est le pire, étant le lâche ».

Par où, ce qui est en cause au sein des techniques d'asservissement de l'humanité semble-t-il moins relever de ce qui se présente dans la manipulation des masses par les médias ou dans l'écrasement du peuple par le gouvernant.

Peut-être ce qui y est en cause relève-t-il davantage de ce que manipulation et destruction rendent présents. Celles-ci pourraient n'avoir jamais cessé de représenter, non un sage qui sort ses fils de l'obscurantisme, qu'une philosophie abstraite et formaliste dès son commencement.

Sans remonter aux débuts de la science philosophique, l'expérience de penser de Giambattista Vico est tout instructif. La culture philosophique et l'article au titre tout évocateur, « Humaniser l'humanité », qui en rendent compte, permettent d'alléguer qu'une humanisation de l'humanité via les sciences humaines est possible.

De G. Vico, l'objectif fut « de donner un sens nouveau à l'éducation moderne et en fin de compte à la philosophie des Lumières, en l'orientant dans une direction qui n'accorderait plus la primauté à la connaissance universelle mais à l'expérience pratique » (Dallmayr et Delbaere-Garant, 2012, p. 45).

De la citation ci-dessus, les auteurs, qui sont nos contemporains, en guise d'épigraphe de l'article dont elle est issue, ne manquèrent cependant pas de reprendre le propos d'Albert Einstein ci-après : « Il est hélas devenu évident aujourd'hui que notre technologie a dépassé notre humanité ».

L'expérience pratique de notre humanité saurait-elle un jour dépasser notre technologie ? Sur la technologie et la technique qui en constitue la provenance idéologique, c'est M. Heidegger (1962, p. 65) qui écrit : « Les Grecs appelaient du même nom, *tekhnitès*, l'artisan ainsi que l'artiste. Mais *tekhnè* ne signifie ni travail artisanal, ni travail artistique, ni travail technique au sens moderne. *Tekhnè* ne désigne jamais un genre de réalisation pratique, mais le fait d'appréhender, d'éprouver la présence du présent en tant que tel ».

C'est en étant en déclin que, pour ne pas perdre la face, brandissant un simulacre d'étant dont l'apparence est présentée comme son apparaître, que la philosophie oublieuse de la présence de l'humanité à elle-même, ce que Heidegger lui-même n'aura pas compris, qui y substitua la présence à l'Être ou aux étants divins, par les dieux de la technique et de la technologie prirent le dessus, s'est sûrement mise au service des idéologies de l'oppression.

Les idéologies de l'oppression s'établissent sur la quête uniformiste et universaliste de ce que l'anthropologie inachevée de Durkheim, elle-aussi oublieuse de la praxis et de la simple présence de chaque humanité à elle-même et à l'autre homme, dénomme « l'homme total ».

Ce n'est pas tout. Au XXe siècle, « pendant les années de la guerre, les plumes ont été trempées dans le sang, et les épées dans l'encre » (Bouveresse, 2019, présentation de l'éditeur). Et dire que tout gouvernant a « son » philosophe ! Où l'on voit que la philosophie est, sinon rendue inhumaine, du moins la servante de l'inhumanité moderne.

Aussi, ce qui s'esquisse ici voudrait-il prendre au sérieux la situation de cette inhumanité que visait Paul Valéry lorsque, s'effrayant devant les atrocités guerrières du siècle, face à la menace atomique, celle de la destruction de l'humanité entière, il soutint que « nous autres, civilisations, nous savons maintenant que nous sommes mortelles ». L'ouvrage dont est issue la citation de Valéry porte pour titre *La Crise de l'esprit*, qui date de l'année 1919.

Dix années plus tard, paraît *Malaise dans la civilisation*, un livre de Sigmund Freud écrit durant l'été 1929 et présentant les limites du rationalisme. Un autre ouvrage sur la crise de l'esprit philosophique, dont le manuscrit remonte aux années 1935-1936, est tout aussi évocateur. Il s'agit de *La Crise des sciences européennes et la phénoménologie transcendantale*.

L'écrit d'Edmund Husserl met en lumière le désamour de la sagesse que vit la civilisation. Le procès du désamour de la sagesse trouve son achèvement dans un ouvrage de 1988, *L'inhumain*. Jean-Francois Lyotard y révèle comment la "vie administrée" anéantit à la fois le temps, la mémoire et la matière, tous traits caractérisant l'humain. Le livre de Lyotard souligne que les arts de la vue, du son et de la pensée en préservent la vérité. Aussi est-ce dans la ligne d'une quête de la vérité de l'humain à partir de l'art qu'il convient de lire la démarche qui s'esquisse ici.

Plus près de nous, Pascal Gaudet, après *Kant : une sagesse pour notre temps* (2018), ouvrage qui fait suite à *L'institution kantienne de l'humanité* (2017), au travers d'une pensée qui met à l'épreuve la fondation d'une philosophie critique établissant, sur le pouvoir de l'esprit et de la loi morale, un contrat d'humanité, développe en 2019, une recherche kantienne visant *La fondation de l'humain*.

L'on dirait qu'après les pensées de la crise, prennent place, en ce début de XXIe siècle, celles de la solution. On peut aussi alléguer ceci : c'est dans une visée anthropologique que l'on ne peut que saluer, que s'inscrit l'ambition de Pascal Gaudet. Son objet est même de quête le « lieu obscur, transcendantal en lequel la pensée s'est donné l'autonomie pour principe » (Roviello, 1984, p. 41).

Fort des résultats de Roviollo et de Lyotard (1988), mais dans une perspective à la fois autre que kantienne et autre que post-moderne, nous demandons : comment parvenir artistiquement, plus précisément de manière poétique, au lieu d'autonomisation de l'humain ? Ainsi se profile le projet du présent livre.

Face à la crise de l'humain et de « sa » science, notre essai voudrait alors présenter des véhicules herméneutiques visant à répondre aux défis d'une ré-« humanisation » de la philosophie au regard du sur-humanisme ambiant, le tout, face à l'enjeu de parvenir au simplement humain.

Dans l'essai, il sera particulièrement proposé de passer à autre chose face à ce que Martin Heidegger a présenté comme la déterminante de l'époque nouvelle. Voyant dans la Modernité l'époque nouvelle, M. Heidegger la conçoit comme étant déterminée par la représentation.

La représentation, comme déterminante de la Modernité, nous semble à la fois métaphysique et formelle. Or, si c'est bien de nouveauté qu'il doit être question en ce qui regarde notre époque, il semble s'agir d'appréhender l'humanité au prisme de l'empirique et du phénoménologique. Un tel projet nous semble relever d'une urgence liée à la nécessaire présence de l'humanité à elle-même à l'époque contemporaine.

Nous réclamant du courant phénoménologique, comme M. Heidegger, nous nous inscrivons paradigmatiquement dans le passage d'une « attitude d'hostilité ou de défiance à l'égard de la démarche métaphysique [...], à une volonté de prise en charge de l'intentionnalité propre à celle-ci, tout en récusant la structure «onto- théologique» qui [a pu], des Grecs à Hegel, habit[er] son histoire » (Gabellieri 1996, p. 625). Nous nous démarquons de l'onto-théologie, qui a pour spécificité idéologique de commander une conception de l'être humain comme simple représentation du divin.

C'est dans son texte de *L'époque des conceptions du monde* que le Philosophe de l'Être soutient que la représentation constitue la détermination de l'époque moderne. Heidegger (1962, p. 118) y écrit : « Que l'étant devienne étant dans et par la représentation, voilà ce qui fait de l'époque qui en arrive là une époque nouvelle par rapport à la précédente » (Hernandez, 2010).

Selon le commentaire de Marta Hernandez, « si l'on définit couramment l'« époque » comme un temps marqué par un événement, la représentation est pour Heidegger « la marque déterminante de la modernité » (Hernandez, 2010).

Du fait du risque onto-théologique, les défis d'une humanisation de la philosophie nous semblent consécutifs au tournant théologique de la phénoménologie. Ces défis se déploient sous l'enjeu d'une dé-théo-logisation, c'est-à-dire d'un passage de la représentation comme l'événement déterminant la Modernité, à la présentation comme détermination anthropologique et empirique de l'époque nouvelle : à savoir la contemporanéité.

La Modernité voyait dans l'événement quelque chose d'extérieur qu'il fallait se représenter formellement dans une distance métaphysique du sujet humain d'avec l'image de l'étant théologique dont l'activité suprasensible conférerait à l'étant en continuelle « humanisation » son être.

La contemporanéité verra dans l'événement quelque chose d'affectif dont la présence empirique sensiblement et originairement éprouvée dans l'intime de l'étant anthropologiquement affecté confère à celui-ci sa réalité.

Mais est-il avéré que ce soit la présentation qui détermine l'époque actuelle ? Pour Nora (1974, p. 212), « dans les sociétés contemporaines, c'est [plutôt par les mass medias] et par eux seuls, que l'événement nous frappe, et ne peut pas nous éviter ». Cette opinion nous semble de nature scientifique voire idéologique, et non encore philosophique.

Ramenons la déterminante « médiatique » de l'époque contemporaine à sa source phénoménologique, telle qu'elle pourrait s'originer dans la réception husserlienne du concept grec, aristotélicien, de jugement, ainsi qu'il s'offre par la médiation soit de la théologie, soit de l'anthropologie.

Dans les *Méditations cartésiennes,* Husserl (1953, p. 8) déclare : « Le sens des jugements médiats entretient avec celui d'autres jugements une relation telle que la croyance (*Glaube*), qui leur est inhérente, « présuppose » celle de ces autres jugements : une croyance est admise parce qu'une autre l'est ». Ici, la médiation est le fait d'un étant donné.

Mais elle apparaîtra en contradiction avec la phénoménologie matérielle de Michel Henry où l'Archi-Fils s'éprouvait depuis une transcendance théologique, celle de l'auto-affection de l'Etant divin.

La contradiction relève de ce que l'Etant divin peut apparaître une subjectivité étrangère obtenue en faisant abstraction du monde et de mon « moi » humain.

Or, Husserl (1953), dans ses *Méditations*... développe une idée tout à fait capitale pour percevoir l'intention du présent essai. L'idée est la suivante : « Appartient à mon être propre, en tant que purifiée de tout sens de subjectivité étrangère un sens *simple nature*, qui a perdu précisément ce "pour chacun", et qui ne doit donc en aucun cas être prise pour une strate abstraite du monde lui-même ou de son sens ».

Pour notre part, la médiation est le fait d'un étant dont la donation est pour ainsi dire, d'en bas, c'est-à-dire qu'elle procède de l'immanence de l'étant humain qui, comme moi pur, relève de son monde propre, lequel s'éprouve par auto-affection depuis *ma* nature primordiale, propre, à la fois, au sujet que je suis et à l'étant que, comme hommes, nous avons en partage.

Le passage de Husserl (1953) plus haut cité a pour suite directe ceci : « Parmi les corps saisis dans la sphère du propre, je trouve, se distinguant de manière unique, ma chair, c'est-à-dire l'unique corps qui n'est pas simple corps mais précisément chair, le seul objet, à l'intérieur de ma strate de monde abstraite auquel j'attribue, conformément à l'expérience, des champs de sensation…».

Chez Henry, l'Absolu s'auto-affectait de l'affectivité théologique de l'Archi-Fils dont émane tout étant humain du coup perceptible à partir du paradigme moderne de l'humanité comme représentation de la divinité.

On sait l'« absolu » avoir le sens de « parfait », « achevé» et de « totalité ». Si l'on s'en tient au philosophe idéaliste Hegel, le vrai est le Tout ! De la totalité, Aristote, dans sa *Physique* (206b30-207b15), disait ceci : « Ce dont rien n'est à l'extérieur de lui, cela est achevé et une totalité.

C'est en effet ainsi que nous définissons la totalité, ce à quoi il ne manque rien, par exemple un homme total ».

La métaphysique théologique énonce ses jugements à partir de sa croyance au logos propre à l'abstraction des dieux de la métaphysique, sinon à partir des dieux grecs, dotés de qualités tout comme ils ont des défauts. Dans la théologie chrétienne, selon Heidegger, c'est de l'abstraction de Dieu, de sa négation que provient l'homme.

C'est même de la mixture des dieux grecs et du Dieu chrétien que Heidegger, comme héritier de l'idéalisme métaphysique et de la théodicée grecque antique, élabore sa pensée du dieu à venir auquel il en appellera en 1966 en soutenant que « seulement un dieu peut encore nous sauver ».

A contrario, l'intérêt du présent essai est le suivant : désormais à l'Absolu théologique se substitue l'in-fini anthropologique. Au sujet de l'infini, la *Physique* (206b30-207b15) d'Aristote déjà, déclarait : « L'infini [...] n'est pas ce qui n'a rien à l'extérieur de soi, mais c'est ce dont quelque chose est toujours à l'extérieur de lui [...]. Pour qu'il y ait infini, en effet, il faut à la fois qu'il en soit ainsi, et aussi qu'on ne parvienne jamais au même point ». Comme l'ère des dieux est révolue, si « Dieu » est vraiment mort, désormais, c'est un homme qui pourra en sauver un autre et l'humanité sauvera l'humanité.

La phénoménologie anthropologique énonce ses jugements depuis la croyance en la praxis de la nature primordiale figurée par la prime humanité que nous entendons comme l'Archi-Mère, laquelle n'est point l'Absolu mais infinie. Elle nous semble le proto-phénomène de l'infini en acte.

L'infini a pour actualité l'engendrement incessant de l'humanité au travers des générations successives d'humains qui viennent à la vie. Ainsi se réalise l'archi-maternité où s'engendre le divin. Pour le dire dans un vocabulaire religieux marial, « point de mariologie supérieure, point de « Mère de Dieu », sans la combinaison des idées de l'engendrement éternel et de la naissance virginale. En dehors de cet assemblage, tout l'édifice s'écroule » (Ménégoz, 1940, p. 119).

Nous ne sommes plus sous le règne de l'être heideggérien encore moins de l'absolu hégélien mais à l'ère du simplement étant. Celui-ci se donne comme procédant de l'Archi-Mère où s'engendre, dans l'ordre de la finitude, l'Archi-Fils. Comment il s'engendre ? Tel est l'objet du présent livre !

Tout étant est fini. Le « Dieu » onto-théologique – celui que fustigeait Heidegger, mais que, malgré lui, il attend encore au sens d'un étant donné – étant « mort », se voit assumer ceci : « il est possible que la génération d'une chose soit la corruption d'une autre, le tout étant fini » (Aristote, *Phys.,* 208a5-20).

Le tout de l'étant à la fois ontique et théologique étant fini, il faudrait que le rien de l'étant à la fois ontique et anthropologique affirme son caractère in-fini. Non seulement la corruption ne prévaut point sur l'étant *onto-anthropologique* et qui plus est, celui-ci se dit dans la pauvreté de la nouveauté inhérente à ce qui s'émerveille d'incessamment rencontrer autre chose à l'extérieur de soi, mais également de ne jamais parvenir au même point.

Plus de retour à l'éternel retour du même, absolu. Plus d'absolu : rien que l'infini du fini ! Par-là, il est encore affirmé ceci : la totalité absolue, malencontreusement attribuée à Dieu par l'idéalisme métaphysique, n'est pas infinie, elle est finie.

Mais – dialectisant tout pour ne retenir que ce qui était au commencement ayant « tout » subsumé sur son passage – comme au final elle n'admet rien en dehors d'elle – par où elle ne sup-porte pas la nouveauté phénoménologique étante –, la totalité de l'idéalisme relève d'un fini qui, contrairement à l'Archi-Mère, n'est pas infini.

L'Archi-Mère est à entendre comme cette nature primordiale apparaissant la médiation non pas négative mais excessive (à la fois comme la chair en continuelle spiritualisation et comme l'esprit en continuelle incarnation) entre chaque *moi* et la nouveauté constitutive du *même* de ce *moi*. Entre l'humanité et son humanité propre (constituée par l'Archi-Fils), il y a, excessive, l'Archi-Mère de l'Homme et de Dieu.

Mais comment naît poétiquement l'humanité et quel événement préside à cette natalité ? Telle est la question centrale à laquelle répondront les deux chapitres qui composent l'essai.

Pour pouvoir y répondre, le premier chapitre pend pour hypothèse spécifique la poétique de Trakl relue par nous au travers d'une anthropologique radicalisation de l'option ontologique prise par M. Heidegger en sa théologie du verbe poétique, selon le mot même de P. Trotignon.

Radicale sera notre démarche, en ce qu'elle voudra voir passer le verbe poétique, du théologique à l'anthropologique, par le biais de la phénoménologie du silence de la parole.

Quant au second chapitre de ce livre, en dialogue avec l'astro-physique contemporaine, il verra dans la physique du mélange de L. Couloubaritsis, un chemin qui, via l'herméneutique phénoménologique du Trou noir, tracera des sillons d'une expérience de la mortalité du divin où s'engendrera l'humanité du XXIe siècle.

Chapitre 2 : HERMÉNEUTIQUE DE L'HUMANISATION PAR LE LOGOS SILENCIEUX

Ce chapitre voudrait montrer de manière imagée que c'est dans le rapport de l'Archi-Fils à l'Archi-Mère que se décline l'enjeu d'une déthéologisation de la philosophie, ainsi portée par le défi de sa ré-anthropologisation.

Cet enjeu s'offre dans la problématique du renouveau de la phénoménologie de la religion. Face à cette problématique, de récents travaux (Sommer, 2011) font état d'un tournant anthropologique de la phénoménologie. C'est ce dernier tournant qui incline la phénoménologie heideggérienne de la religion vers la nécessité de sa déthéologisation.

Cette nécessité semble trouver sa pertinence dans la possibilité de donner congé à la pensée du surhomme nietzschéen héritée de la métaphysique hégélienne (Taminiaux, 1989). Il s'agit de donner congé à cette métaphysique achevée et à son langage (Heidegger, 1944) de surpuissance théologique d'accentuation hölderlinienne.

Or, le mot du surhomme, encore faudrait-il que l'on accepte de l'approcher avec fatalité. Sur la question du bonheur posée sous l'enjeu d'une création des dieux par les hommes « Pour Nietzsche, c'est là « le type : « comment doit vivre le surhomme, comme un dieu épicurien » (Heidegger, 1997, p. 548). Tout ceci est à l'actif de Nietzsche.

Toutefois, Nietzsche pousse la capacité créatrice de l'homme jusqu'à ce que Blumenberg cite au sens de « l'art et la force admirable de créer des dieux ». Nietzsche parle même de l'homme comme acteur en matière d'« l'invention de dieux, de héros, de toutes sorte d'êtres surhumains ».

Ici, nous ne pouvons plus suivre l'auteur d'*Humains trop humains*. Qui va jusqu'à soutenir que la manière de vivre le surhomme porte sur cette invention comme l'« inestimable prélude à la justification des aspirations du moi et de la souveraineté de l'individu » (Nietzsche, 1982, p. 158).

Or, ce qui s'esquisse ici est bien aux antipodes de la réification du moi et de cette enflure de l'ego qui, se surhumanisant, croit pouvoir, comme Nietzsche, créer des dieux, ou comme Heidegger, attendre le retour de dieux antiques pour un hypothétique salut de l'humanité.

Pour notre part, il s'agit de vivre plutôt, phénoménologiquement, dans l'immanence, la relation nouvelle, horizontale, de l'humain avec le divin. Ceci, sans quelque métaphysique pensée d'une supériorité créatrice de quelque protagoniste à un certain dialogue qui ne serait rien d'autre qu'une quête égoïste de soi au travers des différentes opinions.

Par-delà Nietzsche, d'accentuation autre que métaphysique peut cependant être la philosophie du langage en quoi s'inscrivent par ailleurs des lectures comme celle de la thématique du langage par Allemann (1959). Il est ainsi question de comprendre les implications de la relation de l'homme avec le divin telle qu'elle apparaît dans le dialogue de Heidegger avec un autre type de poésie, notamment celui de Trakl.

Ce dialogue s'inaugure dès 1939 à travers ce que Greisch (1983) détermine comme l'herméneutique heideggérienne du sacré, possiblement plus originaire que celle de Brito (1999).

Le tournant anthropologique de la phénoménologie heideggérienne de la religion requiert un changement dans la lecture de ce que Heidegger entend comme la naissance de l'époque nouvelle : non plus dans la perspective du surhomme et de ses relations avec les dieux nouveaux, mais celle de l'humanité archétypale dans ses relations avec les divins et les mortels.

Ce changement a pour corollaire une radicalisation de l'herméneutique du sacré comme philosophie première. Cette herméneutique semble pouvoir fonder la philosophie de la religion sur une poétique de la naissance de l'humanité nouvelle. Celle-ci apparaît l'expérience du silence comme de la mort à la surhumanité.

Pour approcher cette question, nous avons entrepris de mieux comprendre la relation de l'homme à la parole via un poème de Trakl intitulé « Silence » ce, à partir de la notion d'humanisation silencieuse.

Un article de 2012 intitulé « Humaniser l'humanité » voit son dernier paragraphe commencer par l'évocation de la « crise silencieuse ». De celle-ci, l'auteur, qui réfère à la non-violence du Mahatma Gandhi, dit qu'elle « ne disparaîtra pas d'elle-même, elle exige une réaction courageuse ».

Ainsi que l'écrit l'auteur, qui semble assimiler les protagonistes de cette crise aux civilisations en état de déshumanisation avancée, « si le véritable choc des civilisations [...] se passe [...] à l'intérieur de l'âme humaine », « c'est dans l'esprit des hommes que doivent être élevées les défenses » (Dallmayr, Delbaere-Garant, 2012, p. 49) de l'humanité.

Pour notre part, la crise de l'humanité réduite au silence ne sera surmontée que là où triomphera le Silence, humanité de l'humanité en déshumanisation. Les lignes qui suivent présentent une fiction poétique de ce triomphe en marche.

I. LA NOTION DE L'« HUMANISATION SILENCIEUSE » ET LE PROBLÈME D'UNE FONDATION PHILOSOPHIQUE DE L'ÉPOQUE NOUVELLE

Le concept de l'humanisation silencieuse découle spécifiquement d'une interprétation nouvelle du dialogue de Heidegger avec Trakl. Pour le premier, à partir de « Bâtir, habiter, penser », et le second, dans son poème intitulé « Silence ».

Mais si on peut dire que dans « Bâtir, habiter, penser » Heidegger pense l'humanisation, il faut observer que cette humanisation est en lien avec ce qui apparaît dans son texte sur l'Achèvement de la métaphysique où il est question de l'époque nouvelle.

En effet, face à ce que Heidegger a qualifié comme l'« ère des fondateurs de l'époque nouvelle », la philosophie semble confrontée à de nouveaux défis. Ces défis cependant ne sont pas nouveaux.

Ils sont intimement liés à l'histoire de la phénoménologie et consécutifs à la fin de la philosophie et la tâche de la pensée. Achevée et éloignée de l'homme avec Nietzsche au XIXe siècle, la métaphysique a fait place en 1900 chez Husserl à la pensée phénoménologique établie sur une conscience intentionnelle, que Heidegger oriente vers la religion.

Dans la postérité, la phénoménologie de manière générale abandonnera la religion pour ensuite connaître autour des années 1990, un autre virage appelé «tournant théologique» (Janicaud, 1990).

Reprochant à son tour au courant théologique de se corrompre par les préoccupations du siècle, il se développe depuis 2004 un renouveau de la phénoménologie de la religion (Camilleri, 2012). Celle-ci a pour ambition de revenir à ce qui, essentiel, a préoccupé les fondateurs de la phénoménologie.

Mais, de récents travaux visant plutôt à rectifier l'interdit anthropologique (dont parle Blumenberg) de Husserl et Heidegger entendent la vérité de la philosophie dans son tournant anthropologique.

Cette option pour l'anthropologique semble traduire le défi de l'humanisation de la philosophie. Laquelle pose le problème de l'inclination de la philosophie vers le religieux suivant un langage soit de Dieu soit d'Homme.

Cette tension en vue de la décision sur l'essence de l'homme touche autant Heidegger, l'histoire de la philosophie que le devenir de l'humanité. De celle-ci, il faut penser la relation au divin dans l'époque actuelle. Ce qui requiert un traitement radical du processus de la dé-théologisation des concepts philosophiques.

Ce processus, chez Heidegger lui-même, est inachevé. Il oscille dans la tension entre la théologisation du verbe poétique à partir de Hölderlin et l'herméneutique du sacré qui s'entreprend dans le commerce avec Trakl. Le processus de déthéologisation, le présent essai tente de le radicaliser en posant les sillons d'une herméneutique du sacré.

Nous ne sommes pas les premiers à développer une herméneutique du sacré. Historien des religions, Mircea Eliade a entrepris de présenter, en herméneute, la religion comme « l'expérience du sacré ». Il l'entreprit à partir d'une analyse de mythes. Loin d'y voir un mensonge, Eliade, dans *Le Sacré et le Profane* (Gallimard, Paris, 1956), comprend le mythe comme l'expérience du sacré.

Mais Eliade interprète le sacré essentiellement à partir de sa théorie de l'hiérophanie. Celle-ci « montre, manifeste la coexistence de deux essences opposées : sacré et profane, esprit et matière, éternel et non-éternel, etc. » (Eliade, 1968 (1949), p. 38). Tributaire de la théologie philosophique de Hegel, Eliade soutient que l'absolu se relativise, « s'historicise lui-même » (Eliade, 1972 (1957), p. 125), l'infini se limiterait en s'incarnant.

Or, c'est seulement là où, comme Eliade, l'on a commencé par opposer le divin et l'humain, le mortel et l'immortel, le limité et l'illimité, qu'on finit par thématiser un absolu se sentant obligé de se relativiser, de se limiter.

Il en est de même, mais en sens inverse, de l'humanité qui, se sentant par trop exploitée par de prétendus dieux, se croit en droit de s'absolutiser. H. Blumenberg (2005, p. 147) écrit : « L'isomorphisme mythique des hommes et des dieux est la « répercussion » consciente du processus d'abstraction métaphysique. Mais à peine encore avec l'objectif primaire d'ôter aux dieux leur caractère effroyable et de les rendre familiers, plutôt afin de tirer de leur existence une sorte de garantie de ce que l'homme *pourrait* être ».

Eliade nous semble ici même sous le coup d'une triple-méprise. Il est d'abord tributaire de la métaphysique opposition du spirituel et du matériel.

Ensuite, il n'accède comme tel pas à l'« herméneutique critique » dont la puissance consiste à donner congé à la « théorie générale, de rang supérieur, mais coupée d'une pratique » (Thouard, 2004). Ainsi de cette « herméneutique littéraire » que Szondi réfutait chez l'un des tout premiers herméneutes, Schleiermacher pour ce que, seulement formelle, « spirituelle », elle restait étrangère à l'« herméneutique matérielle ».

Eliade se place également sous la coupe non critique d'une pensée de la seule action, qui méprise la dimension passionnelle de ce qui, loin de se limiter, ne se donne qu'en compatissant.

Par où, relevant du champ de la dialectique, Eliade ne permet pas encore d'accéder au simplement phénoménologique comme fondement d'une herméneutique nouvelle du sacré. Celle-ci, parce que procédant de la pauvreté de l'humain, n'a point besoin de s'opposer aussi bien le profane, le métaphysique que l'hyperactif.

Bien au contraire, l'anthropologique herméneutique du sacré appartient à l'approche du sacré qui les prend en charge, un peu comme Heidegger le dit, en son ontologie fondamentale, de l'Être.

Pour notre part, ici, toutefois, l'anthropologique herméneutique du sacré s'offre dans un esprit pratique, existentiel, celui du sacrifice de soi gratuitement entrepris par un être de chair, par compassion et par simple humanité, pour le salut et la guérison d'un autre mortel.

On sait que dans l'histoire de la philosophie, autant l'ontologie a été dite non fondamentale, autant il en a été de l'herméneutique. « Si pour [...] Lévinas [...] l'ontologie n'est pas assez fondamentale (autrui lui fournissant un autre et nouveau fondement), pour [...] Ricœur [...] l'herméneutique est trop fondamentale (excluant dans la compréhension comme mode exclusif du Dasein tout autre mode de l'explication) » (Falque, 2011).

Chez Ricœur, l'on peut même s'interpréter comme un autre. Pour notre part, cet autre, c'est le virginal dont le visage, comme chez Levinas, m'oblige et ce, en tant qu'il est sacré. L'herméneutique où je me comprends à partir de la sacralité du virginal acquiert en ce sens un caractère fondamental.

Parce que ce qui s'esquisse dans le présent essai relève d'une telle approche, il appartient à un paradigme nouveau : l'herméneutique du sacré comme de la philosophie première qui fonde toute phénoménologie de la relation d'homme à homme, c'est-à-dire de la religion en son caractère fondamentalement anthropologique, autrement dit, qui fonde toute religion théologique conséquente.

Déjà, un auteur comme « Szondi prônait un retour à une herméneutique spéciale contre le fourre-tout que pouvait devenir l'herméneutique philosophique, servant de caution à des « interprétations » arbitraires, [...] comme lui-même l'avait montré dans ses études sur Hölderlin » (Thouard, 2004) ; ce dernier dont l'on sait que sa plastique fonde la pensée ontologique de M. Heidegger.

Ce n'est pas le seul commerce de Heidegger avec Hölderlin qui fait problème. « La lecture que Heidegger nous donne de la poésie de Trakl a soulevé les mêmes critiques que celle qu'il avait auparavant faite de Hölderlin : on l'a accusé dans les deux cas d'avoir procédé à une interprétation arbitraire et d'avoir à toute force voulu voir en eux des porte-paroles de sa propre vision de l'histoire et de la modernité » (Dastur, 2004).

De fait, une interprétation hölderlino-eliadienne du sacré, qui puise aux ressources métaphysico-dialectiques de la philosophie, sous-estime la nouveauté inhérente à l'anthropologique nécessité de parvenir poétiquement au phénomène même de l'humain.

L'humain apparaît comme le cœur même du divin. Cette nécessité ne se dit ni dans l'opposition entre le divin et l'humain, encore moins du spirituel au matériel, tout comme de la parole fondamentale au silence fondamental voire du masculin au féminin ou encore de la mortalité avec la natalité.

Aussi, pour pouvoir mettre en perspective l'herméneutique nouvelle du sacré comme philosophie première, il convient de relier rationalité conceptuelle et vérité plasticienne dans l'expérience du dialogue entre mortalité et natalité telle que restituée par les modélisations de la parole dans le poème de G. Trakl intitulé «Silence ».

Cette lecture vise à dépasser les lectures de l'anthropologie (Dastur, 2003) heideggérienne qui en inclinent le logos vers l'action (Dastur, 2007), Hölderlin (Dastur, 1997) et par ricochet Nietzsche et la force dialectique de l'intelligence de l'homme en oubliant la passion qui est simple accueil de l'originaire.

Et si la com-passion, comme accueil de l'originaire par l'originel, disait la modalité nouvelle et appropriante de la pensée, du coup parvenue à l'agir fondamental qui constitue son essence ? Et qui la constitue au sens où cet agir, pour être fondamental, est tout sauf théorique, étant essentiellement une pratique !

Heidegger (1966, p. 68) a écrit : « La pensée agit en tant qu'elle pense ». Pour notre part, la compassion agit en tant qu'elle compatit. « Cet agir est [, comme la pensée chez Heidegger,] le plus simple en même temps [non pas] le plus haut » (*Idem*) comme ce fut le cas chez Heidegger, mais le plus humble, en tant qu'il assume le penser comme agir depuis l'essence.

Plus humble est ce qui concerne, non pas « la relation de l'Être à l'homme » (*Idem*), mais de l'Essence du divin à l'Homme.

Lequel relève du «pays des ingénérés» (Dastur 2004), pays des Trois personnes constitutives du Dieu unique et vrai. Ce pays, bien qu'étant celui de ceux qui ne sont point soumis à la génération, est, originellement cependant, habité par l'originairement générée que constitue l'Étant humain, de qui naît l'un des trois ingénérés lequel, par-là, à la fois, con-naît la génération, apparaissant le premier né du pays des générés.

Ces ingénérés, jadis imparfaitement assimilés aux dieux grecs, sont côtoyés par l'originairement générée, c'est-à-dire l'humanité primitive. L'originairement générée nous semble plus que le propre du seul «occident» prétendument «en latence» (Dastur 2004). N'est-ce pas cette latence qui se donne comme avenir le prétendu dieu heideggérien devant sauver l'humanité occidentale, laquelle pourtant, dès son commencement, est grosse du passé d'un démiurgisme prométhéen caractéristique de l'hubris, cette démesure à la source de la violence inaugurale de son histoire ?

Pouvoir penser l'origine des ingénérés, ce sera accéder au préhistorique peu ou prou à partir de la poésie de Trakl, une origine jusque-là approximativement approchée par la phénoménologie poétique de Heidegger.

De la sorte, les thèmes du «déclin, de la nuit et de la mort» qui dans «Révélations et déclin» sont lus comme ambigus par Heidegger et Dastur (2004), trouvent leur vérité dans une radicalisation du heideggérianisme à même d'y déceler les sources de l'éveil, l'aurore et la naissance d'une époque nouvelle. Des sources pourtant présentes dans «Un soir d'hiver» et «La parole» de Trakl, interprétés par Heidegger. Mais pourquoi Trakl ?

« Georg Trakl, qui est né et a vécu en Autriche [...] est sans doute après Hölderlin le poète dont Heidegger se sent le plus proche et auquel il voue la plus grande admiration » (Dastur, 2004).

La lecture spécifique que nous proposons de la poésie de Trakl s'inspire des ouvertures de l'ontologie de Heidegger aux images mythologiques (Agamben, 1997), – ces images dont l'effectivité est ontique – celles qui en particulier connotent du commencement et de l'indemne comme chez Parménide (Couloubaritsis, 1986) avec qui Heidegger aura commercé (Heidegger, 1954).

L'indemne propre à l'originel nous semble approchable dans l'unité de l'ontique et de l'ontologique, du réel et du mythique, du divin et de l'humain, unité telle qu'elle se comprend philosophiquement dans l'intelligence de l'unité de la mortalité et de l'immortalité, ainsi que l'homme, en son essence, partage le bonheur divin.

C'est ce que semble exprimer Blumenberg (2005, p. 148) dans *La raison du mythe*, lorsqu'il écrit : « Certes, les dieux sont immortels, mais cela n'est pas la présupposition essentielle de leur bonheur et ne peut l'être pour cette raison que la mort n'est plus considérée comme la quintessence du malheur humain ; elle en concerne le vivant absolument en rien. La différence entre mortalité et immortalité peut être réduite à néant grâce à l'intelligence philosophique ».

Par-delà les rapprochements métaphysiques entre Hölderlin, Trakl et Heidegger qui rangeraient ce dernier dans la catégorie des herméneutes non critiques, le regard phénoménologique permettra par exemple de voir dans les images relatives à l'azur, cette figure de la pureté du commencement telle que la poétique de Trakl peut en être le lieu du dire.

En effet, « un des vers cités par Heidegger au sujet de l'azur le caractérise comme « heilig », saint ou sacré, et il faut se souvenir que ce terme chez Hölderlin ne doit pas être compris dans son sens courant, comme ce qui s'oppose au profane » (Dastur, 2004). Par où la redevance à l'hiérophanie eliadienne est-elle dépassable en perspective heideggérienne. Heidegger fait même de l'azur le sacré lui-même en tant qu'il dit non seulement le spirituel mais également la puissance de rassembler les apparemment opposés.

Loin donc de s'opposer au profane et de constituer « par là une autre région par rapport au mondain », la sacralité du *heilig,* que nous interpréterons dans le sens de l'indemne indemnisant, de l'entame non entamé qui accepte d'être compté parmi les entamés, se comprendra « dans son sens littéral ». Lequel « signifie l'indemne, l'intact, le non entamé, le verbe *heilen*, qui veut dire guérir, appartenant à la même famille que l'anglais whole, entier » (Dastur, 2004).

Toutefois, et si, pour pouvoir guérir, l'indemne non seulement mais également d'une inflexion herméneutique vers la poétique parménidienne du premier matin de la philosophie grecque ; celui-ci dont la radicalisation anthropologique fait voir celle en qui le christianisme reconnaît la plénitude de la grâce virginale, c'est-à-dire Marie de Nazareth. Maintenant, et si l'on faisait place au poème ?

II. LE « SILENCE » ET SES IMAGES PLASTIQUES

« Silence »
« *Au-dessus des forêts scintille, blême,*
La lune qui nous fait rêver,
Le saule au bord de l'étang sombre
Pleure sans bruit dans la nuit.
Un cœur s'éteint –et doucement
Les brouillards affluent et montent-
Silence, silence » (Trakl, 1972, p. 306)

Dans ce poème, il est question de la lune qui d'ordinaire nous fait rêver, mais qui désormais semble appeler au silence. En effet, faut-il « rêver »? L'entour est « sombre ». Nous sommes dans la « nuit ».

Quel affect hante l'atmosphère alentour ? Tout au moins se note la brumeusité croissante des « brouillards ». Quelle est l'étendue de ces brouillards ? Les brouillards « montent » « au-dessus des forêts », ils « affluent » et atteignent la cime de nos « forêts ».

En pareille heure, pouvons-nous rêver d'heures autres ? Nous, de coutume si bruyants, restons étrangement « sans bruit » alors que la « nuit » du monde est avancée. Nous sommes, « dans la nuit », « au bord » de l'« étang », mornes. Mais en cette heure-ci, que se passe-t-il ? Qu'ad-vient-il ? Où sommes-nous ?

Y a-t-il événement ? Oui, il y a occurrence d'un ad-jointement : « Un cœur s'éteint », et « La lune [...] pleure ». Mais où est-elle donc, « la lune » ? « Au-dessus » des forêts, elle est. Elle n'est pas dans « la forêt ».

Et qu'en est-il de la situation fondamentale de « la lune » ? « Heureusement, pourrait-on dire, elle n'est pas sous l'emprise des « brouillards » ». Mais hélas, elle semble aussi affectée ...elle est « blême ».

On voit qu'elle « scintille » cependant qu'il semble s'être passé quelque chose en elle aussi. Elle est maintenant « blême ». D'où lui vient cette teneur particulière ? D'où vient que la lune soit « blême » ? ...Ajoutons qu'elle « pleure ».

Que pleure « la lune » ? « Un cœur s'éteint ». Mais quoi, alors ? Celle que « les brouillards » ne peuvent atteindre vu son positionnement « au-dessus des forêts », comment se fait-il qu'elle puisse blêmir, scintillant à l'heure où « un cœur s'éteint » ?

C'est en l'événement de l'arrêt d'« un cœur » qu'« elle pleure ». Pleurant, « la lune » se fait « saule ». Celle qui par nature « nous fait rêver » partagerait-elle notre lot, à « nous » qui sommes « dans la nuit » ?

Au plus fort de « la nuit », « scintille » ce dont les clignotants teintent par moments « l'étang » : pour « nous » autres plongés dans ces « brouillards » dont les affluences « doucement » -c'est-à-dire en réalité impérieusement- « montent », « la lune » est signe scintillant, clignotant encore… vers l'ailleurs.

…Pour nous autres hommes d'ordinaire véhéments, bavards ... mais aujourd'hui affrontés à la solitude des brouillards de la mi-nuit, advient comme événement (tranchant d'avec l'enténébrement de notre pseudo-cœur) une parole de type autre : le « sans-bruit » du pleur de « La lune ».

« Silence, silence », finit-on par entendre. D'où vient cette parole ? Peut-être est-elle hors poésie ? Peut-être en effet ; c'est l'auteur qui vient de se prononcer. Pourquoi un appel au silence ?

« Silence », tel est le titre du poème. De qui est ce poème ? Il est de Georg Trakl. Que dit G. Trakl dans ce poème dénommé « Silence »? Il énonce une complainte orchestrée à quatre temps : à savoir que *1)* « nous » sommes dans la nuit… que *2)* « les brouillards » montent, que *3)* « un cœur » s'éteint, et que *4)* « la lune pleure sans bruit ».

Ces quatre rassemblés dans et par la parole imagée (parle à nous, adressée) : « nous » et « un cœur », « la lune » et « les brouillards », participent peut-être d'une réalité à la fois unique et multiple. Laquelle ?

III. LES SYMBOLES DU QUADRIPARTI DE HEIDEGGER DANS LA POÉTIQUE DU « SILENCE » DE TRAKL

D'emblée, ces quatre symbolisent ce que Heidegger appelle « le Quadriparti ». Qu'est-ce que le Quadriparti ? On peut le présenter comme l'habitation terrestre -c'est-à-dire en modalité céleste- de la terre par les hommes. Pour Heidegger en effet, « les mortels sont dans le Quadriparti lorsqu'ils habitent » (Heidegger, 1952, p. 177). Habiter c'est demeurer dans le quadriparti ou « Geviert ».

Dans ce sens, ce qui apparaît chez Nietzsche comme privation de pays, à savoir l'habitation non-terrestre de la terre pour Heidegger donc, ne sera même pas une véritable habitation de la terre. Or c'était le logos nietzschéo-hölderlinien qui pourtant guidait Heidegger dans son ontologie jusqu'avant 1939.

Année à partir de laquelle Heidegger désormais peut faire place au sacré comme tel. Cela à partir de Trakl et notamment grâce à ce que Greisch (1983) caractérisera comme une «herméneutique du sacré».

S'il est possible d'habiter un pays sans habiter la terre de ce pays, l'on peut parler d'une habitation privative de la terre, opposée à l'habitation poétique telle qu'elle s'exprime dans ce poème de Trakl qui illustre la puissance du sacré qui meut les quatre et qui nous occupe ici. Les Quatre en questions dans ce poème de Trakl, ce sont : d'abord, ceux que désigne le pronom personnel « nous ».

Nous autres... mortels, en engendrement par le silence de la parole

Nous autres, sommes destinalement peut-être semblables au cœur qui « s'éteint ». Ce que désigne le pronom personnel «nous», ce sont les mortels. Mais qui sont les mortels ? Pour Heidegger, « Les mortels sont les hommes. On les appelle ainsi parce qu'ils peuvent mourir.

Mourir veut dire : être capable de la mort en tant que la mort. Seul l'homme meurt » (Heidegger, 1952, p. 177). Pour Heidegger, l'homme « meurt continuellement, aussi longtemps qu'il séjourne sur terre, sous le ciel, devant les divins » (Heidegger, 1952, p. 177).

Ce séjour est vraiment sur terre lorsqu'il est un continuel « faire mémoire » (Heidegger, 1941-1942) de ceux qui se sont sacrifiés pour soi, c'est-à-dire les proprement divins. Alors seulement l'homme embrasse la mortalité comme son être-propre. Or celle-là est communautarisation aux divins immortalisés.

...face au danger symbolisé par le démiurgique bavardage du brouillard (pseudo-divin)

Ensuite, ces « brouillards » qui, (re)venus d'en bas, montent et couvrent la forêt, ils expriment quelque chose de plus que de simples mortels : les divins. Pour Heidegger, « Les divins sont ceux qui nous font signe, les messagers de la Divinité.

De par la puissance sacrée de celle-ci, le dieu apparaît dans sa présence ou bien se voile et se retire » (Heidegger, 1952, p. 177). Les divins peuvent soit laisser apparaître le dieu soit le voiler.

Il existe donc deux types de divins. Or nous avions vu que chez Heidegger les divins peuvent être des hommes. Qu'en est-il de la lune ? Serait-elle aussi du divin ?

La figure médiane de la lune et son silence : site de l'originaire parole du cœur où communient ciel et terre

Cette chère lune, elle, silencieuse, mais susceptible de pleurer, ne partage-t-elle pas par ce dernier aspect, la dimension des mortels ? Toutefois, dans les divins perçus comme brouillant à présent le monde, se dit une réalité possiblement en dessous de « la lune » (postée « au-dessus des forêts » symbolisant la dimension mortelle).

C'est que « la lune » partage la dimension des divins, mais d'une façon autre que ces brouillards qui recouvrent la dimension des mortels. La lune n'est-elle pas et mortelle et divine ? En effet !

Si on estime que les divins habitent le ciel et les mortels la terre, en conséquence la lune devrait être à la fois terrestre et céleste. Mais qu'est-ce que le ciel ? Qu'est-ce que la terre ? En quoi la lune est-elle à la fois céleste et terrestre ? Avant tout, qu'est-ce que le ciel ?

Le ciel. Pour Heidegger, « Le ciel est la course arquée du soleil, le cheminement de la lune sous ces divers aspects, la transformation brillante des étoiles, les saisons de l'année et son tournant, la lumière et le déclin du jour, l'obscurité et la clarté de la nuit, l'aménité et la rudesse de l'atmosphère, la fuite des nuages et la profondeur azurée de l'éther » (Heidegger, 1952, p. 176- 177).

Comment comprendre ce que Heidegger entend comme le ciel ? Nous proposons un détour : le dialogue de Heidegger avec les philosophes de l'idéalisme allemand en leur interprétation de la poésie grecque à l'aube de l'idéalisme allemand.

Sans ici entrer dans le détail de ce dialogue, renvoyant à Taminiaux (1967), nous voudrions simplement le relire suivant notre méthode du symbolisme anthropologico-littéraire.

Dans ce sens, le ciel où chemine la lune, ce ciel qui informe les étoiles (image des mortels venant ainsi au jour) à qui il donne la clarté de leur brillance, ce ciel qui cache les nuages (symbole des démiurges dont la fureur peut nuire aux mortels), ne serait-il pas le symbole -on le verra, du « cœur » (dont la parole est éclairante) qui dans « sa course arquée » comme « soleil », sait passer dans son autre : la « nuit » (symbole du lieu du mourir) à qui il fournit de sa « clarté » en con-naissant « la profondeur » de cette nuit où il meurt.

Ainsi arcboutée, la course céleste du soleil traversera ses frontières limitatives (Couloubaritsis, 1986) et entrera dans son autre qu'est la nuit (Heidegger, 1954), lot des mortels.

Ainsi, « l'éther » du ciel et « la profondeur » -disons-le de la terre, adviennent ensemble.

Ici se comprend aussi l'unification (hégéliano-schellingienne) célébrée par Depré (2004), ce qui se traduit par la « profondeur azurée de l'éther ». En effet, les deux : « éther » et « profondeur », images de la clarté (céleste) et de la nuit (terrestre) en unité, possible symbole de l'originaire dans lequel l'humanité advient, ne font-ils pas penser à « l'immanence existentiale » (Heidegger, 1927) heideggérienne ? Comment cela ?

Là où en perspective schellingienne, les « nuages », symbole du malfaisant (Taminiaux, 1995) auraient pu être avec la clarté azurée (symbolisant le bienfaisant), il faut se tourner vers le kantisme heideggérien (Taminiaux, 1965) pour voir dans la profondeur (nocturne) de l'éther (situé en hauteur) le lieu d'un dépassement, d'une transcendance du soleil qui réalise anticipativement dans la nuit terrestre son avenir.

C'est que, tout comme chez Kant où la faculté d'«imagination» est rendue capable (par le concours de l'entendement) de spontanéité, de clarté lumineuse donc, de même le secret recelé par « le cheminement de la lune sous ses divers aspects » attend-il d'être révélé.

Mais pour l'heure, il convient de dire ce qu'est la terre pressentie dans la profondeur pourtant rapportée à ce qu'il y a de plus haut et de plus pur : l'éther. Qu'est-ce que la terre ?

La terre. Heidegger écrit : « La terre est celle qui porte et qui sert, elle fleurit et fructifie, étendue comme roche et comme eau, s'ouvrant comme plante et comme animal » (Heidegger, 1952, p. 177). Qu'est-ce que la terre pour ainsi porter et faire fructifier ?

Si on a vu le ciel dire chez Heidegger « le cheminement de la lune », de quoi les « divers aspects » de ce cheminement nous informent-ils ? Du *fondement* du ciel comme habitat ! Ce fondement, c'est la lune.

Car, si le ciel est unitairement « la course (...) du soleil » et « le cheminement de la lune », n'est-ce pas qu'en sa course qui meurt dans la « profondeur » de la nuit, le soleil rencontre la lune ?

N'est-ce pas cet être-auprès de la lune qui confère au soleil de demeurer azuré comme « l'éther » au cœur même de la profondeur où tout d'ordinaire meurt ? De ce point de vue, et si le soleil était l'un « des divers aspects » de la lune ?

Or, pour être en phase avec le poème de Trakl, c'est seulement dans la profondeur de la mortalité que se rencontre la lune. Partant, la lune doit dire la mortalité originaire c'est-à-dire la profondeur pure où tient l'humanité. Cette profondeur pure, ne relève-t-elle pas de l'éther ?

Or le site de la profondeur mortelle est le lot qu'il faut à partir de Heidegger accorder à l'homme. Par conséquent, dans la pureté azurée de la profondeur lunaire est la demeure où habitent unifiés célestes et terrestres.

C'est donc l'être-ensemble communiel de la lune avec le soleil que signe l'arc-en-ciel, arc du soleil à la course arquée.

C'est de l'être-avec de la lune demeurant auprès du soleil que sont nées les aspérités de la lune. Celles-ci ne sont autres que les mortels. La lune est ce qui porte la mortalité, elle est le site de l'immortalité. Ce site a pour symbole le soleil. C'est l'« Un-Tout ».

En conséquence, ce que Heidegger entend comme « la terre » qui « porte et qui « fleurit et fructifie », c'est la lune. Pour faire fleurir et fructifier, il faut avoir le principe de l'immortalité en ou avec soi.

La terre originaire est dès lors céleste. C'est pourquoi elle fait signe vers la lune. La lune unifie le céleste et le terrestre. L'aspect terrestre du soleil, ce dernier le tient de la lune, vu qu'en son essence qu'est l'immortalité symbolisée par la lumière, il ne peut avoir en soi son contraire : la mortalité.

De même l'aspect céleste des mortels que sont les hommes, ceux-ci le tiennent de la lune. La lune est le principe d'unification du ciel et de la terre de même que chez Kant « l'imagination transcendantale » est le principe d'unification de l'entendement et de la sensibilité.

Quant à ce « cœur », lui qui s'éteint dans le silence (de la lune) faisant face aux embrouilles (de la montée des brouillards), de quelle nature est-il ?

Le cœur, symbole de la parole qui parle dans le silence de la lune

Pour s'éteindre, le cœur doit être mortel. Quand il s'éteint, les brouillards s'élèvent. Il faut se demander si la mort de ce cœur -symbolisée par le fait de s'éteindre- n'est pas la condition de l'éveil des brouillards qui s'étendent sur la condition mortelle. En cela le cœur est de condition immortelle.

La mort du cœur est l'événement qui met en mouvement la timide levée puis la progressive avancée de la confusion symbolisée par le brouillard. C'est « doucement », comme étant lui-même surpris que ce qui brouille le monde se répande sur la condition mortelle. Tout se passe comme si l'événement de la mort du cœur était un accident. La mort du cœur est. La mort est. Le cœur est (un) mortel.

L'être de la mort est le silence des célestes. Un silence dont le point culminant est le scintillement de la lune. Le scintillement de la lune est signe. Il est désormais l'unique signe fait aux mortels.

Le silence est parole. Le silence par scintillement, parle aux mortels en leur indiquant le chemin... Sauf que le verbe silencieux est blême. La lune a blêmi de la mort du cœur. Pourquoi et comment cela ?

Cela, c'est à l'*Acheminement vers la parole* qu'il faut se référer pour le comprendre : ce, en voyant dans la lune ce que Heidegger présente comme étant le seuil, et en voyant dans le cœur, la porte du lieu où communient les habitants du ciel et de la terre.

Heidegger écrit : « Le seuil est l'assise racinale qui soutient la porte tout entière. Il maintient le milieu où les deux, dehors et dedans, s'interpénètrent. Le seuil porte l'entre-deux. En sa solidité s'ajointe ce qui, dans l'entre-deux, sort et entre » (Heidegger, 1959, p. 30).

La lune, en son silence, apparaît comme le seuil de la porte du cœur. Et, ce silence est l'unique parole comme signe à l'adresse des mortels. Si le silence de la lune est « sans bruit » et qu'il blêmit à l'événement de la mort du cœur, c'est que la céleste qu'est la lune est soumise à la lumière de la parole qui provient du « cœur ».

On comprend un peu mieux pourquoi la lune qui est au-dessus de l'ordinaire des mortels pleure à la mort du cœur. Comme dit, c'est que pour être une céleste, elle n'en est pas moins mortelle. La condition céleste de la lune lui vient certainement du cœur.

Le silence de la lune est signe vers la plénitude de lumière qu'est la parole du cœur. Et pourtant le cœur meurt. En cela, la lumière du cœur est une plénitude non totalement pleine. La lumière du cœur contient, voilé, le silence de la lune. La mort du cœur est l'événement du dévoilement de l'être de la lune.

Ce silence qui parle dans la lune contient aussi, voilée, la plénitude de la parole du cœur. Le silence de la lune dévoile l'être-parole qu'est le cœur. Le silence de la lune est la parole de celui qui parle réfugié dans la lune. Le silence de la lune est le site de la plénitude de la parole qu'est le cœur.

La relation du cœur et de la lune : intimité de la parole et du silence

Quand s'éteint le cœur, se tait la parole. Alors parle « sans bruit » la lune. De la mort du cœur qu'est son silence comme parole de type autre, naît à l'être de la parole la lune. Dans le registre des naissances, au chapitre des actes ultimes de parole, est portée la mention : silence.

La lune a pour identité le silence. La lune est engendrée (dans) par la parole. Le silence est engendré dans le cœur. La lune est engendrée dans le cœur. Quand la parole est là, la lune y est contenue (telle en regard du soleil qui l'éclairerait s'il faisait jour).

Le silence de la lune est retenu dans la parole du cœur. Il faut que la nuit advienne. Il faut que la parole se taise pour que le silence parle. Mais, recevant la parole, ce silence ne parle pas. Trakl souligne qu'il est sans bruit. Il n'a rien à dire. Il ne parle pas de lui-même.

Le silence est la parole du cœur. Il parle silencieusement à ce qui est dans le (au) cœur. Le silence parle du cœur. Ce « du » dit que le silence se tient vraiment dans le cœur. Et c'est de là que silencieusement, il parle. L'être de la lune est le silence. C'est au cœur que le silence parle, il est adresse et retour. Il s'adresse au cœur, il retourne au cœur.

Un tel silence est ce qui laisse re-venir à lui-même ce qui a parlé : le cœur. Le silence laisse aller à elle-même la parole. Le silence est lieu, il est le site du cœur.

L'entrée de la parole dans le silence et la naissance de l'humanité

Le silence est la matrice qui engendre la parole. Dans le silence, rigoureusement, ce n'est même pas la lune qui engendre la parole. Non : dans le silence s'auto-engendre la parole.

Mais l'auto-engendrement n'est pas un engendrement de type ordinaire. Sinon il n'y aurait pas deux mots pour exprimer ce qui est engendré et ce qui s'engendre soi-même.

Qu'est-ce à dire sinon que dans le silence la parole se présente comme ce qui est vraiment engendré par quelque chose qui en fait procède de lui. Ce quelque chose, c'est la lune dont le silence est l'engendrement de la parole.

Bref, la lune qui est une mortelle en ce qu'elle est susceptible de blêmir et de pleurer et d'être « sans-bruit », c'est-à-dire de pâtir en com-patissant, la lune donc en son silence engendre la parole à elle-même. Le silence (relevant de la lune) de la parole (du cœur) ap-proprie la parole à elle-même.

La parole se fait ainsi mortelle, et sa mortalité est la naissance dans le silence. Mais ce à quoi naît alors la parole n'est point la parole à son état pré-mortel. La parole qui est engendrée dans le silence comme état second de l'être-parole -cette parole ad-venue par pro-cession du silence, est humaine.

L'humanité qui naît dans le silence de la parole en train d'être engendrée par la lune est l'humanité primitive symbolisée par la lune. Le mot primitif est à entendre en son sens essentiel, c'est-à-dire fondamentalement pré-séant mais qui familiarise (Schelling, 1809) l'homme avec son essence.

Or l'engendrement de l'humanité qui parle dans le cœur, la naissance à la mortalité qui dit l'humanité, advient dans la mort de la parole primitive qui n'est autre que son silence. Et c'est de par l'événement de l'extinction, mieux du silence de la parole que celle-ci accède à l'humanité.

C'est en cela même que le cœur devient cœur d'homme. En cela aussi la lune devient mortelle. Qu'est-ce à dire sinon que la mort du cœur est l'engendrement de la lune appelée du nom de silence par la primitivement immortelle qu'est la parole pré-mortelle.

Qu'est-ce à dire encore sinon que la mort du cœur est l'engendrement de la parole à la mortalité comme partage de la condition mortelle -cet engendrement on peut le signifier dans la réception par le cœur du nom de (fils de) mortel ; un nom reçu dans le silence comme lieu matriciel de la parole intra-mortelle qu'est le silence.

Qu'est-ce donc que la parole symbolisée par le cœur ? Comme cœur, la parole est mortelle lorsqu'elle pro-cède de la matrice mortelle qu'est le silence de la lune. Comme cœur, la parole est aussi immortelle lorsqu'elle pro-cède de la matrice immortelle qu'est le silence primitif dont procède l'immortalité de la lune en sa condition céleste.

N'est-ce pas alors qu'on est amené à dire que pour pouvoir engendrer le cœur à la mortalité, il faudrait que la lune participe déjà de l'immortalité ? Sinon il n'y aurait pas un cœur qui serait distinct de sa matrice qu'est la lune. Autrement dit, il n'y aurait pas une parole qui serait distincte du silence.

Trakl serait-il le poète des poètes qui, en substitution à Hölderlin, intéressera le XXIe siècle ? Quoi qu'il en soi, des quatre éléments de son poème analysés suivant ce qu'a fait Heidegger au sujet de Rilke comme ami de la maison (Heidegger, 1946), -ce qui renforce la pertinence de notre travail, on obtient ceci : nous (les hommes) sommes les mortels.

Les brouillards symbolisent ceux des divins qui sont plus que les hommes, mais moins que la mortelle qu'est la lune. Le « brouillard » fondamental serait-il la marque des demidieux qui règnent dans la pensée du surhomme? Lesquels peuvent avoir influencé l'ontologie de Heidegger jusque dans sa pensée des dieux nouveaux. La lune pour sa part est apparue la mortelle immortelle : la céleste.

Quant au cœur, c'est le nom poétique de ce mortel que l'on ne sait pas s'il est un Dieu, puisque contrairement à Dionysos dont l'on connaît en Zeus le père, du cœur, l'on ne connaît que la mère, à savoir la lune. Le cœur n'est pas un démiurge.

Il serait trop facile d'y voir l'image du Christ. Contrairement à ce que postule Heidegger qui fait du Christ un des trois ailés substantiels : Dionysos, Héraclès et le Christ (Heidegger, 1946).

Et pour cause : pour être par un côté autre que la lune mortelle, le cœur appartient à un ordre de réalité qui n'est pas celui des dieux grecs, encore moins du Dieu chrétien médiatisé par la conceptualité grecque et sa philosophie.

Or le problème congénital de la philosophie est que l'on y fait si facilement entrer Dieu. Pourrait-on ne s'intéresser qu'à l'humanité en philosophie ?

Un autre intérêt de cet essai est que la voie humaine peut être salutaire. Ce, en une vision non plus grecque (Motte, 1993), mais contemporaine du lien entre poésie, philosophie et religion.

Chapitre 3 :

LA NAISSANCE DE L'HUMAIN. SUR M. HEIDEGGER ET L. COULOUBARITSIS

Ce chapitre s'appuie sur l'ontologie contemporaine, celle de Heidegger, pour traiter de physiologie cosmique. D'emblée il convient de relever que c'est d'Héraclite (-576 à -480) et l'École d'Ionie (-VIè – Vè) dont les savants construisirent des cosmogonies matérialistes pour expliquer l'univers à partir d'un principe premier (arkhê / ἀρχή), généralement un des quatre éléments –terre, air, eau et feu– que découle le savoir occidental sur la physiologie.

Héraclite en effet était l'un des physiciens ou naturalistes encore nommés *Physiologues*. Cette dernière terminologie se comprend à la lumière des racines grecques qui la composent : la *« Physis »* et le *« Logos »*. La *«Physis»* témoigne de la nature en tant qu'elle croît, change et évolue. Quant au *« Logos »,* il renvoie au discours qui porte sur les choses et s'entend aussi comme la science qui fait le lien entre les phénomènes du cosmos en son unité. Mais quid du lien entre logos et physis, Héraclite et Heidegger ?

Il faut relever que Heidegger consacre explicitement une conférence au *Logos* qu'il entend comme le « rassembler » et le « réunir »[41]. Mais est-il légitime d'élire les penseurs occidentaux et qui plus est quasi idéalistes pour une réflexion sur la physiologie cosmique ?

À ce sujet, on pourrait nous objecter que c'est suivant un choix arbitraire que l'on voudrait faire débuter la philosophie avec Socrate, et non plus les mathématiciens et autres astrologues et astronomes anciens, c'est-à-dire avec l'idéalisme

---

[41] M. HEIDEGGER, *Vorträge und Aufsätze,* Pfullingen, 1954 *: Essais et Conférences* (1954), traduction française par André PREAU, préface de Jean BEAUFRET, Paris, Gallimard, 1958, p. 251.

grec, et non pas Pythagore héritier des savants Égyptiens, que les penseurs de l'école naturaliste dont Héraclite et Parménide furent *a posteriori* nommés *présocratiques*.

Pour notre part, loin de tout débat d'École, pouvoir mettre en relation l'astro-physiologie antique - fût-elle idéellement héraclitéenne ou matériellement pythagoricienne - avec l'astro-physiologie contemporaine a au moins pour intérêt de montrer que partir de l'ontologie de Heidegger, lui qu'un exégète présenta comme un mutant de la pensée[42], permet de parvenir au rivage de l'émergence d'une nature nouvelle.

Heidegger, se tenant, à la manière d'Héraclite, à la jointure frontalière *entre les mots et les choses*, entre ce qui nomme et la nature nommée, Heidegger peut-être en appelle au lieu de l'unité entre idéalisme et naturalisme, entre pensée et science, entre idée et action, entre philosophie et physique, entre idée et être.

De manière plus précise, dans cette étude, nous souhaiterions signifier que le site où aboutit la pensée de l'être lorsqu'elle est en débat avec l'idéalisme poétique, antique grecque ou contemporain allemand, peut aussi être une physique de l'émergence de l'humanité.

Au sein de la pensée contemporaine, une telle physique pointe avant tout au sien de la philosophie de L. Couloubaritsis qui, disciple d'Aristote, est plus proche de Pythagore que Socrate ; Couloubaritsis chez qui il est mythologiquement question d'une déesse dont le philosophe parle en un débat avec Parménide.

Au sein de cette unique pensée contemporaine, l'ontologie relative à l'émergence de l'humanité pointe également au sien de la philosophie de M. Heidegger, qui plus disciple de Platon que d'Aristote, est davantage proche d'Héraclite que de Pythagore ; Heidegger dont le texte sur Héraclite fait tout

---

[42] *Cf.* J. GREISCH, *Heidegger entre les mots et les choses*, Beauchesne, Paris, 1987.

aussi bien mention en manière de mythe, de la déesse en question.

Toutefois, pour véritablement poser la question de l'émergence dans une direction de sens qui touche le monde du savoir actuel, devrait-on se contenter d'un débat entre les seuls philosophes ? Le dialogue avec les astro-physiologues contemporains apparaît de toute nécessité.

En conséquence, si la question directrice du présent essai, ainsi que cela transparaît, est celle de la naissance de l'humanité en émergence – ce qui se traduit dans le passage de l'ontologie à la physiologie – cela finalement à partir d'un dialogue entre Heidegger et l'astrophysiologie contemporaine, il convient de poser cette question en commençant par la présenter à la fois poétiquement et mythologiquement chez L. Couloubaritsis.

À l'incipit du chapitre III du livre de L. Couloubaritsis intitulé *Mythe et philosophie chez Parménide*, chapitre à l'intitulé tout évocateur, à savoir « L'émergence d'une nouvelle physique »[43], il est en effet question d'une déesse quelque peu étrange sur laquelle il nous plaît d'attirer l'attention du lecteur.

Cette déesse, ainsi que le souligne L. Couloubaritsis, après avoir écarté « la pensée errante et les croyances erronées des « races sans discernement » (c'est-à-dire des « mortels du fr. 6 [du Poème de Parménide]»), « cesse » de dire et de penser l'être, pour prendre une nouvelle « origine » : indiquer [...] par des paroles [...] les considérations d'une nouvelle, d'une autre race de mortels »[44].

Pour notre part, si la parole, le *logos* originaire de cette autre race de mortels en émergence chez le Parménide de L. Couloubaritsis n'est pas d'abord le fait de l'homme, mais

---

[43] L. COULOUBARITSIS, *Mythe et philosophie chez Parménide*, Bruxelles, Ousia, 1986, pp. 259- 351.

[44] *Ibid.* , p. 261.

d'une déesse comme le souligneront les voix les plus autorisées tant en matière d'ontologie que de philosophie antique, en revanche cette même <déesse> dont on verra l'Héraclite de Heidegger parler au sens de la *Dikè* ou Justice, cette fois contrairement à ce que postulent les grands spécialistes, cette déesse, je voudrais donc soutenir à son sujet qu'elle n'est pas un Dieu, mais une image mythique du premier homme.

En clair, je veux montrer que la race des hommes, pour être pure, cette race originaire qui émerge entre ontologie et physiologie, entre métaphysique et physique, procède du premier homme, lequel précisément naît de l'humanité primitive et non point d'une déesse.

I. HEIDEGGER ET COULOUBARITSIS, LECTEURS DE PARMÉNIDE : UNITÉ DE LA PHILOSOPHIE CONTEMPORAINE RELATIVE À LA PROBLÉMATIQUE DE LA NAISSANCE DE L'HUMAIN

Dans le champ de la mythologie, il est bon de noter que L. Couloubaritsis, un des plus grands lecteurs de philosophie et mythologie antiques, présente Parménide comme premier métaphysicien et premier physicien. En conséquence, si la présente réflexion veut s'appliquer au thème de l'émergence ontologique du cosmos et de l'homme, elle a pour toile de fond un débat de Heidegger avec Parménide quant au rapport logos/être, dans une pensée du devenir seule servante de l'émergence des choses et de l'homme.

Mais, et s'il ne s'agissait que d'un simple mythe qui n'aurait rien à voir avec la naissance effective de l'humanité? Mieux, est-il question de l'être de l'humanité réelle ou simplement d'un simulacre d'humanité? Autrement dit, serait-il question d'« une physique du vraisemblable » qui comme certains interprètes l'affirment après Reinhardt, accorderait

« une certaine valeur à la voie de la *doxa* »[45] , celle-ci qui demeurerait étrangère à la chose-même ?

Si cela était, on ferait du « chemin de la Doxa (…) une variante du chemin de l'être »[46]. Or, observe L. Couloubaritsis, ce serait là une façon de signifier « le lien nécessaire de l'être et de l'apparaître »[47]. Thèse qui pour L. Couloubaritsis a été « introduite par Heidegger »[48]. Que l'être et l'apparaître puissent être liés, c'est le chemin interprétatif qu'emprunterait Heidegger selon L. Couloubaritsis.

Pour le dire avec ce grand spécialiste d'Aristote, ce chemin conduirait Heidegger à démontrer dans l'introduction d'*Être et Temps,* que l'être et l'apparaître adviennent dans le même temps.

Heidegger lui-même écrit : « Pour l'entente du concept de phénomène qui sera la nôtre, l'essentiel est de voir comment les deux significations de ce qui est nommé (…) (le « phénomène » se-montrant et le « phénomène » semblant) sont, de par la structure, d'un seul tenant »[49].

Or, contrairement à l'opinion de L. Couloubaritsis, il me semble que cet essentiel dont il est question ne restitue pas le sens original que Heidegger pour sa part voudrait donner au mot « phénomène ».

C'est pourquoi Heidegger écrit tout de suite après ceci : « Dans notre terminologie nous attribuons le nom de « phénomène » à la signification positive et originale de […] afin

---

[45] *Ibid.* .

[46] *Ibid.* , p. 36.

[47] *Ibid.* .

[48] *Ibid.* , note 51.

[49] M. HEIDEGGER, *Sein und Zeit* (1927), édition séparée, Max Niemeyer Verlag, Tübingen, 1976. De la Gesamtausgabe : Vittorio Klostermann, Francfort-sur-le-Main, 1977 : *Être et Temps*, traduit de l'allemand par François VEZIN, d'après les travaux de Rudolf Boehm et Alphonse DE WAELHENS (première partie), Jean LAUXEROIS et Claude ROËLS (deuxième partie), Paris, Gallimard, 1986, p. 55.

de distinguer le phénomène du semblant qui est la modification privative de phénomène »[50].

Heidegger, ce faisant, distingue « apparition » (qui renvoie chez lui au semblant) et « apparaître » : « Ap-parition (*Erscheinung*) en tant qu'ap-parition de « quelque chose » ne veut donc justement *pas* dire : se montrer soi-même, mais au contraire que quelque chose, qui ne se montre pas, s'annonce à travers quelque chose qui se montre »[51].

Ceci dit, il faudrait rejeter la thèse qui « associe être et Doxa par la médiation de l'apparaître »[52]. Mais pourquoi ? Au nom du « devenir » ! Car autrement on célébrerait dans l'apparaître les réalités fondamentales dont on prendrait l'apparaître pour vrai du fait de les avoir fixées dans des noms. Toute chose qui est contestée par Parménide à travers le fragment 8[53].

Or la fixation du devenir de l'être dans l'apparaître que nous concevrions comme une « ontologie *doxologique*» est, comme le précise L. Couloubaritsis, d'inspiration platonicienne. Dans le *Timée* Platon en effet « parle à propos de sa « physique », d'un « mythe vraisemblable » (29 d) et de « raisonnements vraisemblables » (48 d). C'est en cela que Heidegger est platonicien comme l'a déjà révélé J. Taminiaux.

Néanmoins être platonicien ne signifie pas que pour Heidegger « être vraiment humain c'est apparaître »[54]. Comme le soutient J. Taminiaux, il faudrait simplement entendre par là que « l'être du *Dasein* en tant qu'il transcende l'étant peut lui apparaître »[55].

---

[50] *Ibid.* .

[51] *Ibid.* , p. 55-56.

[52] L. COULOUBARITSIS, *Mythe et philosophie chez Parménide*, *op. cit.* , p. 37.

[53] *Cf. ibid.* , n. 54.

[54] J. TAMINIAUX, *La fille de Thrace et le penseur professionnel. Arendt et Heidegger*, Paris, Payot, 1992, p. 118.

[55] *Ibid.* .

L. Couloubaritsis lui-même précise que cette vraisemblance est présentée par Platon à partir d'un degré de probabilité élevé (48d). De la sorte, ce qui à partir de l'ontologie de Heidegger s'esquisse ici en matière de physique de la naissance de l'humanité, on peut en rapprocher la vraisemblance de la vision parménidienne de la « physique », cette dernière qui comme l'entend L. Couloubaritsis après Verdenius et Untersteiner, en réalité recèle une positivité plus grande!

Mais pour passer de la vraisemblance à l'effectivité de la réalité, suffit-il que la probabilité platonicienne de la vraisemblance soit élevée ? Il faudrait en plus que cette transcendance heideggérienne de l'être de l'homme sur son étant soit manifestée non plus du seul point de vue de la dualité être/ étant, apparaître /apparence, mais plutôt dans le sens de leur unicité.

Ainsi le lien entre l'ontologie de la naissance de l'humanité et la physique de cette même naissance ne peut être plausible que si l'écart entre Heidegger et Couloubaritsis est comblé, autrement dit si la distance entre Platon, idéaliste et Aristote, réaliste est supprimée.

De manière plus précise, l'un des intérêts à articuler la pensée parménidienne à celle de Heidegger à partir de L. Couloubaritsis comme ébauché, est de parvenir à l'intersection de la pensée d'Aristote. Il s'agit précisément du rapport entre l'être et l'un, rapport entre l'ontologie et l'hénologie, rapport finalement de l'homme en regard du monde et de Dieu, rapport abordé à partir d'une mythologie du commencement de l'homme et du monde.

La problématique étant celle de savoir ce qui constitue la philosophie première, « l'ontologie ou l'hénologie ? », la première perspective est celle de Narbonne-Lévinas, bâtie à partir de l'axe Plotin-Platon.

À partir d'une exégèse du *Parménide*, Jean-Marc Narbonne fait de ce livre le dialogue théologique par excellence de Platon, celui où il défend sa thèse fondamentale, celle de l'Un supérieur à l'être, thèse d'ailleurs annoncée par une célèbre expression de la *République* parlant d'un principe "au-delà de l'être" (comme chez Levinas).

Les auteurs néoplatoniciens, Plotin et Proclus, notamment s'inscrivent dans cette ligne. Fort de la tradition néoplatonicienne, J.-M. Narborne discute alors la thèse heideggérienne de l'histoire de la métaphysique occidentale comme histoire de l'oubli de l'être. Pour le Néoplatonicien, n'en déplaise à M. Heidegger, une importante tradition a toujours dénié à l'ontologie un rôle de premier plan.

L'analyse des textes de Heidegger, en particulier les *Beiträge zur Philosophie*, consacrés à cette tradition platonicienne montrerait que Heidegger n'a jamais pris au sérieux l'effort néoplatonicien. C'est pourquoi à l'intention heideggérianisante qui voudrait faire de l'*Ereignis* (l'advenir) heideggérien l'identique de l'Un chez Plotin, J.-M. Narbonne oppose une fin de non recevoir[56]. En conséquence, avec J.-M. Narbonne on oppose vision théologique, vision ontologique, vision anthropologique et vision cosmologique des choses.

Mais *l'Ereignis* comme *ad-venir* ne confesse-t-il pas une certaine fidélité au devenir comme principe ? En conséquence, là où l'on met en rivalité Heidegger et Plotin, ontologie et hénologie, n'aurait-il pas été préférable de les penser de façon complémentaire ? Mieux, ne faudrait-il pas au contraire faire de l'Un la source tant de l'hénologie que de l'ontologie ?

La voie aristotélicienne s'avérerait dès lors salutaire. Cette voie n'est autre que « le chemin » de L. Couloubaritsis. Pour Lambros Couloubaritsis en effet, il est une complémentarité entre ontologie et hénologie. Ainsi qu'il le pense, il existe, une complémentarité « sans confusion entre

---

[56] Cf. J.-M. NARBONNE, *Hénologie, ontologie et Ereignis (Plotin - Proclus Heidegger)*, Paris, Les Belles Lettres (« L'âne d'or »), 2001.

ontologie et hénologie » (Couloubaritsis 1992, p. 513). Cela, Aristote le dévoile dans ses écrits. Qui peut sûrement nous aider à mieux articuler ce dont il est question, à savoir le rapport de l'homme au monde. Mais cela ne saurait être située comme une sphère *au même titre* que les sphères cosmologique et anthropologique.

Dès lors, si le projet « physique » aristotélicien dégage des structures, telles que la simultanéité, le contact, la consécutivité ou la continuité, là où le projet « métaphysique » en dévoile d'autres, tels que le même, l'autre, la différence, l'opposition, la contrariété, l'antériorité, l'universel, le particulier, le premier, etc., c'est parce que la *Phys.* doit faire prévaloir, à travers le mouvement, un type de continuité, dont seule l'expérience du temps semble garantir pleinement la pertinence en dehors de Dieu.

De sorte que la question cosmologique ne saurait être située que dans le prolongement de la *Phys.*, et c'est pourquoi Aristote a composé des traités de science physique qui concernent l'univers et ses parties. *La Phys.*, comme telle, en tant que traité d'institution des principes de l'étant en devenir et en mouvement n'est pas de l'ordre du cosmologique, mais en est la condition physique, fondée à travers la conjonction de l'ontologie et de l'hénologie[57].

En conséquence L. Couloubaritsis dessine en compagnie de Brague, un triangle : cosmologie, anthropologie, théologie. Triangle ayant pour cadres préalables l'hénologie et l'ontologie, et ce en vertu de la « continuité » qui s'impose comme mesure dans la *Physique* et dont la « racine est l'« Un » en tant que mesure de toutes choses »[58].

---

[57] Cf. L. COULOUBARITSIS, *La Physique d'Aristote. L'avènement de la science physique*, 2è édition modifiée et augmentée, Bruxelles, Ousia, 1997, p. 390, 391.

[58] *Ibid.* .

Qu'il y ait continuité entre cosmologie, anthropologie et théologie, et que cette continuité commande comme chez l'Aristote de Couloubaritsis que l'on demeure attentif aux parties de l'univers, elles qui pour les besoins du devenir de l'étant, exigent la conjonction de l'hénologie et de l'ontologie, qu'est-ce que cela implique quant à ce qui demeure effectif pour l'humanité intéressant la présente étude ? Autrement dit, comment en son unicité l'humanité traverse-t-elle continûment le cosmologique et le théologique, le monde et Dieu ?

Répondre à cette question essentielle de notre recherche, c'est d'emblée accéder à l'enjeu de la relation entre apparaître et être telle qu'elle pointe dans la pensée de Heidegger. Ce en vue de saisir comment caché, voilé, l'homme traverse le cosmique et le divin sans se montrer, de peur d'être happé par des forces antagonistes.

Si l'on accepte de comprendre Heidegger, son concept propre de l'apparaître attribue une «signification positive » au mot d'ap-paraître : « Ap-paraître (*Erscheinen*) est un *ne-pas-se-montrer*. Mais ce « ne … pas » ne doit être en aucun cas confondu avec le ne-pas privatif qui entre en jeu pour déterminer la structure du semblant »[59].

Le « ne-pas-se-montrer » de l'apparaître qui dit l'être heideggérien, s'il n'est pas le « ne-pas privatif » de la logique duale, binaire, formelle ou de la logique traditionnelle mue par les principes d'identité et de non-contradiction, c'est qu'il rencontre la pensée de Couloubaritsis et « s'accorde à une logique de l'ambivalence ».[60]

L'ambivalence se distingue de l'ambiguïté, dans la mesure où elle suppose la coexistence d'aspects contradictoires, mais clairement identifiables. Et, le non-être et l'être sont ces deux

---

[59] M. HEIDEGGER, *Être et Temps,* trad. F. VEZIN, *op. cit.* , p. 56.

[60] L. COULOUBARITSIS, *Mythe et philosophie chez Parménide*, *op. cit.* , p. 141.

valeurs de l'ambivalence logique parménido-heideggérienne.

Prise du côté de l'apparaître, l'ambivalence renvoie à ce que L. Couloubaritsis entend comme la « *privation qui doit être comblée* »[61], c'est-à-dire ce qui chez Heidegger est tout sauf le « ne-pas privatif ».

Si « Parménide dévoile le non-être en *l'excluant* »[62], c'est que « la *négation* (y compris la *privation*) » est « impensable comme telle » (*ibid.*, p. 141, 142). De ce point de vue, l'apparaître heideggérien ne signifie point une privation d'être, mais au contraire ce qui à travers le devenir *est*.

Partant, il n'est pas faux de dire que comme phénomène, l'apparaître (*Erscheinen*) ne relèvera point des étants qui feraient leur apparition (*Erscheinung*) chez Heidegger, ou d'une Doxa impossible à lier à l'être chez L. Couloubaritsis lecteur de Parménide.

Disons alors ceci : l'apparaître *est,* l'apparition n'est pas. C'est dans ce sens qu'il faut entendre la sentence de Parménide : « l'être est », « le non-être n'est pas ». C'est encore dans ce sens que le Parménide de L. Couloubaritsis soutient : « la déesse *sans nom*, qui dit néanmoins la vérité, c'est-à-dire l'*existence*, le fait que l'être *existe* et que tout le reste n'est que pure apparence »[63].

Il faut prendre garde que cela ne signifie pas que les étants, la Doxa et les hommes ne sont rien. Ils sont dans le *devenir*. L. Couloubaritsis parle justement de « notre appartenance au monde en devenir »[64].

C'est en vertu de ce devenir en lequel sont contenus les étants et les hommes ainsi nommés qu'« il y a l'être »[65],

---

[61] *Ibid.* .

[62] *ibid.* .

[63] L. COULOUBARITSIS, *Mythe et philosophie chez Parménide*, *op. cit.* , p. 123.

[64] *Ibid.*, p. 232.

[65] *Ibid.*, p. 242

unique « condition de ce qui est pensable et, par lui, connaissable »[66].

À propos de la naissance de cette physique de l'émergence de l'humanité, L. Couloubaritsis invite à se ranger du côté de Plutarque (*Adv. Col., 1114b*) selon qui « il s'agirait pour Parménide de (…) mélanger les « éléments » (celui qui brille et celui qui est obscur) à partir desquels (…) et par lesquels (…) s'accomplissent tous les phénomènes (…). Et c'est la raison pour laquelle (…) « il dit beaucoup de choses à propos de la terre, du ciel, du soleil et de la lune, et raconta la naissance de l'homme », ne laissant aucun problème dans le silence concernant le domaine de la physique, qu'il traite dans une écriture qui lui est propre et sans rien avoir emprunté à quiconque »[67].

Or Heidegger aussi afin d'établir sa poésie pensante, se tourne vers la poésie alémanique de Hebel qui utilise des images tels le ciel, la terre, la lune, la maison : « la lune, qu'a-t-elle donc au juste à faire au ciel ? – Réponse : ce qu'y fait la terre. La chose est sûre : le clair de lune, de sa douce lumière, reflet de la clarté qu'il reçoit du soleil, illumine nos nuits et regarde les garçons embrasser les filles. C'est lui le véritable ami de la maison et le premier faiseur d'almanachs ici-bas, c'est le veilleur en chef tandis que les autres dorment. »[68]

Le véritable ami de notre demeure terrestre est le clair de lune. … «Comme la lune avec son éclat, Hebel, l'ami terrestre de la maison, apporte avec sa parole une lumière des plus douces. Le clair de lune apporte la lumière dans nos

---

[66] *Ibid.*, p. 243.

[67] PLUTARQUE, *Adv. Col.,* 1114b (=D. –K. 28 B 10, p. 241, 6- 11).

[68] Considérations sur le bâtiment du monde, la lune, I, p. 326 sq. .

nuits. Mais il n'a pas allumé lui-même la lumière qu'il apporte. Elle n'est que le reflet auparavant reçu par la lune – de son soleil dont l'éclat illumine aussi la terre »[69].

Que nous apprennent les écritures poétiques de Plutarque et Hebel ? Toute cette continuité que l'on voit apparaître entre Hebel et Plutarque, entre Heidegger et Couloubaritsis, entre ontologie et hénologie, entre être et apparaître, finalement entre le sacré et le réel, comment s'exprime-t-elle dans le dialogue entre ontologie et physiologie en vue de la naissance de l'homme et du cosmos ?

Les images poétiques de Parménide analysées par Heidegger et Couloubaritsis comme expression du dialogue entre ontologie et physique de la naissance du monde et des mortels de type nouveau, comment font-elles sens, rapportées au dialogue entre la philosophie contemporaine et l'astrophysiologie contemporaine ? C'est ce que nous mettrons en lumière dans le chapitre suivant de notre réflexion.

Pour heure, mettons cela en perspective. À ce sujet, au cours d'une autre réflexion, en partant de la poésie de Trakl mise en lien avec le quadriparti de Heidegger, nous avons interrogé le sens de l'acceptation du mourir, pour les mortels. Dans le silence de la lune –symbole de l'humanité primitive-douloureuse y était apparu le soutien apporté par celle-ci au cœur – symbole du primitivement immortel - expérimentant la mort en entrant dans l'entre-deux du ciel et de la terre via le seuil.

Dans ce même esprit, la présente réflexion avant tout me permet de mettre davantage en lumière deux choses. D'abord le sens du soutien de la lune au cœur, et ensuite le sens philosophique de cette allégorie de la lune-soutien.

Quel est le sens du soutien de la lune au cœur ? C'est ce que réalise Dikè chez Parménide et Héraclite qui refusent que le Soleil ne franchisse ses frontières. En effet, on le verra,

---

[69] M. HEIDEGGER, "Hebel", in *Questions III*, Paris, Gallimard, 1966 , p. 54.

« en enchaînant l'être (…) Dikè confère une différence entre le caractère inengendré de l'être et le devenir propre aux non-étants »[70].

Ce mythe relatif au soutien apporté par la lune au cœur recèle-t-il une portée philosophique ? Répondre à cette dernière question du sens, ce sera penser le passage de la théogonie à la cosmogonie, de l'ontologie à la physique, du sacré au réel, du mythe traditionnel au mythe rationalisé. À ce sujet, « contrairement à la généalogie traditionnelle, Parménide ne confond plus théogonie et cosmogonie, mais les associe tout en gardant très nettement la différence »[71]. « On passe ainsi du schème de la parenté au schème du chemin ». Il y a également transmutation de la généalogie en un type auxiliaire au savoir, la physique.

C'est ainsi que L. Couloubaritsis nous informe de quelque chose d'essentiel : « Du même coup, les figures mythiques perdent tout caractère sacré (…) et acquièrent un *rôle* dans la tâche explicitatrice du « réel » en devenir »[72]. Quel est dès lors le statut du mythe ? « il n'est plus un mythe au sens traditionnel du terme, mais un mythe déjà *réfléchi*, dont la présence est justifiée principalement par l'impossible ontologisation du devenir »[73].

Au-delà de cet éclairage philosophique qu'apporte l'allégorie de la lune-soutien quant à l'explicitation du réel en devenir, la présente réflexion trouve sa pertinence à mettre en relief deux choses complémentaires : la physique de la naissance des choses et la pensée du mélange comme unification des contraires du feu du cœur avec la terre par l'intermédiation de la déesse.

---

[70] L. COULOUBARITSIS, *Mythe et philosophie chez Parménide*, *op. cit.* , p. 325.
[71] *Ibid.*, p. 322.
[72] *Ibid.* , p. 323.
[73] *Ibid.* .

En effet, de concert avec Simplicius, L. Couloubaritsis soutient que pour « assurer le statut *doxatique* des choses en devenir », la déesse se « réfère à la vérité de l'être et de la pensée »[74]. Si on peut dire que l'être et la pensée sont le même qui en l'union de l'intelligible et du *doxique,* du feu et de la terre[75] dont le *mélange* des éléments signifie la naissance des choses à travers le devenir, reste à savoir ce qui préside à cette production. Cela, n'est-ce pas la nécessité de l'unification du céleste et du terrestre ?

Pour L. Couloubaritsis la *Physique* de Parménide obéit à trois principes unis : la nécessité du mélange de deux entités contraires à partir de figures mythiques expliquant les processus d'union et d'unification[76].

Mais le principe unificateur que figure le mythe de la lune-soutien, quel sera-t-il ? Telle est la question décisive. Ne peut-on dire qu'à ce triple principe d'union et d'unification obéit l'ontologie physiologique qui s'esquisse ici ?

L'ontologie physiologique peut-être fait-elle de l'allégorie de la lune-soutien le pré-texte d'une unification de l'immortalité et de la mortalité de souche nouvelle. Pour pouvoir le dire, il conviendra de s'affronter à la question suivante : Que produit ce qui comme seuil, entre-deux du ciel et de la terre, a besoin de se décider entre humanité primitive et divinité primitive ? Autrement dit, ce seuil que symbolise la lune, est-il un dieu ou un homme ?

Le seuil qu'est-ce ? Pour Parménide et Couloubaritsis, le seuil unificateur du ciel et de la terre est une divinité. Ainsi que le précise Parménide lui-même, « Dans l'intervalle médian, il y a une Divinité qui dirige tout » (fr. 12, 1- 3).

---

[74] *Ibid.* , p. 291.

[75] Cf. *Ibid.* , p. 292.

[76] Cf. *ibid.*, p. 293, 294.

Cette « cause productrice », Parménide y voit tant la « cause des dieux »[77] que des « âmes » qu'elle envoie « tantôt du visible à l'invisible et tantôt (…) de l'invisible au visible »[78]. Il faut prendre garde que la cause productrice « n'est pas de l'ordre des corps » ; parce qu'elle est incorporelle, Simplicius la « rapporte à la Divinité, en citant le fr. 12 (…)» de Parménide[79].

Pour notre part, le seuil n'est point une divinité. À ce sujet, la présente recherche inaugure une époque nouvelle. Celle-ci n'est plus l'époque des dieux. En cela, Couloubaritsis est dans le vrai lorsqu'il allègue -comme vu quelques lignes plus haut- que cette physique de la naissance des hommes nouveaux fait passer du sacré au réel relatif au devenir des non-étants qui doivent parvenir à l'être.

Toutefois, il est étonnant que Couloubaritsis en demeure encore à une pensée des dieux en cette ère dont il reconnaît pourtant qu'elle est celle de l'humanité nouvelle. On peut dire que cette humanité nouvelle de Couloubaritsis n'est pas vraiment nouvelle puisque la physique contemporaine qu'il représente s'en tient aux dieux anciennement élus par Parménide. Reste à savoir si l'humanité nouvelle sera vraiment nouvelle en sa conception par l'ontologie contemporaine, celle de Heidegger en l'occurrence.

On pourrait croire que pensée ontologiquement, l'humanité nouvelle sera vraiment nouvelle. Car l'ontologie de Heidegger fait état de la fuite des dieux. On pourrait croire alors avec Heidegger que cette époque-ci est celle de la fuite des dieux.

Mais cela ne se peut pas, pour deux raisons essentielles. Ces raisons portent respectivement sur la nature intrinsèque de l'époque et l'incapacité où se trouve l'ontologie qui

---

77 SIMPLICIUS, *In Phys.*, p. 39, 12 – 20.

78 *Ibid.* .

79 *Ibid.*, p. 293.

s'achève avec Heidegger à nous faire entrer dans la vérité de l'époque nouvelle.

L'argument sur la nature de l'époque contemporaine, nous proposons de le reporter. Car celui-ci s'énoncera de lui-même dans la suite de la réflexion. Et pour cause, la nature de l'époque est étroitement liée au phénomène de sa naissance, objet de la présente réflexion.

Quant à la question des dieux, qu'il soit périlleux d'alléguer que cette époque est celle de la fuite des dieux, cela se comprendra par la difficulté d'établir que, méthodologiquement, le « contexte culturel » de la genèse des choses et de l'homme ait directement à voir avec la religion, du moins si l'on convient de la nécessité d'établir un distinguo entre « mythe et religion »[80] au sens traditionnel du mot religion et, surtout entre religion et humanité.

Mais si malgré cette mise en garde, l'on veut tout de même penser avec Heidegger la prétendue fuite des dieux, il importe avant tout de noter que c'est en perspective nietzschéenne que Heidegger signifia qu'aucun dieu ne rassemblait plus visiblement et clairement les hommes et les choses sur soi[81].

Or penser la fuite des dieux, c'est sous-entendre que ces dieux sont ce qu'il y a de fondamental, ces derniers ont simplement quitté la terre. Il y aurait donc obscurcissement du monde en l'ère de la fuite des dieux.

Contre cet obscurcissement, signe du danger qui menace l'homme, là où Nietzsche en appelle à un homme de type nouveau, mais qui serait plus que l'homme ordinaire, Heidegger soutient que seul un dieu peut nous sauver. Par où l'on voit qu'il est chez Heidegger une nostalgie des dieux.

---

[80] L. COULOUBARITSIS, *Mythe et philosophie chez Parménide*, *op. cit.* , p. 79.

[81] *Cf.* M. HEIDEGGER, « Pourquoi des poètes », in *Chemins qui ne mènent nulle part*, *op. cit.* , p. 325.

En somme, autant que Couloubaritsis, Heidegger détient une pensée dont la souche, comme apparue à travers la célébration d'une déesse, est théologiquement déterminée. Or, la solution théologique est dépassée. D'ailleurs la plupart des recherches tendent à montrer que la voie théologique est anachronique.

Pour ma part, en vue de renouveler l'humanité, loin de chercher comme Nietzsche sa vérité dans une surhumanité, je voudrais la saisir dans quelque chose de bien plus humble : l'humanité primitive. Il ne reste plus à l'humanité que la voie humaine.

II. PROLÉGOMÈNES AU DIALOGUE ENTRE L'ONTOLOGIE POÉTIQUE ET L'ASTROPHYSIOLOGIE CONTEMPORAINES

L'on pourrait se croire au summum de l'obscurcissement du monde en notre époque où l'obscurité semble emplir la terre. En effet, c'est ainsi que Heidegger, dans son texte sur l'*Introduction à la métaphysique,* présente les conséquences historiques de la fuite des dieux.

Or, trois générations après le cours du semestre d'été 1935 à l'Université de Fribourg-en-Brisgau, édité pour la première fois en 1958, et ayant donné naissance à la métaphysique même de Heidegger, tout se passe comme si l'on devait passer à un nouveau paradigme en philosophie.

Or de ce paradigme, il me semble que le fondement disciplinaire devait être donné non pas par la philosophie elle-même, mais par la physique. Ce nouveau paradigme qui concerne non plus la métaphysique, mais la physique de la naissance de l'humanité nouvelle, je soutiens que son fondement scientifique émane de l'astrophysique. Par où la thèse heideggérienne de l'obscurcissement du monde peut-être est-elle ni anodine ni totalement irrationnelle.

En effet, l'astrophysique contemporaine établit l'hypothèse d'un paradigme nouveau susceptible de révolutionner notre perception de ce qui jusqu'ici apparut l'« Âge des ténèbres [...] sans étoiles [...] Univers totalement obscur »[82].

Pour ma part, eu égard à la nécessite de donner congé a l'ontologie métaphysique de Heidegger et à son vocabulaire de théisme surhumain de souche nietzschéenne, c'est au travers d'une démarche susceptible de mettre en dialogue le discours scientifique de l'astrophysique contemporaine et les images mythiques, imagées de la poésie que je voudrais poursuivre la réflexion.

De la pertinence de cette interprétation imagée à venir de découvertes scientifiques, il faudrait rendre compte. Cela du point de vue à la fois de l'histoire de la philosophie, de la rigueur stylistique, et de la fidélité à l'esprit de la philosophie.

Pour ce qui concerne le mythe appliqué à la philosophie, ce langage proche de la poésie, il n'est autre que celui du mythe. À ce sujet, c'est à Parménide que l'on doit la réhabilitation « du mode poétique et du mythe », cela à travers « l'usage qu'il fait d'un ensemble de figures mythiques jusqu'au cœur de sa problématique de l'être »[83].

Quel intérêt y a-t-il à adopter un langage proche de la poésie ? Il s'agit de rendre raison des motifs de l'écriture d'un Ancien comme Parménide, lequel opte pour un style plus dur, en lieu et place de la prose prisée tant par ses prédécesseurs ioniens que par des disciples comme Zénon et Mélissos[84].

---

[82] « Trous noirs », in *Sciences et vie*, avril 2010, n°1111, pp. 55-69, p. 56.

[83] L. COULOUBARITSIS, *Mythe et philosophie chez Parménide*, *op. cit.*, p. 76, 77.

[84] *Cf.* W.K.C. GUTHRIE, *A History of Greek Philosophy*, T. I : *Phe Early presocratics and the Pythagoreans*, Cambridge, 1962, pp. 54, 72, 115

Il faut dans ce sens entendre Mourelatos et Couloubaritsis, pour qui le style de Parménide répond moins au souci de perpétuer sa pensée logique en l'investissant d'une vaticination inspirée du divin.

Car *premièrement*, n'en déplaise à Diels par exemple, le contexte culturel des Grecs du temps de Parménide n'est point le religieux, et *deuxièmement*, si des éléments stylistiques adoptés par Parménide le rapprochent poétiquement d'Homère et d'Hésiode, *d'une part* son originalité transcende la leur, et *d'autre part* il n'est pas certain qu'il appartienne à une secte religieuse[85].

Mais ceci dit, et à supposer que le contexte culturel ait été religieux, quel lien y aurait-il entre Parménide et Heidegger quant au style poétique en regard de la problématique religieuse (au sujet de ce contexte et de sa souche conceptuelle, il faut prendre garde que le paradigme phénoménologique occidental qui domine encore ce XXIe siècle naissant et où s'inscrit Heidegger, métaphysicien héritier de Hegel, est fortement théologisé) ?

Ici il faudrait saluer l'entreprise de Jean Greisch qui, restituant à Heidegger sa contemporanéité dans la pensée avec Héraclite à travers la phénoménologie, en fait un « mutant de la pensée » chez qui une « mutation sémantique » oblige[86] le parlant à un « changement profond au niveau des attitudes et des affects »[87].

---

[85] Cf. L. COULOUBARITSIS, *Mythe et philosophie chez Parménide*, *op. cit.* , p. 79.

[86] Sur cette mutation pensante réalisée par Héraclite, au sens de l'« invention d'un discours sévère » ayant peut-être coïncidé avec « une réforme religieuse » et surtout une « mutation de l'homme », voir : C. RAMNOUX, *Héraclite ou l'homme entre les choses et les mots*, Paris, Ed. Belles Lettres, 1968, p. 212.

[87] J. GREISCH, *La parole heureuse. L'homme entre les choses et les mots*, *op. cit.* , p. 11.

Ce changement affectif, nous voudrions le penser de manière radicale jusqu'au lieu originaire de toute affectivité humaine : la naissance phénoménologique de l'humanité et du monde nouveau.

Visant cette possibilité phénoménologique de rigueur scientifique et de vérité affective, notre souci est d'exprimer à travers un langage proche de la poésie, la genèse du monde vue à l'aune de la parole de l'astronomie contemporaine.

Mais avant de prétendre poétiser une réalité scientifique, il convient de mettre en question la possibilité même d'un tel poétiser. Poétiser, c'est dire avec des images ce qui est. Cela, nous n'en sommes pas les pionniers.

C'est chez Nietzsche, pour l'époque dite de l'achèvement de la métaphysique, qu'il faut quêter la première interprétation poétique des réalités.

Il faut entendre à ce sujet Heidegger qui écrit : « Nietzsche a poétisé la figure de Zarathoustra. Cela ne devient nécessaire qu'au cœur de l'accomplissement de la métaphysique occidentale »[88]. Mais la poétisation de la philosophie n'est pas un fait tout à fait nouveau.

Aux dires de Heidegger lui-même, c'est plutôt à Platon que l'on doit la première poétisation dans toute l'histoire de la philosophie : « Dans la métaphysique, le fait de poétiser a déjà un jour eu lieu, bien qu'autrement, mais seulement une fois : à savoir au commencement de la métaphysique occidentale, dans la pensée de Platon. Platon poétise ses « mythes » »[89]. Poésie et pensée entrent ainsi l'une dans l'autre dans le monde du savoir.

Toutefois science et poésie peuvent-elles s'interpénétrer de la sorte ? Il faudra commencer par répondre par la négative. Pour Heidegger en effet la science est incapable de penser.

---

[88] M. HEIDEGGER, « Introduction à la philosophie. Penser et poétiser », in *Achèvement de la métaphysique et poésie, op. cit,* p. 118.
[89] *Ibid.* .

C'est lors d'une réflexion sur la « vie » et la « mort » à l'occasion de *l'Interprétation de la deuxième considération intempestive* de Nietzsche que le penseur se désole devant l'inaptitude de la zoologie par exemple à penser.

Heidegger commence par rapporter la proposition de Carl Chun et Erwin Baur : « Ce qu'est la vie en son tréfonds nous n'en savons rien et, selon toute vraisemblance, nous n'en saurons rien avant longtemps. Mais nous savons ce qu'est la mort. » En l'occurrence : « la perte irréversible de la vie d'un individu vivant, laquelle transforme l'organisme vivant en cadavre »[90].

Heidegger qualifie cette dernière allégation comme relevant d'une « absurdité ». Cela signifie que ces savants sont « incapable(s) de « penser » »[91]. Pour Heidegger, non pensant est celui qui s'« imagine pouvoir connaître ce qu'est la mort sans rien connaître de l'essence de la vie. »[92]

Pour sa part, Heidegger défend que « *Le plus grand secret de la vie est précisément la mort* »[93]. Le lien de la mort à la vie relève de l'essence : « *Être capable de souffrir la mort* (…) « mourir la mort – comme « acte » même de la vie »[94], voilà qui dit une pensée de la vie comme essence de la mort ; c'est que penser a pour unique objet la vie.

On peut dire que pour Heidegger, penser c'est être capable de *voir* avec « l'œil de l'âme » la mort au sein de la vie. Et c'est cela que la science ne serait pas à même de réaliser. Reste à savoir si chez Heidegger, la science est par essence à jamais incapable de voir la mort dans la vie.

---

90 M. HEIDEGGER, « Posture fondamentale de la deuxième considération intempestive », in *Interprétation de la deuxième considération intempestive de Nietzsche*, *op. cit.* , p. 263.

91 *Ibid.* .

92 *Ibid.* .

93 *Ibid.*, p. 264.

94 *Ibid.* .

Si l'on jette un œil vers la lecture heideggérienne des fragments d'*Héraclite,* la vie est le partage des mortels, habitant la terre. Suivant ce texte, ceux-ci font face aux immortels que sont les divins, habitants du ciel. Et pourtant un tel faire face, d'ordinaire, est appréhendé comme relevant de l'extraordinaire.

« Dans ses réflexions sur la genèse du mythe, Fontenelle allait attribuer à la vue du ciel un double effet sur l'esprit humain ; l'intuition d'un ordre conforme à des lois mène à l'attribut de la sagesse divine, alors que la perception de phénomènes célestes extraordinaires ne fait naître que la présomption de puissances surhumaines » (Blumenbert, 2005, p. 145).

Perçues de l'extérieur à partir des sens externes, les puissances célestes sont cause de peur. Mais intuitionnées de l'intérieur, et spirituellement reçues, ces puissances renvoient l'image de forces intérieures susceptibles de contribuer à remplir l'âme du sage d'une paix, d'une imperturbable sérénité.

La *Gelassenheit* ne trouve son actualité que dans la considération de l'expérience effectivement vécu d'un rachat spirituel de l'humaine condition originellement aux prises avec les forces adverses. Le rachat est réalisé par un allié physique ayant payé, dans l'extériorité de la nature matérielle, le prix de ce rachat ce, à la fois intérieurement, en un temps immémorial, et à la fois extérieurement, en un temps naturel, soit réellement connu, soit spirituellement actualisé en un faire-mémoire. L'expérience du rachat est surtout intérieurement accueillie par l'humanité dont la vie devient un faire-mémoire.

Ainsi, selon la pensée heideggérienne qui interprète la *Deuxième considération intempestive de Nietzsche*, les mortels « s'immortalisent » en faisant mémoire de ceux qui se sont sacrifiés pour eux. Dans le « faire mémoire », les mortels entrent en dialogue d'« être » avec les divins.

C'est dans le « pays originaire » que la destinée humaine rencontre la destinée divine ce, grâce à l'être qui s*'acheminant vers la parole,* rassemble dans l'*Ereignis* comme pensée de l'avenant où tient le Quadriparti, mortels et divins, Ciel et Terre.

Mais, un tel être-rassemblé comme mémorielle et immémoriale mise en relation des mortels et des immortels, est-il possible dans l'existence scientifiques ? Cela sera-t-il seulement possible, là où la pensée heideggérienne des

Quatre semble n'être rien de plus que du mythe, c'est-à-dire de l'affabulation pour esprits en mal de sur-réalisme ?

Pas plus que les Modernes, « l'humanité primitive n'a pas pu donner comme trait fondamental à ses mythes que ces puissances hostiles à l'homme : « cruels, bizarres, injustes, injustes, ignorants » » (Blumenberg, 2005, p. 145)

Penser la compatibilité de la science astrophysique par exemple avec le mythe des paisibles habitants du pays originaire, pays où les Quatre seraient en relation harmonieuse, sous-entend, au moins, une démythologisation, une dédivinisation des réalités célestes, des divins, tout comme la fin de la superstition au nom de laquelle l'humanité est couramment aliénée aux puissances surhumaines.

H. Blumenberg ne manque par exemple pas de faire état de ce que, dès l'Antiquité, un philosophe comme Épicure ait pris « résolument position contre la divinisation du ciel étoilé, forme prétendument plus « pure » de piété » (Blumenberg, 2005, p. 154).

Aussi, est-il comme permis d'alléguer à une compatibilité du scientifique et du poétique ce, à partir de l'idée d'une relation essentielle de l'une et de l'autre avec la chose-même.

Mais Heidegger dans son texte intitulé *Science et méditation*, n'a-t-il pas proposé que la science ne pense pas ? En cela, ce qui sera désormais visé par le mot de science, peut-être sera-ce un concept essentiel du scientifique.

Il s'agit d'un retour à la science antique, celle qui eut cours dans la Grèce d'autrefois. Qu'est-ce qu'un tel retour ? C'est ce que Heidegger, une fois encore, appelle la méditation. Mais qu'est-ce que la méditation ?

La méditation est, selon Heidegger, un retour vers l'essence de ce qui est pensé, en un « recul devant » qui mène de l'avant. Ce mouvement d'« aller vers » grâce au « pas en arrière »[95] est présidé par la parole poétique, celle qui, appelant hommes et dieux, les rassemble.

Tout d'abord, pourquoi faut-il aller vers l'essence de la science ? C'est que la science, et avec elle l'existence scientifique, est comme appelée à rejoindre son fondement ou essence.

En ce fondement, ce qui *est* vraiment, met en dialogue l'existence scientifique et l'existence poétique, c'est à dire, la destinée humaine et la destinée divine.

Et qu'est-ce qui atteste de la nécessité d'un tel appel au rassemblement ? Il s'agit de ce que dans son texte sur l'essence de la technique in les *Essais et Conférences* Heidegger conçoit au sens de l'inquiétude qui gît dans l'existence scientifique, laquelle fait face à un « incontournable inaccessible ».

L'incontournable inaccessible constitue ce que Heidegger appelle « la situation latente »[96] en science : « On est inquiet dans les sciences et pourtant l'on ne peut pas dire pour quelle raison ni à quel sujet »[97]. Voilà la situation latente.

---

[95] « Ce qui demeure dans une pensée, c'est le chemin. Et les chemins de pensée abritent en eux cette ressource secrète : nous pouvons aller vers eux en marchant en avant aussi bien qu'en arrière ; mieux encore : le chemin qui recule, seul, nous mène de l'avant » (M. HEIDEGGER, *Acheminement vers la parole*, *op. cit.* , p. 97).

[96] M. HEIDEGGER, *Vorträge und Aufsätze,* Pfullingen, 1954 *: Essais et Conférences* (1954), traduction française par André PREAU, préface de Jean BEAUFRET, Paris, Gallimard, 1958, p. 61.

[97] *Ibid.* , p. 75.

Comment la situation latente fait-elle signe vers le pays originaire où dieux et hommes sont en dialogue ? C'est que, prise comme chose invitée par la parole originaire à aller vers sa propre vérité c'est-à-dire à passer de la pure positivité calculante, à la négativité qui recule vers son site même, la science se tourne vers « nous », les déterminés par l'existence scientifique, pour être ce que nous autres hommes regardons.

Quant aux hommes, méditant, comment se tournent-ils vers les choses, dont les réalités scientifiques ? Ils s'engagent sur le chemin emprunté par les réalités scientifiques.

Heidegger écrit : « s'engager dans la direction d'un chemin qu'une chose a, d'elle-même, déjà suivi se dit dans notre langue *sinnan, sinnen*. Entrer dans le sens (*Sinnan*), tel est l'être de la méditation (*Besinnung*) »[98]. Mais comment l'existence scientifique contemporaine parviendra-t-elle au lieu du sens de la science ?

En préparant le chemin pour la saisie par la condition humaine de la parole dont elle a besoin : « le degré suprême de la méditation (...) devrait se contenter de préparer seulement un état de disposition pour la parole dont l'humanité a besoin »[99].

De quelle parole l'humanité d'aujourd'hui a-t-elle besoin ? D'une parole qui, à l'opposé de celle qui meut le surhomme naissant du scientisme, en appelle à l'être-homme, et cela simplement.

En regard de la surhumanité privative d'être, le projet de M. Heidegger pour l'humanité contemporaine est le suivant : « la métamorphose de l'être humain en sa présence réelle »[100].

---

[98] *Ibid.* , p. 76.
[99] *Ibid.* , p. 78.
[100] M. HEIDEGGER, « Qu'est-ce que la métaphysique ? », in *Questions I,* Paris, Gallimard, 1968, p. 60.

Qu'est-ce que cette présence réelle ? Heidegger désigne le pays originaire. Il parle du « lieu de notre séjour »[101], lieu où « nous séjournons depuis longtemps »[102]. Pour notre philosophe, « la méditation est seule à nous diriger vers le lieu de notre séjour »[103].

Mais, si dans le lieu de notre séjour nous sommes depuis longtemps, pourquoi est-il requis à son approche un se « diriger vers » ? On aurait pu dire que le « se diriger vers » par la méditation est ce qui induit l'exigence d'une « métamorphose de l'être humain » comme projet anthropologique heideggérien.

Mais, nous voudrions démontrer que cela ne serait pas conforme à la pensée du dernier Heidegger. Pour s'en rendre compte, il faudrait rester attentif à ce que dit Heidegger au sujet du moyen de réalisation de la métamorphose de l'être humain.

Lorsqu'il parle de la métamorphose de l'être humain en sa présence réelle, le philosophe ajoute explicitement ceci : « métamorphose que toute angoisse fait s'accomplir (s'historialiser) avec nous, afin d'y captiver le néant qui s'y est dénoncé, et de le captiver tel qu'il se dénonce »[104].

Comment dans l'angoisse le néant se dénonce-t-il ? Dans l'angoisse, « Le Néant se présente d'un seul et même coup avec l'existant »[105]. Comment cette co-présentation néant-existant advient-elle à travers l'angoisse ? Ainsi que l'entend Heidegger, « le néant se dévoile dans l'angoisse -mais non point comme un existant. Il n'est pas davantage donné

101 M. HEIDEGGER, *Essais et conférences, op. cit.* , p. 77.
102 *Ibid.* .
103 *Ibid.* .
104 M. HEIDEGGER, « Qu'est-ce que la métaphysique ? », in *Questions I, op. cit.* , p. 60.
105 *Ibid.* .

comme un objet. (…) Dans l'angoisse, l'existant dans son ensemble devient branlant »[106].

Maintenant, je nous invite surtout à prendre au sérieux la problématique du passage de la relation de l'homme de l'angoisse non plus à l'être comme il en était question chez le Heidegger d'*Être et Temps*, mais désormais à la parole conformément au Heidegger de l'*Acheminement vers la parole.*

Pour ce faire, il faudrait se demander ceci : de quoi nous informera le branlement quant au lien de l'angoisse à la parole ? Dans l'examen des modalités de la mise en rapport des choses (y compris les réalités scientifiques) et des hommes, nous deviendra manifeste quelque chose comme une *unité* dans la *différence* du néantir de l'angoisse et de la parole originaire concernant les modes de donation de ce qui y apparaît comme être. Comment et pourquoi ? Prêtons attention à deux idées.

Plus tôt, dans « Qu'est-ce que la métaphysique ? », lorsqu'il était question de l'angoisse comme expérience qui ramène l'existence scientifique vers son lieu originaire qu'est le néant où se révèle l'être, là où il a été parlé du branlement qui met hommes et choses dans l'anonymat du glissement de l'existant en son ensemble, Heidegger suggéra ceci : « Dans leur recul comme tel, les choses se tournent vers nous »[107].

Un peu plus tard, dans l'*Acheminement...,* au sujet de l'appel qui appelle hommes et choses au rassemblement, Heidegger précisa ceci sur l'invite ainsi faite par la parole : « l'invite convie les choses à se tourner, en tant que choses, vers les hommes pour être ce qui les regarde »[108].

---

[106] *Ibid.* .

[107] *Ibid.* , p. 58.

[108] M. HEIDEGGER, *Unterwegs zur Sprache,* Verlag Günther Neske, Pflullingen, R.F.A., 1959 *: Acheminement vers la parole (*1959), un recueil de six textes traduits par François FEDIER, à l'exception de « La

À partir de là, on peut dire que l'*unité* de la pensée heideggérienne tient dans la synonymie entre la pensée du néant et le logos poétique, quant à la thématique du « se tourner vers ». Heidegger l'exprime d'une part à travers le *recul* des choses et d'autre part le fait que ces choses, s'*avan*çant, nous font face.

La *différence* renvoie aux modalités de la pensée heideggérienne qui s'applique à l'être du « se tourner vers » : *mutation* ou *métamorphose* de l'ontique vers l'ontologique dans le néantir essentialisant dans le cas de la pensée du néant ; *simple avancée* dans le champ de l'essence dans le cas du logos poétique.

C'est dans l'écart entre ce qui préside à la mise en rapport dans chacun de ces cas qu'il faut chercher le lien de l'homme au lieu du séjour. Ainsi, relativement aux modalités du séjourner dans le lieu originaire, en face de la problématique de la métamorphose de l'être humain en sa présence réelle, l'on peut émettre une petite remarque.

Cette remarque vise le rapport de l'angoisse du néant de l'essence liée à la métaphysique, et le logos originaire de la parole poétique. La remarque est la suivante : la parole originaire n'appelle pas à une métamorphose de l'être humain.

Car, avec le logos originaire qui est poétique, les hommes sont mis en rapport avec ceux qui leur deviennent contemporains dans le pays originaire : les dieux et les divins.

Dans ce sens, la métamorphose n'est requise que pour l'existence engluée dans le culte de la science moderne. Autrement dit l'angoisse du néant est un moment passager dans le cheminement vers l'être-homme comme tel. Or cet être n'est autre que la parole originaire.

De la sorte, en parvenant au site même de la parole, il n'est plus besoin d'angoisse. La méditation ne requiert point l'angoisse ayant auparavant présidé à la métamorphose de l'être

---

parole dans l'élément du poème », traduit par Jean BEAUFRET, Wolfang BROKMEIER, Paris, Gallimard, 1976 , p. 23.

humain. Car l'homme est désormais parvenu au site de sa présence réelle : son vis-à-vis avec les dieux sous la présidence de la parole qui est.

En conséquence, il faudrait aussi ajouter que lorsque la réflexion scientifique mute vers une méditation portant sur l'émergence du logos originaire, le savant se fait penseur. Comment cela ?

Pour Heidegger, la méditation enracine l'existence scientifique dont elle colmate l'émiettement, elle la ramène à sa racine ontologique. Le chemin de la méditation a pour premier virage l'essence ou sens de la science : passage de l'étant au néant où se révèle l'être. Ce chemin, il a pour issue le pays originaire offert après le second virage : celui du logos poétique.

Entré dans le pays originaire, le savant qui médite entre dans la présence réelle, celle où sont conciliés dieux et hommes, existence finie et être immortel. Méditant est le savant qui parvient à se faire artiste.

L'artiste, figure antique du poète heideggérien, est celui qui sait voir à travers toute réalité étante et passagère, l'être en présence des dieux immortels. Mais peut-on dire que le savant, le scientifique est alors poète ?

Ceci équivaut à se demander par analogie si le penseur est poète. Heidegger justement, lorsqu'il montra comment Platon et Nietzsche poétisèrent chacun respectivement à travers le mythe et Zarathoustra, observa ceci : « Ce qu'est, ici et là, le poétiser au sein du penser, savoir si ces penseurs sont en cela des poètes ou s'ils restent des penseurs, il nous faudra en poser la question en son temps ».

Pour notre part, concernant Platon qui recourt au mythe, qu'il devienne explicitement poète ou non, il n'y a pas de véritable problème quant à son rapport à la poésie. Concernant Nietzsche, l'on pourrait dire qu'il est poète, mais à la façon de la poésie non fondamentale, celle qui n'atteint pas la poésie de Hölderlin par exemple lorsque celle-ci se fait parole du dieu originaire, encore moins celle de G. Trakl lorsque celle-ci se fait parole de l'homme originaire.

Trakl par exemple qui était un éminent poète était pharmacien[109], scientifique, technicien de la science pharmaceutique donc. Pour Heidegger, le chemin qui ouvre à une telle vue unitaire[110] des praticiens de la technique mutant en poètes, préfiguration de la vue unitaire des divins et des mortels, c'est le pas en arrière vers la Grèce antique et son art.

Là ceux qui exerçaient les « beaux-arts »[111] au sens de « la technique »[112] prise comme le « dévoilement qui pro-duit la vérité dans l'éclat de ce qui paraît (…) firent resplendir la présence des dieux, le dialogue des destinées divine et humaine »[113]. Ce faisant les « arts montèrent en Grèce au niveau le plus élevé qui leur était accordé »[114].

Car enfin qu'est-ce l'art au regard de la technique prise comme source du scientifique ? Sur cette question il faut encore écouter Heidegger : « L'essence de la technique n'est rien de technique : c'est pourquoi la réflexion essentielle sur la technique et l'explication décisive avec elle doivent avoir lieu dans un domaine qui, d'une part, soit apparenté à l'essence de la technique et qui, d'autre part, n'en soit pas moins foncièrement différent d'elle. L'art est un tel domaine »[115].

L'art est la vérité de la technique et de la science.

---

[109] Cf. G. TRAKL, rabat de la première de couverture, in *Œuvres complètes, op. cit.*.

[110] Voir à ce sujet M. HEIDEGGER, « Science et méditation », in *Essais et conférences*.

[111] M. HEIDEGGER, « La question de la technique », in *Essais et conférences, op. cit.* , p. 46.

[112] *Ibid.* .

[113] *Ibid.* .

[114] *Ibid.* .

[115] *Ibid.* , p. 47.

On comprend que l'auteur de *Penser la modernité* écrive ce qui suit au sujet du Philosophe de l'être, quant à son rapport à ce qu'il détermine comme le « trait fondamental (*Grundzug*) de la Modernité (WuA., p. 66/74)»[116], à savoir la science : « Heidegger s'y emploie lui-même sans relâche, et de manière décidée à partir des années 1935, où sa réflexion sur la science moderne de la nature (...), plus particulièrement axée sur la physique mathématique, est intimement liée à une méditation sur la modernité orientée sur l'essence de la technique. Bref, s'il est bien d'autres phénomènes constitutifs des *Temps modernes* (...) la science et la technique moderne qui lui est liée, jouit cependant d'un statut tout à fait privilégié, dès lors que, de la détermination de son fond (*Grund*) métaphysique, dépend la possibilité d'entrevoir à partir de celui-ci l'essence propre de la modernité comme telle »[117].

Pourquoi Heidegger médite-t-il la science ? Pour lui, le savant doit se faire artiste. Et pour cause : quand « la méditation de l'artiste »[118], c'est-à-dire du scientifique moderne appelé à son essence qu'est l'art, « ne se ferme pas cette constellation de la vérité »[119] ou fondement de l'existence scientifique, alors seulement il accède à l'intime de l'existence poétique, celle qui médite le rapport des destinées des hommes au regard des dieux également venus à la clarté originaire de l'être : « La clarté qui dure fait en sorte que dieux et hommes soient présents dans la non-occultation »[120].

---

[116] E. GANTY, *Penser la modernité. Essais sur Martin Heidegger, Jürgen Habermas et Eric Weil*, Namur, PUN, 1997, p. 289.
[117] *Ibid.* , p. 290.
[118] M. HEIDEGGER, « La question de la technique », in *Essais et conférences, op. cit.* , p. 47.
[119] *Ibid.* .
[120] M. HEIDEGGER, « Alèthéia », in *Essais et conférences, op. cit.* , p. 335.

Et qui sont les dieux désormais contemporains des hommes ? « Les dieux sont ceux qui regardent vers l'intérieur, dans l'éclaircie où sont les choses présentes, dont les mortels à leur manière s'approchent, les laissant étendues – devant dans leur état de choses présentes et les gardent sous leur attention »[121].

Dans l'éclaircie, comment les choses sont-elles éclairées ? Heidegger soutient ceci : « Éclairer est la présentation méditante et rassemblante qui conduit vers l'espace libre, c'est l'octroi de la présence »[122]. Parvenir au lieu de l'octroi d'une présence, pour les étants c'est être dirigés « vers ce qu'ils sont en propre »[123].

Comment les étants sont-ils ainsi dirigés ? Qu'est-ce qui préside à leur orientation vers leur être propre ? Cela qui y préside, c'est le cœur du monde. Mais qu'est-ce que le cœur du monde ?

Pour Heidegger, il s'agit du feu : celui-ci expose l'étant qu'il place en face des dieux dans le rassemblement : « Le feu méditant est le rassemblement qui présente (qui place devant, dans la présence) et qui expose (…). Sa méditation est le cœur, c'est-à-dire l'ampleur du monde»[124].

Comment le feu comme image poétique du cœur du monde rencontre-t-il le monde de la science pure, la science exacte dont il prend la dimension ? Mais…quoi ? Voudrions-nous à présent mettre en dialogue existence poétique et existence scientifique ?

Vue sous un autre angle cependant, la pensée de l'essence de l'être tournera-t-elle radicalement le dos à une pensée *de* l'être de la science moderne ? C'est Heidegger qui déclare

[121] *Ibid.* , p. 336.
[122] *Ibid.* , p. 334.
[123] *Ibid.* , p. 333.
[124] *Ibid.* .

ceci : « La pensée méditante exige de nous que nous acceptions de nous arrêter sur des choses qui à première vue paraissent inconciliables »[125].

Si on peut entendre cette dernière parole heideggérienne, on ne se fermera peut-être pas le chemin qui suivant les poèmes de Trakl à méditer en partant de ce que J. Greisch en 1983 appela l'herméneutique heideggérienne du sacré, est susceptible de nous conduire jusqu'au seuil d'une pensée qui voudrait interroger le lien du logos poétique au logos de la science.

C'est que, comme l'a bien démontré Étienne Ganty dans son essai d'envergure dont nous voudrions simplement laisser parler un extrait, « souvent obnubilés par une certaine critique de la modernité sous-jacente à toute l'entreprise de Heidegger (...) au détour emprunté par un questionnement en quête de l'essentiel – les interprètes[126] n'ont prêté jusqu'ici que peu d'attention à l'extrême précision de ses analyses concernant la méthode et les procédures des sciences modernes[127], à sa parfaite maîtrise des grands débats qui agitent la communauté scientifique[128], en particulier à la vaste infor-

---

[125] M. HEIDEGGER, *Questions III, op. cit.* , p. 176.

[126] A l'exception, tout récemment, de D. Janicaud : « Heidegger a salué la lucidité de Descartes dans les *Regulae*, a écrit sur les premières propositions des *Principia* de Newton un commentaire d'une clarté et d'une précision comme on en trouve rarement chez les historiens des sciences », in *La puissance du rationnel*, Paris, Gallimard, 1985, p. 270 ; on ajoutera aussi l'excellent article de C. Chevalley, « La physique de Heidegger », Les Études philosophiques, n° 3, 1990, p. 289-311 et les travaux de J. A. Barash rassemblés dans *Heidegger et son siècle. Temps de l'Être, temps de l'histoire*, Paris, PUF, 1995, notamment le chap. VI.

[127] Cf. en particulier *FnD.*, p. 49/76 sq. ; *HzW.* , « Die Zeit des Weltbildes », p. 71-80/71-78 ; *VuA*, p. 62-63/69-70.

[128] Cfr notamment *Wom Wesen des Menschlichlichen Freiheit : Einleitung in die Philosophie*, Klostermann, GA 31, paragraphe 15 : « Remarque préliminaire sur le problème de la causalité dans les

mation dont il dispose sur les grandes tendances de la physique contemporaine[129], ou encore à sa perception aiguë des incidences des techno-sciences dans la culture »[130].

Nous voudrions en effet questionner une science particulière : l'astrophysique contemporaine. Et pour cause : son vocabulaire nous semble receler des images voisinant le poétique.

Or, pour accéder à l'intelligence d'un tel voisinage, il sied de ré-instruire le concept de la « vie » comme « situation latente » dans les sciences modernes, dont l'astrophysique.

Car en la conférence intitulée « Science et méditation », lorsqu'il se demande « quelle situation latente demeure en retrait dans l'être de la science ? »[131], M. Heidegger écrit ceci : « Nous apercevons cette situation, aussitôt que, dans quelques sciences prises à titre d'exemple, nous aurons considéré spécialement ce qu'il en est de l'objectité des do-

---

sciences » ; sur le droit et les limites du formalisme mathématique dans les sciences contemporaines, cfr FnD., p. 73/105 ; sur la révolution cybernétique dans les sciences contemporaines, cfr ZFBSD. (1965) Erker Verlag, 1984 (trad. et notes d'A. Schild, *L'affaire de la pensée. Pour aborder la question de sa détermination*, T.E.R. 1990), « La provenance de l'art et la destination de la pensée » (1967), in *Cahiers de l'Herne*, édit. De l'Herne, 1983 ; sur la signification métaphysique des particules élémentaires dans la microphysique contemporaine, cfr SvGr., p. 58-59/94 ; sur les théories de la biologie contemporaine et de la zoologie examinées en rapport avec les théories dominantes de l'époque de H. Dreisch et von Uexküll, cfr. GrBeM., p. 377/379 sq.

[129] Heidegger cite Niels Bohr (FnD., 51/79; Qu IV, 443), Max Plank (Qu IV, p. 444; UbS. (1962), p. 16/26; VuA., p. 58/64), et surtout il semble avoir médité avec assiduité l'œuvre de Heisenberg, cfr notamment FnD., p. 51/79 ; Qu IV, p. 443 ; VuA., p. 31/31, 51/56 ; 61/67 ; UbS., p. 15/24 ; enfin dans ce dernier texte, Heidegger réfléchit sur les écrits de Norbert Wiener, le fondateur de la cybernétique (…).

[130] E. GANTY, *Penser la modernité. Essais sur Martin Heidegger, Jürgen Habermas et Eric Weil*, *op. cit.* , p. 291.

[131] M. HEIDEGGER, « Sciences et méditations », in *Essais et conférences*, *op. cit.* , p. 66.

maines des sciences. La physique, où maintenant sont incluses, à voir les choses en gros, la macrophysique et la physique atomique, l'astrophysique et la chimie, considère la nature (…) pour autant que celle-ci se met en évidence comme privée de vie »[132].

Par où l'on voit que la « vie » est la vérité jusqu'ici tenue voilée à l'homme de science. Dès là que l'intuition heideggérienne de la vérité de l'être scientifique peut être à présent saisie au feu qui l'éclaire en la découvrant à la vie qui l'abrite comme son monde propre, nous intéressera de la sorte la genèse de l'univers suivant l'astrophysique contemporaine -au regard de la vie poétiquement appréhendée.

Mais, afin de rester dans le prolongement d'une possible herméneutique du sacré associée au poème de Trakl intitulé « silence »[133] où il est fait mention d'un cœur qui meurt afin qu'advienne une vie d'homme, les images poétiques du logos que nous décèlerons comme scientifique seront mises en lien avec cette unique genèse dont il doit être question.

III. ONTOLOGIE ET ASTROPHYSIOLOGIE CONTEMPORAINES EN DIALOGUE. MATERNITÉ VIRGINALE DU COSMOS ET TROU NOIR

Suivant la littérature scientifique actuelle, la genèse du monde serait le fait de « démiurges invisibles »[134], cela dont le nom scientifique est HE0450-2958 et que David Elbaz du Commissariat de l'énergie atomique de Saclay baptisa du nom de « trous noirs ».

Pour la découverte du phénomène, en 1971 le télescope spatial *Uhuru* observe l'astre Cygnus w-1 : « L'enveloppe

---

[132] *Ibid.* .

[133] Cf. Trakl, G., *Œuvres complètes,* trad. M. Petit et J.-C. Schneider, Gallimard, Paris, 1972.

[134] « Trous noirs », in *Sciences et vie*, avril 2010, n°1111, pp. 55-69, p. 60.

gazeuse de cette étoile supergéante, à 6000 al. de la terre, est aspirée par un objet sombre, dense et massif, éloigné de seulement 30 millions de kilomètres de l'étoile… »[135]

Il s'agit d'un quasar. « C'est le tout premier trou noir formellement identifié »[136]. S'ils devaient être interprétés poétiquement, de quoi les trous noirs nous informeraient-ils ? Tel est notre problème.

Six étapes structurent la naissance[137] de l'univers selon l'astrophysique. La *première étape* présente le « trou noir » comme paradigme nouveau du concept contemporain de la genèse scientifique de l'univers : la thèse de l'astrophysicien David Elbaz en effet propose une genèse du monde bousculant ce qui était admis jusqu'ici.

Pour lui, les Trous noirs sont les tout premiers astres. Après le big-bang, ils entrèrent sous silence. C'est ce qu'on a appelé « Âge des ténèbres ». Durant cette période, le cosmos s'emplit d'un gaz ayant trois propriétés : la densité, la chaleur et l'homogénéité.

Au fil du temps, des régions se refroidirent, devenant plus denses et aspirant par effet de gravitation le gaz alentour. Le temps aidant, le mouvement s'accéléra. Le tourbillon dessina un contour doté d'un centre : le cœur du maelström.

Celui-ci augmente sa masse et partant son pouvoir d'attirer le gaz avoisinant. C'est ainsi qu'un immense nuage de gaz se forme.

La *deuxième étape* est présentée au sens où le nuage gravitant tourne sur lui-même. Deux phénomènes simultanés

---

[135] *Ibid.* , p. 71.

[136] *Ibid.* , p. 71.

[137] En présentant l'exposé scientifique de cette genèse, notre méthode d'analyse sera de parvenir à mettre en dialogue l'apparition de l'homme et l'événement de la mort du cœur, si toutefois on accepte de garder en mémoire le contenu du poème de Trakl intitulé « Silence ».

adviendront ici : le jet, par le tourbillon, de premières lueurs, et la création du trou noir[138] comme tel.

Dans la nuit de l'univers advient ainsi un événement. La gravitation fait pression sur le cœur. Sous la pression de toute la masse de gaz qui gravite autour de lui, le cœur se comprime.

Toute la matière gazeuse tournoyant vient se perdre[139] dans le cœur. Sous la chaleur suffocante de la matière dont la masse ne décroît pas, le cœur ne devient plus rien d'autre qu'un trou noir. La masse du trou s'accroît et s'accroît. Car le gaz s'y déverse de façon de plus en plus accélérée.

En chutant dans le cœur, le gaz chauffe et se met à briller. Simultanément le cœur devient de plus en plus noir sous la pression de la matière gazeuse, celle-ci en reçoit la chaleur. Ainsi apparaissent les premières lueurs jetées à travers l'univers.

C'est cette chaleur qui réchauffe la matière refroidie qu'elle vivifie. Telle est la raison d'être de la brillance de la matière. Mais pourquoi donc ces lueurs ? D'où viennent ces lueurs ? Sont-elles le propre du gaz ?

Il faut relever que c'est de l'éteinte du cœur, lequel devient un trou noir, que naissent les lueurs. Comme premières lueurs de vie jetées dans l'univers, la brillance est l'apparaître de la vie des étants humains.

Or, si l'on se rappelle quelqu'un pour qui le jeune Heidegger a eu tant d'admiration, à savoir Martin Luther, la brillance n'est point ontologiquement le signe de l'étant -cet étant naissant de la mort du cœur. En effet, il faut « faire mémoire » de ce cœur qui donne sa lumière en supportant l'être déficient de l'étant.

---

[138] « Trous noirs », in *Sciences et vie*, avril 2010, n°1111, *op. cit.* , p. 60, 61.

[139] Ce n'est pas irrésistiblement que la matière est happée par le cœur. En réalité, ce cœur est le refuge de la matière à l'heure de la nuit du monde.

En réalité, c'est le caractère suffocant et le poids des errances des étants loin de l'être qui entraînent l'obscurcissement du cœur qui devient noir et s'éteint de façon abyssale. C'est parce que le poids que supporte le cœur est hyper-lourd et continuel qu'il n'a de cesse de succomber.

Mais pourquoi la matière est-elle si irrésistiblement happée par le cœur ? Deux raisons pourraient l'expliquer. La *première hypothèse,* la nôtre, est que la matière gazeuse est aspirée parce qu'il y a un lien de communauté dans l'être[140] entre celle-ci et le cœur s'éteignant.

C'est Schelling qui parle du *désirement* (*Sucht*) comme « faim d'être »[141] au sujet du *Grund* qu'est pour lui le fond comme essence de l'esprit (humain). En cela le cœur, par métaphore, constitue le lieu de repos de la matière ayant longtemps erré sans soutien hors de sa source vivifiante. En cela encore le cœur ne devient trou noir qu'à cause qu'il meurt afin d'accorder d'être à l'étant symbolisé par la matière gazeuse.

Dans le cœur s'enflamme la matière gazeuse. Mais qu'est-ce qui permet qu'elle soit embrasée ? C'est le feu provenant du Trou noir en incandescence[142]. Héraclite ne fait-il pas du feu[143] le principe de base de l'univers : « Ce monde a toujours été et il est et il sera un feu toujours vivant, s'alimentant avec mesure et s'éteignant avec mesure »[144].

La *deuxième hypothèse* est que la matière gazeuse est aspirée par le monstre que serait le cœur, un démiurge de nature double, humaine et surhumaine. En cela, être consumé au feu du cœur serait un mal pour l'étant sensoriel. En cela encore,

---

[140] Des étoiles que sont les astres qui forment les planètes.

[141] SCHELLING, *Recherches philosophiques sur l'essence de la liberté* (1809), in *Œuvres métaphysiques*, *op. cit.* , p. 243.

[142] Dans le Christianisme, le feu est l'un des symboles de l'Esprit de Dieu, qui réchauffe les cœurs en consumant le mal en eux.

[143] « Qui se cachera du feu qui ne se couche pas ? » (Fragment 16, Clément d'Alexandrie, *le Pédagogue*, 99).

[144] Fragment 30, Clément d'Alexandrie, Stromates, V, 105.

il n'y aurait rien de valable en dehors de la vision cosmologique de l'être.

Rappelons-nous l'*Héraclite* de Heidegger et interprétation ontico-cosmologique de l'être par Fink[145] en perspective kantienne. Si cette hypothèse tenait la route, le cœur ne s'éteindrait pas. Il ne mourrait pas.

La mort du cœur est le lieu de rallumage de la flamme qui anime les étants humains. D'où les lueurs nouvelles que l'on aperçoit dans le monde. On peut dès lors se demander si ce qui n'apparaît que comme privation à savoir le mal ne recèle pas une positivité certaine.

Commentant en 1936 le Schelling des *Recherches sur l'essence de la liberté humaine*, Heidegger fait muter le « désir » de savoir guidant la recherche scientifique en son sens étymologique.

En effet, le terme « Sucht », signifie en perspective schellingienne, la « maladie, l'épidémie qui tend à se propager ; *siech* = le mal, c'est à-dire ce qui mine et qui met à mal »[146]. Or qu'est-ce que la maladie ?

Pour Schelling, il n'y a maladie que lorsque « se déploient les forces retirées au fond : la maladie se déclare lorsque s'actue lui-même le principe irritable qui devrait régner dans le calme des profondeurs ».

Qu'est-ce que cela signifie, sinon que la souffrance, la maladie puis la mort du cœur sont le lieu d'une sortie de ce qui gisait en son fond : les étants, lesquels sans cette irritation dans le fond, n'auraient pu accéder à la lumière du jour ?

---

[145] Cf. M. HEIDEGGER, E. FINK, *Heraklit. Seminar Wintersemester 1966/1967,* Vittorio Klostermann, Frankfurt am Main, 1970: *Héraclite.* Fragment sur des fragments du séminaire du semestre d'hiver 1966-1967 organisé en commun par Martin Heidegger et Eugen Fink, traduction française par Jean LAUNAY et Patrick LEVY, Paris, Gallimard, 1973.

[146] SCHELLING, *Recherches philosophiques sur l'essence de la liberté* (1809), in *Œuvres métaphysiques*, *op. cit.* , p. 152

Excité en son fond par la fascination qu'est pour lui l'advenue prochaine des étants, le cœur abandonne son tranquille séjour au centre et gagne la circonférence. Ainsi s'explique la communauté dans l'être entre le cœur de maelstrom (le centre) devenant trou noir et la lumière des étoiles ou étants qui en jaillissent.

La *troisième étape* du phénomène exposé par l'astronomie est la suivante : « devenu lourd comme un million de soleils, le trou noir expulse un jet de gaz colossal »[147]. En voici l'explication scientifique : « Après quelques millions d'années, la masse du trou noir approche celle d'un million de soleils »[148].

Tout d'abord, ce n'est pas selon la temporalité ordinaire qu'il faudra considérer la temporalité originaire qui est celle du trou noir, de même que ce qui s'y expérimente.

Comme on a été habitué à considérer cosmologiquement les réalités, tenons le « million de soleils » pour la figuration des demi-dieux. En cette étape-ci, on dirait que le cœur est devenu tellement lourd, il a tellement travaillé, tellement supporté de masses de gaz qu'il a le poids d'« un million de soleils ». Y aurait-il un lien avec la théogonie heideggérienne ?

Ici se rappelle à notre souvenir l'interprétation heideggérienne des hymnes de Hölderlin, le Christ est comparé aux démiurges que symbolisent les soleils. Sous les masses de gaz en gravitation se cachent les étants humains comme entités en mutation ontologique vers l'être grâce à l'accès au cœur du maelstrom. C'était la première hypothèse émise. Or il en était un autre. Celle qui voit dans le cœur un monstre redoutable à fuir au risque d'être englouti dans l'abîme.

Il y a ainsi un combat entre le million de soleils que sont les démiurges répugnant au mourir et celles des entités astrales qui acceptent de rester fidèles au cœur se sacrifiant

---

[147]« Trous noirs », in *Sciences et vie*, avril 2010, n°1111, *op. cit.* , p. 62.
[148] *Ibid.* .

pour les étants humains appelés à leur rassemblement par la vie : « La violence du tourbillon de gaz brûlant qui gravite autour de lui crée un champ magnétique extraordinairement intense »[149]. Pour pouvoir mourir, il faut être homme. En cela le mourant est-il peut-être poète.

Relativement au voyage du poète mourant, nous proposons de cheminer auprès de L. Couloubaritsis : « le poète (Parménide) est porté par les cavales de la terre vers la divinité, tandis que les filles du Soleil viennent à sa rencontre en quittant la demeure de la Nuit ; ce n'est qu'après leur rencontre qu'elles accompagnent le poète dans le reste du voyage, l'aident à y pénétrer, par les portes encastrées dans les limites du cosmos »[150].

Il faudrait accepter, comme le confesse L. Couloubaritsis que « la fiction s'insère subrepticement dans la narration littérale »[151], associant l'interprétation allégorique à la littérale. De par cette imbrication de l'allégorique dans le littéral, faudrait-il glisser vers le religieux, et entendre le Crucifié à partir de la révélation chrétienne ?

Cette question de la divinité au sens du religieux n'est pas nouvelle. Elle a agité les lecteurs de Parménide déjà. À ce sujet, ainsi que le précise L. Couloubaritsis, « ce qui demeure (...) une aporie radicale, c'est (...) « le chemin de la divinité qui porte dans toute son étendue l'homme qui sait »[152], lequel figure ici le Crucifié.

Face à ce problème, parmi les interprètes, L. Couloubaritsis pour sa part prend le parti de Mansfeld dont il radicalise l'option, lui conférant « une portée, différente de celle qu'il (...) a transmise »[153] et qui demeure plus parlante encore «

---

149 « Trous noirs », in *Sciences et vie*, avril 2010, n°1111, *op. cit.* , p.61.

150 L. COULOUBARITSIS, *Mythe et philosophie chez Parménide*, *op. cit.* , p. 91, 92.

151 *Ibid.*, p. 93.

152 *Ibid.* p. 94.

153 *Ibid.* p. 95.

que ce qui se donne à la parole, telle que nous, lecteurs du vingtième siècle, l'entendons »[154].

Notre hypothèse rencontrant dès lors celle de L. Couloubaritsis, ainsi s'énoncera-t-elle : « à supposer qu'on efface cette idée de révélation, d'ailleurs faussement articulée avec Dikè, et qu'on situe son origine en l'homme lui-même, dans l'imagination du *poète*, qui (…) est un producteur de vers et de mythe, n'apparaît-il pas alors une autre vision du poème ? »[155].

L. Couloubaritsis soutient ainsi que « les éléments traditionnels, récupérés par Parménide, selon une nouvelle cosmologie (…) deviennent (…) les éléments d'un mythe qui *anticipe* la théorisation de cette cosmologie »[156].

Cette idée de la récupération des éléments traditionnels en vue d'une nouvelle cosmologie est d'importance. Elle est même capitale. Appliquée à Heidegger, elle signifie qu'en sa mutation pensante, Heidegger inaugure un mythe poétique qui devance de loin toute tentative de le théoriser.

Aussi la véritable question, si justement formulée par L. Couloubaritsis, est-elle la suivante : « qu'advient-il de l'être et du penser dont la révélation (Mansfeld) avait garanti la primauté et en même temps la finitude »[157] ?

Comment poser pour aujourd'hui cette problématique de la révélation rapportée à la finitude ? À partir des implications de ce que nous caractériserions au sens d'une *(1)* historicité *(2)* poétiquement *(3)* concrète.

Premièrement, L. Couloubaritsis salue en Manfeld « l'élément d'historicité » qui permet à Parménide de réaménager les textes de ses devanciers que sont les poètes Homère et Hésiode.

---

154 *Ibid.* p. 94.
155 *Ibid.* p. 95.
156 *Ibid.*.
157 *Ibid.* .

Il nous semble de même que l'historicité[158] du *Dasein* qui chez Heidegger permet de « gagner une relation véritable et originaire avec l'histoire, élucidée à partir de notre propre situation et facticité historique »[159], peut permettre de réaménager l'humanisme des poètes que sont Nietzsche et Hölderlin chez qui l'humanité du Christ n'est pas clairement affirmée.

De ce point de vue, en rapport à sa dernière philosophie, il nous semble qu'on devrait alors passer chez Heidegger d'une « théologie du verbe poétique »[160] à une anthropologie du verbe poétique.

Deuxièmement, on peut dire que L. Couloubaritsis trouve chez Pellikaan-Engel un dépassement des limites de l'interprétation littérale faite par Mansfeld et bien d'autres, à savoir que « la fiction n'est pas étrangère au texte parménidien » confirmant une certaine « réhabilitation de l'interprétation allégorique »[161].

Quel serait l'intérêt de la fiction ? Pour le dire dans la langue de L. Couloubaritsis lecteur de Parménide, mais ici rapportée à Heidegger, c'est une « description *concrète* de représentations qui évoquent, dans l'esprit des contemporains, la vision » heideggérienne « du monde qui (…) établit, par la révélation de l'être, que » la poésie « n'est que le symbole de la voie correcte de recherche »[162].

Troisièmement, en quels termes le caractère concret de l'historicité poétique pourrait-il s'avérer manifeste aujourd'hui ? Chez Heidegger, le concret se retrouve dans la

---

[158] *cf.* S. Jolivet, *Heidegger. Sens et histoire (1912-1927)*, Paris, PUF, 2009, p. 116.

[159] M. HEIDEGGER, *Phänomenologie des Religiösen Lebens* (1920-1921 ; 1921) Gesamtausgabe, V. Klotermann, Francfort-sur-le-Main, depuis 1977 (*GA)* 60, p. 124.

[160] P. TROTTIGON, *Heidegger. Sa vie, son œuvre avec un exposé de sa philosophie*, Paris, PUF, 1965, p. 66.

[161] *Ibid.* .

[162] *Ibid.* , p. 95-96.

facticité du *Dasein* vécue de façon originaire. Chez L. Couloubaritsis, il s'agit d'une nouvelle physique exprimée en une radicalisation de la mythologie philosophique de Parménide.

Mais pourrait-on articuler physiologiquement l'originaire historicité du *Dasein* poétique de M. Heidegger avec la pensée de l'émergence du cosmos chez L. Couloubaritsis, là où Heidegger, en son débat avec Fink en interprétant Héraclite, rejette toute cosmologie ? Si Heidegger rejette la cosmologie, en revanche il élit une temporalité originaire.

Pour Heidegger, il n'y a pas d'avant et d'après, entre le fond (symbole pour nous du trou ou cœur) et l'existence (symbole des étants représentés par les millions de soleils). Qu'est-ce à dire, sinon que nous avons affaire à la temporalité authentique, celle où l'avoir-été de ce qui aujourd'hui est devenu Trou noir et l'avoir-à-être des étants lumineux, ensoleillés, se « rejoignent co-originairement à l'être-présent » dans l'enjointement de l'instant ?

N'empêche : il y a « deux pôles »[163] dans le champ magnétique en incandescence. De l'événement du choc entre les pôles positif et négatif[164] qui luttent respectivement pour ou

---

[163] Ces deux pôles mentionnés par l'astrophysique font écho chez Heidegger à la différence ontologique, différence de l'être et de l'étant.

[164] Schelling, on le sait reproche à Fichte d'être retombé dans le « philanthropisme » (S W J SCHELLING, *S.W.J., Recherches philosophiques sur l'essence de la liberté (1809) ;*

« Conférences de Stuttgart » (1810), trad. par J.-F. Courtine et E. Martineau, in

Schelling, Œuvres métaphysiques, Gallimard, 1980, p. 172) en morale. Et pour cause : contrairement à la thèse du mal radical héritée chez Kant par Fichte, ce à partir de quoi ce dernier dans *Le système de l'éthique selon les principes de la doctrine de la science* (1796) attribue le mal à une originaire paresse devant la nécessité d'user de sa réflexion, chez Schelling le mal recèle une essentielle positivité. De la sorte ce qui semble un mal n'est tel que vu d'un côté. En prenant une image biblique, celle de la nuée entre les Israélites et les Egyptiens dans le désert, on voit que la nuée peut apparaître ténébreuse d'un côté et en

contre l'accroissement[165] de la lumière de la vie des étants « s'échappe une partie du gaz en rotation, concentré dans un fin pinceau lumineux »[166].

Ce qu'il advient, c'est que l'échappée du gaz à travers le « fin pinceau de lumière » constitue une victoire des entités positives sur les négatives ; toute chose qui correspond à la naissance d'autres étants.

Le texte précise au sujet de la lumière jaillissant des ténèbres que « Ce souffle, tranchant comme un laser, se met à expulser chaque seconde plusieurs milliards de milliards de tonnes de gaz surchauffé, à plusieurs milliers de kilomètres par seconde »[167]. Ainsi l'on parvient à l'étape suivante.

À la *quatrième étape* de la formation de l'époque nouvelle, il est dit que « …Le jet rencontre des nuées de gaz qui se condensent en étoiles… »[168]. Plus le trou noir grossi, plus puissant devient le jet. Qu'est-ce à dire sinon que plus l'état d'agonie du cœur s'avance, plus il y a de lumière se répandant sur ce qui est en train de naître.

C'est ainsi que ce qui éclaire le gaz autrefois en rotation, mais prenant désormais la forme d'un pinceau lumineux se déploie, accompagnant l'avancée de la vie des étants en émergence.

Le texte dit ensuite ceci du jet lumineux de gaz en voyage : « En perçant l'espace sur plusieurs dizaines de milliers

---

même temps lumineuse de l'autre : « La nuée était ténébreuse et la nuit s'écoula sans que l'un puisse s'approcher de l'autre » (Exode 14 : 20).

165 « Ce qui détruit et corrompt les choses est le mal ; ce qui les conserve et leur profite est le bien » (PLATON, *République*, X/609c-610c, trad. R. BACCOU, *op. cit.* , p. 374).

166 « Trous noirs », in *Sciences et vie*, avril 2010, n°1111, pp. 55-69, p. 62.

167 *Ibid.* , p. 63.

168 *Ibid.* , p. 65.

d'années-lumière, il traverse des nuées de gaz, principalement composées d'hydrogène et d'hélium, et y provoque de très violentes ondes de choc »[169].

Ces « ondes de chocs » qui apparaissent du fait du croisement entre le jet lumineux et les nuées de gaz faites d'hélium et d'hydrogène, comment les expliquer ? Qu'est-ce que l'hélium ?

Selon le Petit Larousse, « hélium » vient du grec *hêlios*, soleil, et dit « un corps simple gazeux très léger (densité 0, 138) et inflammable, découvert dans l'atmosphère solaire et qui existe en très petite quantité dans l'air, utilisé pour gonfler les ballons (...) »[170].

Demandons-nous ceci : l'hélium qui sert à gonfler les ballons n'est-il pas le signe de ce qui permet aux corps en formation dans l'atmosphère, les réalités contenues dans le jet lumineux et sorties du cœur de maelström ou trou noir, de prendre forme à partir de leur rencontre avec les « nuées de gaz » ?

Or, le jet provenu du trou noir est lui-même lumineux. C'est que l'hélium de l'atmosphère c'est-à-dire de ces soleils rencontrés n'est pas avant le feu qui consume dans le cœur - qu'il transforme en trou noir en vue de l'advenue à la réalité du jet dont l'étincelle est lumineuse.

Remarquons que c'est le jet lumineux c'est-à-dire ce qui est provenu du trou qui perce l'espace, traversant les nuées de gaz : hélium (et hydrogène). Ce qui est un choc entre le jet lumineux et les « nuées de gaz » constitue une violence, un déchirement dans la sphère céleste.

On pourrait retrouver un lien du côté de l'*Héraclite* de Heidegger. Selon l'*Héraclite* justement, le « feu céleste » qui produit toutes réalités vivantes « ouvre en déchirant »[171].

---

[169] *Ibid.* .

[170] *Ibid.* .

[171] M. HEIDEGGER, E. FINK, *Heraklit. Seminar Wintersemester 1966/1967,* Vittorio Klostermann, Frankfurt am Main, 1970: *Héraclite.*

Toutefois, une petite médiation par la mythologie platonicienne ne sera peut-être pas futile.

Ici se rappelle à notre souvenir le livre dixième de la *République*, lequel rapportant le mythe d'Er, signifie qu'après avoir choisi leur destinée à venir, et ayant reçu le génie qui leur servirait de gardien toute leur vie durant, les âmes passent à travers un endroit chaud, tel un désert : «elles se rendirent dans la plaine du fleuve Léthé, par une chaleur terrible qui brûlait et qui suffoquait : car cette plaine est dénuée d'arbres et de tout ce qui pousse sur terre »[172].

En prenant en considération l'hélium, on verra que les « nuées de gaz », celles composées d'hélium notamment, figurent une telle traversée. Hélium est poétiquement signifié par le soleil. En cela on peut dire que cette étape de la traversée symbolise la rencontre des étants en voyage[173] prénatal avec les éléments basiques du cosmos : hélium et hydrogène. En effet, il est aussi signifié que les nuées de gaz sont composées d'hydrogène. Hydrogène est l'une des composantes de l'eau.

Si l'on demeure plus longtemps auprès de Platon à travers le mythe d'Er pour l'explicitation imagée de ce phénomène scientifique, on se fera attentif à ce qui suit au sujet des âmes chez Platon ou des étants chez Heidegger ainsi mis en dialogue par figuration d'éléments réels : « Le soir venu, elles campèrent au bord du fleuve Amélès, dont aucun vase ne peut contenir l'eau »[174].

Fragment sur des fragments du séminaire du semestre d'hiver 1966-1967 organisé en commun par Martin Heidegger et Eugen Fink, traduction française par Jean LAUNAY et Patrick LEVY, Paris, Gallimard, 1973, p. 56.

172 PLATON, *République*, X/609c-610c, trad. R. BACCOU, GF-FLAMARION, Paris, 1966, p. 385.

173 « Ces âmes qui sans cesse arrivaient semblaient avoir fait un long voyage » (*ibid.* , p. 380).

174 *Ibid.* , p. 385.

Deux éléments fondamentaux de la vie sont ainsi réunis : le soleil et l'eau. Lorsque l'on interroge le bon Platon quant à la raison de cette halte au bord du fleuve Amélès, celui-ci précise que « chaque âme est obligée de boire une certaine quantité de cette eau »[175]. Mais pourquoi est-on obligé de boire ?

N'est-ce peut-être pas qu'il faut parvenir à un équilibrage de la température de l'étant afin qu'il puisse supporter la vie qu'il aura à partager. En tout cas, en termes d'explications supplémentaires, suivant les *Pensées* de Blaise Pascal, le chaud et le froid sont le mouvement vécu dans le sein des esprits (ou des étants en train de naître à la vie) : « le froid montre aussi bien la grandeur de l'ardeur de la fièvre que le chaud même »[176].

C'est que tout comme la chaleur de la « plaine du fleuve Léthé » chez Platon, les ondes d'hélium constituent un choc pour l'âme à l'état prénatal. C'est pourquoi l'antique eau d'Amélès et l'hydrogène des astronomes contemporains se proposent d'œuvrer à la stabilisation du jet déjà lumineux de gaz aux prises avec les sur rayonnements solaires c'est-à-dire le cœur du trou noir incandescent lequel, bien que distant, tient toutes choses dans son rayon.

En ce détour de notre cheminement platonicien se rencontre l'*Héraclite*. En y écoutant Heidegger, en effet, il s'entend que « Ce feu du soleil, le flambeau céleste (…), ne séjourne pas fixement en un lieu unique, mais poursuit sa course sous la voûte céleste et dans cette marche (…), il est ce qui donne au fur à mesure la lumière et la vie et ce qui mesure le temps »[177].

Comme les nuées de gaz traversées par le jet lumineux de gaz sont un alliage de chaleur (hélium) et d'eau (en partie

---

[175] *Ibid.* .

[176] B. PASCAL, *Pensées*, in *Œuvres complètes*, Seuil, Paris, 1963, p. 503.

[177] M. HEIDEGGER, E. FINK, *Héraclite, op. cit.* , p. 56.

composée d'hydrogène), l'enjeu de la rencontre –on l'a dit, est de parvenir à une température viable pour l'étant en formation. L'eau abreuve, elle lave et purifie.

Mais on sait que le fleuve Amélès a son lit fort grand. (On y court le risque de la noyade ou d'une asphyxie par hydrocution si l'on n'y prend garde). Platon précise au sujet des âmes devant boire que « celles que ne retient point la prudence en boivent plus qu'il ne faudrait. En buvant on perd le souvenir de tout »[178]. Selon l'astrophysique, il y a fusion à partir de ces ondes de choc : « Celles-ci augmentent localement la densité du gaz qui atteint une température suffisante pour amorcer des réactions de fusion nucléaire. Un filet d'étoiles s'allume dans le ciel »[179].

Il faut noter que lors de la rencontre avec les nuées de gaz, l'amorce des réactions nucléaires est le fait du degré de densité (en hydrogène et en hélium) que gagne le jet lumineux de gaz. Par où l'on voit que la teneur en clarté, la luminosité de l'étoile qui s'allume alors est fonction de la capacité propre de ce qui émane du choc à négocier le contact avec certains des éléments basiques de l'univers : hydrogène et hélium notamment.

Comment interpréter poétiquement cet événement de la naissance des étoiles ? Les étoiles s'allument grâce à l'événement de la mort du cœur qui devient un trou noir. On pourrait croire que les étoiles n'ont point besoin des trous noirs.

Or seuls ces trous permettent aux étoiles de briller. Rappelons-nous Luther : il ne faut pas chercher Dieu dans le sublime. Alors qu'il veut se faire connaître à travers le caractère apparemment répugnant de la Croix, nous le cherchons à travers le caractère glorieux, lumineux, de ses

---

178 PLATON, *République*, X/609c-610c, trad. R. BACCOU, *op. cit.* , p. 385.
179 « Trous noirs », in *Sciences et vie*, *op. cit.* , p. 65.

œuvres. Plus une étoile brille, plus elle a nécessité de trou noir. Saurait-on voir la lumière dans l'obscurité de la nuit ?

Briller, néanmoins, n'est pas un mal. Bien au contraire. Mieux vaut pour la fragilité humaine, la lumière que les ténèbres. Toutefois, le problème n'advient que lorsque la brillance comme apparaître des étoiles étantes est oublieuse de la source matricielle de cette brillance : à savoir le trou noir. C'est alors que l'on prend l'apparaître pour l'être.

Il faut se rappeler ici Heidegger qui, méditant Saint-Augustin, salua la forme de vérité qui d'ordinaire suscite rejet et haine (*Confessions* X 23, 34), mais qui constitue l'éclat qui rayonne dans toute existence épanouie.

Cette option pour la vérité *redarguens* (celle qui accuse l'homme) par distanciation d'avec la vérité comme *lucens* (celle qui brille au regard humain), M. Heidegger, selon le J. Greisch de l'*Arbre de vie et l'arbre du savoir*, la radicalisa comme le concept existential de la vérité dans le paragraphe 44 d'*Être et Temps.* Ce concept existential de la vérité fait signe vers l'authentique lumière des étants qui naissent du trou noir.

La *cinquième étape* de la genèse de l'univers est la suivante : «...Au fil du temps, ce sont des milliards d'étoiles que le jet du trou noir allume »[180]. Le jet du trou noir a rencontré un nombre intéressant de volutes de gaz tournant loin de lui. Ainsi sont nés plusieurs milliards d'astres dont le ballet illumine le cosmos.

À la six*ième étape* les étoiles forment une galaxie. Il n'y a plus de gaz à la portée du trou noir. Le jet s'est éteint. Les centaines de milliards d'étoiles enfantées par le trou sont à présent des spirales d'un disque en rotation. C'est la fin de la genèse du cosmos et le trou peut se reposer. Il est vraiment devenu noir.

---

[180] *Ibid.* , p. 66.

Ayant partagé toute sa lumière au étants, étoiles qui brillent de mille feux. Le repos du trou noir signifie le commencement de l'ère des étoiles symbolisées par chaque étant, l'homme en particulier.

L'astrophysique émet l'hypothèse que chaque planète contiendrait un trou noir. Qu'est-ce donc que la vie des étoiles ? Le silence du trou noir ! Qu'est-ce que la parole des hommes ? Le silence de la parole originaire !

Mais, chaque homme est porteur de la parole, autrement dit il y a une nuit originaire qui en lui est source de la lumière qu'il est et qui émane de son dire. On comprend du coup que toute parole humaine devrait être le prolongement de la parole originaire. C'est ainsi que l'homme est la parole du trou qui, ayant noirci, se tait.

Le premier à porter la parole du trou noir, c'est le premier homme : l'humanité primitive. Or, dans la prime humanité, celui qui parle, c'est celui qui y loge sans rendre ténébreuse celui qui le porte : le trou noir. C'est de la virginité originaire que naît l'humanité.

L'humanité naît du combat entre ceux des célestes qui restent fidèles au cœur du trou noir mourant pour l'advenue des hommes, et ceux de ces célestes qui se rebellent lors de cet événement. Ces derniers refusent de se laisser mesurer au feu céleste. Ils se font la mesure d'eux-mêmes et offrent peut-être leur mesure aux hommes qui dès lors répugneront à se mesurer à l'aune d'Hélios : feu céleste.

La vie des étants est le repos du « feu »[181] du ciel, comme la parole des mortels est le silence des divins.

---

[181] Qu'est-ce que le feu ? Interprétant le fragment 30 d'Héraclite, Heidegger parle du « feu » comme « une perpétuelle émergence (…) Par le mot feu, Héraclite nomme « ce qu'aucun des dieux ni des hommes n'a pro-duit », ce qui plutôt devant les dieux et les hommes et pour eux, repose en soi, déjà et toujours (…) demeure en soi et préserve toute venue. Or ceci (…) Nous le nommons « le monde » » (M. HEIDEGGER, « Alèthéia », in *Essais et conférences*, *op. cit.* , p. 332).

Pourrions-nous attester auprès de M. Heidegger une explication ontologico-poétique à cet événement de la genèse du cosmos dont le terminus est le repos silencieux du trou noir autrefois si actif ?

Sur cette question, et si nous revenions au texte de l'*Héraclite* comme tel ? Dans le chapitre IV, qui traite des fragments 94, 120, 99, 3, 6, 57, 106 et 123, il est parlé du feu du ciel. Nous intéressent plus particulièrement les fragments 94, 120, 57, 6 et 3. Le fragment central de la réflexion de Heidegger est le fragment 94, qui dit ceci : « (Car) Hélios ne passera pas sa mesure ; sinon les Erinyes, recors de Dikè, sauront le retrouver »[182].

Deux domaines de significations sont alloués à ce fragment par Fink qui accompagne Heidegger dans cette réflexion : *d'abord*, « les lieux et les moments que le soleil parcourt du matin au soir en passant par midi »[183], *ensuite* « les mesures imparties par le soleil pour les choses »[184]. Un *troisième* domaine est celui des limites où est enclos « l'ensemble du domaine lumineux du soleil »[185]. Fink au cours de la discussion avec Heidegger, en ajoute un *quatrième* : « on pourrait s'imaginer qu'il s'arrête brusquement, peut-être sur l'ordre de Josué pour le temps que dure la bataille que celui-ci livre aux Amorites »[186].

Ces quatre[187] angles d'analyse étant mis en perspectives, comment interpréter le fragment 94 : « (Car) Hélios ne pas-

---

Deux pages plus loin, Heidegger soutient que « l'avènement (*Ereignis*) de la clarté qui libère s'appelle le monde » (*ibid.* , p. 334).

[182] M. HEIDEGGER, E. FINK, *Héraclite*, *op. cit.* , p. 57.

[183] *Ibid.* , p. 59.

[184] *Ibid.* , p. 60.

[185] *Ibid.* .

[186] *Ibid.* , p. 58.

[187] En s'appuyant méthodologiquement sur la lecture faite par L. Couloubaritsis d'un fragment quelque peu similaire se retrouvant chez Parménide, aux quatre axes d'analyse décelés peuvent être associés

sera pas sa mesure ; sinon les Erinyes, recors de Dikè, sauront le retrouver » ? Allons-y pas à pas. Comment interpréter suivant le *premier angle* ?

Selon le commentaire fait par les auteurs, Hélios est mobile[188], il a en lui des mesures. Celles-ci mesurent tout *d'abord* « la lumière matinale », « l'ardeur méridienne » et la « clarté du soir » (la lune trouve ainsi son rayonnement dans le cœur, ici symbolisé par le soleil). Étant le lumineux comme tel, le Soleil, Hélios, « montre des différences de temps dans sa façon d'être lumineux »[189]. Pour le commentaire ontologique, on a déjà vu que le feu céleste produit les « plantes »[190].

---

quatre types d'interprétations : « les interprétations *littérales*, *religieuses*, *allégoriques* et *rationalistes* » (L. COULOUBARITSIS, *Mythe et philosophie chez Parménide*, *op. cit.* , p. 80), types qui rapportés les uns aux autres « ne sont pas étanches entre eux, mais se recoupent souvent ou se tiennent à la limite d'un autre type » (*ibid.* , p. 81).

[188] L'idée de la mobilité informe de la thématique du « voyage » comme axe central de l'interprétation basée sur les quatre types que l'on rencontre chez L. Couloubaritsis. Au titre de l'interprétation littérale, il faut compter l'herméneutique philologique de Havelock (« Parménides and Odysseus », *Havard Studies Classical Philology*, 63, 1958, pp. 133 – 143) et D. Mourelatos, qui prisent l'usage homogène du langage. Si on en reste à l'interprétation littérale, il ne peut être question que d'un voyage réel. En effet, la problématique, mise en lumière par M. E. Pellikaan-Engel et Mansfeld (J. MANSFELD, *Die Offenbarung des Parmenids und die menschliche Welt*, Assen, 1964), est de savoir si le voyage est un cheminement vers le monde céleste -comme le soutiennent *d'une part* certains défenseurs de l'interprétation religieuse (Diels, Cornford et Guthrie) ou allégorique (O. Gigon) *d'autre part*, ou vers le monde infernal – évoqué par Morison et Gilbert. Dans ce dernier groupe, surtout représenté par des interprètes s'inscrivant dans la perspective religieuse, shamanistique notamment, on retiendra expressément J. S. Morrison (« Parmenides and Er », *Journal of Hellenic Studies*, 1955, pp. 59 - 68) dont le point de vue nous intéresse en raison du lien avec le mythe d'Er de Platon auquel réfère notre propre analyse.

[189] M. HEIDEGGER, E. FINK, *Héraclite*, *op. cit.* , p. 58.

[190] *Ibid.* , p. 56.

Que symbolisent les plantes ? Si on se rappelle le *Principe de Raison*, la rose qui figure toute plante est le symbole de tout ce qui –l'homme y compris, est produit et porté à son épanouissement par ce qui lui donne d'être : le « sans-raison » qu'est la physis ici symbolisée par le Soleil.

Pour l'interprétation poétique, il faut noter que le feu du cœur, du trou noir, en son voyage à travers le jet lumineux, éclaire tout ce qu'il rencontre dans l'atmosphère solaire (atmosphère appartenant au Soleil) : les millions de soleils composés d'hélium, notamment.

Mais, *ensuite* Heidegger et Fink affirment que la mesure elle-même est mesurée aux mesurés. Autrement dit, le Soleil est mis en rapport avec les plantes et les hommes.

Ainsi qu'il est précisé dans l'*Héraclite*, « le feu nourrissant est mesuré de façons différentes aux plantes de la terre qui se trouvent dans la clarté solaire »[191]. Par analogie, soutenons que le feu du cœur qui devient trou noir est mis en rapport avec les étoiles.

Le jet lumineux est issu du cœur qui devient trou noir. Ici, l'on comprend que le trou noir est toujours en rapport avec les soleils dont parle l'astrophysique, de sorte –on l'a vu, que la masse du trou noir est proportionnelle à plusieurs millions de soleils. Si dans le premier cas, c'était Hélios qui déterminait l'être-étoile de la multitude de corps célestes, dans ce cas-ci le rapport part des points lumineux que sont les soleils au trou noir, à eux rapporté.

Le *troisième angle* d'interprétation est celui qui voit s'assombrir le soleil. Fink soutient alors que le soleil « ne serait plus à la mesure de sa nature propre de puissance de feu »[192]. C'est lors du combat que livre Josué contre les Amorites qu'un tel événement adviendrait, selon Fink. Le soleil n'est plus soleil. Il devient sombre. La question est de savoir pour qui le soleil est sombre. Répondre à cette question requiert

---

[191] *Ibid.* , p. 57.
[192] *Ibid.* , p. 58.

peut-être la médiation de l'angle suivant de notre interprétation du fragment 94.

Le *quatrième angle* serait une façon autre pour le soleil de franchir ses limites. Fink écrit : « Une tout autre façon de franchir ses limites serait que (Hélios) s'introduise dans un domaine dont pour le moment nous ne pouvons rien dire sinon qu'il est à l'extérieur de la clarté d'(Hélios) où le multiple est rassemblé. Il passerait alors du royaume solaire des choses différentes dans le rassemblement à un domaine dans lequel tout est un en un autre sens »[193]. Fink entend ce franchissement des limites du soleil au sens d'«une irruption dans un abîme nocturne qui n'appartient pas à (Hélios) »[194].

Quelle est cette limite franchie comme abîme nocturne? Fink se réfère ici au fragment 120 traduit par Diels : « Frontières du matin et du soir : l'ourse et en face de l'ourse la borne de Zeus rayonnant (...) »[195]. L'interlocuteur de Heidegger (Fink) identifie l'ourse à « l'étoile polaire », c'est-à-dire ce qui indique le nord.

Quant à la borne de Zeus, elle ramène « au sud de la voûte céleste ». Fink ajoute que le fragment 120 poursuit en évoquant le soleil « qui va du matin au soir sous la voûte céleste »[196]. La trajectoire solaire, le matin et le soir, marque les limites célestes respectives que sont « est » et « ouest ». En conséquence, lorsque le soleil sort de ces deux frontières, il va à la frontière « nord » (symbolisée par l'ourse) et à la frontière « sud » (borne de Zeus).

---

193 *Ibid.* .

194 *Ibid.* .

195 Cité par M. HEIDEGGER, E. FINK, in *Héraclite*, *op. cit.* , p. 58.

196 *Ibid.* , p. 59.

Fink peut ainsi écrire ceci : « Ce domaine solaire dans son ensemble a pour frontières quatre directions du ciel »[197] délimitant les quatre frontières « dans lesquelles sont enclos l'ensemble du domaine lumineux du soleil »[198].

De ce point de vue, voici ce que signifie le fragment 94 : à savoir que la transgression opérée par le soleil, transgression qui consiste à s'écarter du « trajet courant », n'est pas aussi grave que celle qui consiste dans « l'irruption dans un abîme nocturne qui ne fait pas partie du domaine du soleil »[199].

Le domaine qui ne fait pas partie de celui du soleil n'est-il pas celui de la nuit ? La nuit est l'abîme nocturne. Fink observe que « l'énigme » constituée par les domaines du jour (Soleil) et de la nuit nous rapproche « de la vie et de la mort »[200].

Il conçoit aussi que dans le « pays du soleil », il puisse y avoir un « changement rythmique » selon lequel le soleil est « présent et absent » (matin et soir) cependant que « le domaine dans lequel le soleil est présent, puis absent, demeure »[201].

De la sorte, le domaine délimité par les quatre : est, ouest, nord, sud demeure[202] même quand le soleil à son déclin semble disparaître[203]. C'est ainsi que « le fragment 6 pense

---

[197] *Ibid.* .

[198] *Ibid.* , p. 60.

[199] *Ibid.* .

[200] *Ibid.* , p. 67.

[201] *Ibid.* , p. 68.

[202] Le domaine des Quatre demeure parce que tout est dans le champ du jour et de la nuit, sans être ce jour ni cette nuit. C'est ce qu'exprime le fragment IX de Parménide : « tout est plein en même temps de lumière et de nuit obscure, égales l'une à l'autre, car en dehors d'elle il n'y a rien » (Parménide, *Le Poème*, trad. Cordero, p. 40, cité par R. DENUIT, in *L'Articulation entre ontologie et centralisme politique d'Héraclite à Aristote*, Paris, L'Harmattan, 2003, p. 71, n. 73).

[203] *Cf.* M. HEIDEGGER, E. FINK, in *Héraclite*, *op. cit.* , p. 69.

ensemble l'être-nouveau quotidien et l'être-toujours-le même »[204].

Si le domaine demeure délimitant, alors « la différence entre le jour et la nuit n'a pas tant d'importance »[205], néanmoins en mettant en lien le couple jour-nuit avec le couple vie-mort, Fink interprète le fragment 57 d'Héraclite au sens où c'est l'autre dimension, celle que nous ne connaissons pas, le fermé, qui va se montrer à nous et non plus le Lumineux et Ouvert.

Il conclut que « le domaine lumineux de l'éclair (…), dans lequel les (étants) viennent au paraître et entrent dans leur contour, est délimité par un sombre abîme »[206].

Au terme de cette méditation, Fink n'a pas encore résolu l'énigme des frontières du Soleil gardées par la Dikè ou Justice. Il se résout à l'idée que : « Le sens plus profond de la Dikè nous reste pour l'instant encore obscur. Ce qui est distinct en elle jusqu'ici, c'est seulement d'être une puissance qui est supérieure à la puissance de (l'Hélios). Bien que (l'Hélios) et Zeus soient la plus haute puissance sur terre (l'Hélios) trouve en la terre une puissance qui l'emporte sur la clarté »[207].

Quelle peut être cette puissance terrestre c'est-à-dire qui bien qu'apparemment obscure l'emporte pourtant sur la clarté du Soleil ?

Si l'on convient que l'ordinaire de la vie des hommes est le monde de la *doxa*, des opinions et apparences, il vient que « Faire naître ce monde de la *doxa* d'une sentence des mortels ne signifie pas que l'homme en soit l'auteur, mais au contraire qu'il ne fait que participer à ce décret. L'homme répond par le langage à la nécessité de la différentiation « mondiale ». C'est pourquoi Parménide pense la naissance

---

204 *Ibid.* , p. 71.
205 *Ibid.* , p. 69.
206 *Ibid.* .
207 *Ibid.* , p. 71.

(…) des « apparences », aussi bien à partir de l'homme qu'à partir de l'ordonnance de la déesse »[208].

Selon le fragment VIII de Parménide, si « Les mortels ont accordé leurs suffrages à la nomination de deux figures », à savoir d'un côté « le feu éthéré de la flamme » et de l'autre « la nuit sans clarté, lourde et épaisse de structure »[209], en revanche « L'homme ne peut (…) véritablement juger du rapport qu'entretiennent entre elles les deux sphères de l'être et de la *doxa* »[210].

F. Dastur peut ainsi rendre raison de la deuxième partie du Poème de Parménide ; seule l'aide divine permet à l'homme de « penser l'être, auquel il n'a pourtant aucun accès direct. Il est lui-même l'être de la périphérie, du lointain de l'être. C'est pourquoi il devient celui qui est en quête de l'être, le *philo-sophos* »[211], quête médiatisée par les signes, les *semanta*.

À côté donc des signes philosophiques et mêmes poétiques, n'y aurait-il pas d'autres *semanta* vivants de l'être ? L. Couloubaritsis souligne que « Parménide, s'opposant à Hésiode qu'il apparente aux *doxai* des mortels, s'imagine lui-même dans la situation la plus concrète possible, en faisant un voyage dans ce lieu même où Hésiode situe la demeure de la Nuit »[212].

Qu'y découvre-t-il ? « le proème exprimerait une *katabasis,* Dikè demeurant quelque part à l'Ouest, là où se trouverait une partie de ses chaînes, qui enchaînent l'être, et qui correspondent à l'écorce terrestre, qui contient en son cœur l'être. Bref, l'être sphérique se situerait au centre de la terre,

---

[208] F. DASTUR, *La mort. Essai sur la finitude, op. cit.* , p. 193.
[209] J. BEAUFRET, *Le poème de Parménide*, p. 89-90.
[210] *Ibid.*
[211] *Ibid.*
[212] L. COULOUBARITSIS, *Mythe et philosophie chez Parménide, op. cit.* , p. 96.

elle-même sphérique, et qui cèle comme centre de l'univers la déesse elle-même »[213].

Rapportées à l'interrogation de Fink sur le « sens plus profond de la Dikè », deux considérations essentielles faites par L. Couloubaritsis s'avèrent indéniables : *primo*, une unité possible du poème se profile à travers « l'édifice cosmologique, au centre duquel sont placées les deux figures les plus énigmatiques du texte (…) : la Déesse anonyme et l'être »[214]; *secundo*, les principes d'identité et de non-contradiction propres à la logique occidentale sont dépassés, car « l'auteur se permet de mettre en scène une imagerie où l'être, pourtant absolu, se laisse monter par Dikè et ses chaînes (…) ce qui entraîne une sorte de débordement de l'être par tout l'univers dont il diffère »[215].

Résoudre cette problématique, ce sera parvenir à « la clef de l'énigme » du lien du Jour à la Nuit, lien[216] du Matin au Soir, lien de la Vie à la Mort, lien du Soleil à la Lune.

---

[213] *Ibid.* , p. 96.

[214] *Ibid.*

[215] *Ibid.* , p. 96-97.

[216] L. Couloubaritsis souligne que « Parménide, s'opposant à Hésiode qu'il apparente aux *doxai* des mortels, s'imagine lui-même dans la situation la plus concrète possible, en faisant un voyage dans ce lieu même où Hésiode situe la demeure de la Nuit » (L. COULOUBARITSIS, *Mythe et philosophie chez Parménide*, *op. cit.* , p. 96). Qu'y découvre-t-il ? « le proème exprimerait une *katabasis,* Dikè demeurant quelque part à l'Ouest, là où se trouverait une partie de ses chaînes, qui enchaînent l'être, et qui correspondent à l'écorce terrestre, qui contient en son cœur l'être. Bref, l'être sphérique se situerait au centre de la terre, elle-même sphérique, et qui cèle comme centre de l'univers la déesse elle-même » (*ibid.* , p. 96). Rapportées à l'interrogation de Fink sur le « sens plus profond de la Dikè », deux considérations essentielles faites par L. Couloubaritsis s'avèrent indéniables : *primo*, une unité possible du poème se profile à travers « l'édifice cosmologique, au centre duquel sont placées les deux figures les plus énigmatiques du texte (…) : la Déesse anonyme et l'être » (*ibid.*) ; *secundo*, les principes d'identité et de non-contradiction propres à la logique occidentale sont dépassés, car « l'auteur se permet de mettre en

Pour sa part, en parvenant à ce qu'il conçoit comme « La clef de l'Énigme », conclusion de son texte sur le *Quadriparti* chez M. Heidegger, Jean-François Mattéi cite Platon : « Le Ciel et la Terre, les Dieux et les Hommes sont liés entre eux par une communauté (…) faite d'amitiés et de bons arrangements, de sagesse et d'esprit de justice, et c'est la raison pour laquelle, à travers cet univers (…), ils donnent, mon ami, le nom de cosmos (d'ordre du monde), et non celui de désordre (…), ni de dérèglement »[217].

Qu'est-ce qui préside à l'ordre du monde ainsi gardé du désordre ? Qu'est-ce qui préside à l'ordre cosmique ? Autrement dit, quel événement inaugure l'univers nouveau se voulant harmonieusement paisible et serein ? N'est-ce pas ce qui nous est apparu comme « la mort du cœur » dans notre méditation du rapport de Heidegger à Trakl.

Si le cœur est le lieu de la parole qui éclaire, quand il s'éteint, le Soleil et l'Hélios de l'*Héraclite* passent outre leurs frontières : le nord et le sud, l'est et l'ouest, comme limites normales où la lumière du Soleil éclaire tout étant –y compris les étoiles, qu'il fait être à travers l'éclaircie à laquelle succède le jet lumineux.

Dire que la « mort du cœur » préside à l'harmonie cosmique, c'est s'inscrire dans une interprétation allégorique du fragment d'Héraclite. En effet, est allégorique, le genre qui, « alliant raison et imagination », « prétend tout expliquer »[218].

Mais que vaut une interprétation qui, depuis Sextus Empiricus interprétant le Poème de Parménide, prête « le

---

scène une imagerie où l'être, pourtant absolu, se laisse monter par Dikè et ses chaînes (…) ce qui entraîne une sorte de débordement de l'être par tout l'univers dont il diffère » (*ibid.* , p. 96-97).

[217] PLATON, *Gorgias*, 482 b 5-6 (trad. L. ROBIN), cité par J-F. MATTEI, *Heidegger et Hölderlin. Le Quadriparti*, Paris, PUF, 2001, p. 266.

[218] L. COULOUBARITSIS, *Mythe et philosophie chez Parménide*, Bruxelles, Ousia, 1986, p. 107.

flanc aux plus vives critiques »[219], critiques auxquelles selon le témoignage de L. Couloubaritsis, n'ont échappé des interprétations assez modérées comme celles de Bawra, Verdenius ou même Deichgräber[220] ?

Toutefois, plus que tous autres types d'interprétations, l'allégorique a eu le mérite de saisir « l'usage du schème du chemin par Parménide, car elle l'envisage d'emblée selon le mode métaphorique »[221]. L'interprétation allégorique a pour méthode de saisir le sens à partir du « jeu des images et des mots »[222]. Ainsi de Sextus Empiricus chez qui les cavales symbolisent les pulsions irrationnelles et l'appétit de l'âme[223].

Chez nous-mêmes, interprétant « Un soir » de Trakl en modalité mythologiquement platonicienne, certaines des forêts ont symbolisé la non-modération observée chez ceux des hommes qui refusaient de suivre les clignotements lumineux de la lune lors de l'obscurcissement du monde à l'heure de la mort du cœur.

Pour Kranz, « le chemin de la Déesse représente le chemin qui tend à la vérité –selon le mode de la recherche (Bowra, Fränkel …) ou de l'illumination (Verdenius, Mourelatos …), dans lequel les portes signifient l'obstacle que rencontre toute connaissance »[224]. La perspective de Kranz suppose que le voyage va de la Nuit au Jour.

L'angle interprétatif de Kranz sous-entend le voyage dans l'optique d'une aspiration au savoir, à la philosophie. D'un tel point de vue, le désir du voyageur exprime comme dans

---

219 *Ibid.* .

220 *Cf.* G. REALE, *filosofia dei Greci.*

221 *Ibid.* , p. 108.

222 *Ibid.* .

223 *ibid.*.

224 *Ibid.* , p. 108, 10.

le *Timée* de Platon, l'*érôs* philosophique[225]. Le voyage ferait ainsi naître la philosophie[226].

Or, comme l'observe L. Couloubaritsis, il y a ignoré alors l'autre possibilité : à savoir que le voyage conduit du Jour à la Nuit. D'un côté, en s'inspirant d'Aristote, certains interprètes assimilent la Nuit soit à « l'élément terrestre » soit au « non-être » et le Jour soit « au feu » soit au « non-être »[227].

Or, comme le précise encore L. Couloubaritsis, chez Parménide le non-être n'est rien, pas même un symbole ; quant à l'être, il n'est ni une partie de l'univers ni le cosmos lui-même. Est-il dès lors plausible de voir dans la Doxa un mélange de lumière et d'obscurité, respectifs symboles d'être et de non-être (cf. Reinhardt), ou bien d'associer la lumière/*être* à la positivité et l'obscurité/*non-être* à la négativité (cf. Fränkel) ?

Tout compte fait, pour L. Couloubaritsis « par ce biais (…) l'allégorie (…) pousse vers la symbolisation rationnelle »[228]. Le problème dès lors est celui que nous avons nous-mêmes rencontré : à savoir, la « polysémie des différents termes du poème et l'agencement des différents mots, images ou idées entre eux »[229]. Toute chose qui rend l'allégorie douteuse, bien que légitime.

La solution viendrait alors de sa soumission à une méthodologie rationnelle mettant en œuvre d'autres procédés qui pour L. Couloubartisis restent à déterminer. Mais l'éteinte du cœur, symbole du soleil, contrevient à

---

[225] *Cf. ibid.* , p. 109.

[226] *cf.* D. A. HYLAND, *The Origine of Philosophy. From Myth to Meaning*, New York, 1973, p. 180.

[227] L. COULOUBARITSIS, *Mythe et philosophie chez Parménide*, *op. cit.* , p. 109.

[228] L. COULOUBARITSIS, *Mythe et philosophie chez Parménide*, *op. cit.* , p. 110.

[229] *Ibid.* .

l'ordre cosmique tel que perçu par les mortels, dont les scientifiques qui rationalisent, lorsqu'ils ne sont pas encore devenus des poètes, ces derniers qui pratiquent la symbolisation.

C'est dans ce cas qu'il est requis la justice symbolisée par Dikè et ses aides. Il faut une Justice universelle pour rétablir l'ordre apparemment violenté. Car le Soleil, la Lumière, la Parole, le Logos Originaire est immortel et, mourant, s'éteignant, il force « sa » nature. Comment rétablir la Justice afin de *restaurer* l'ordre qu'est le cosmos ? Autrement dit, comment réconcilier vérité rationaliste, scientifique donc, et vérité symbolique, poétique ?

On a vu que le soleil baigne dans une puissance, terrestre, qui l'emportant sur lui, l'inscrit dans un sombre abîme délimitant ses véritables contours. C'est donc quelque chose se maintenant dans la nuit qui rétablira le soleil dans son droit de régent de la terre.

Ce quelque chose, c'est ce que le poème « Silence » a présenté comme étant la lune. Et si Fink a entrevu que la mort et la vie sont comme le jour et la nuit, disons comme le soleil et la lune, lors de l'éteinte du soleil qui entre dans le domaine situé au-delà de ses frontières naturelles, n'est-ce pas que le soleil de la clarté du jour est ainsi accueilli par la lune dans l'obscurité de la nuit ?

Si le lien du Soleil à la Lune, du Jour à la Nuit, du Divin au Mortel peut être un lien allégorique, on a vu avec L. Couloubaritsis que la légitimité du symbolisme allégorique pouvait pointer vers une interprétation rationnelle du mythe.

Dans ce sens il faut entendre Untersteiner qui, après E. Wolf, entrevoit le rapport entre la Divinité et le jeune homme (qui équivaut chez nous au cœur qui meurt) dans les termes d'une « collaboration »[230]. Vu en effet que chez Parménide, l'être se tient au-dessus du divin et de l'homme, par peur de

---

230 M. UNTERSTEINER, *Parmenide. Testimonianze a Frammenti*, Florence, 1958, pp. LI ss.

créer une *hybris* il s'entend ici que l'être est concrétisé par la mise ensemble collaborative des forces humaine et divine[231].

Quels sont les termes de cette collaboration ? Tout d'abord, il faut convenir que l'interprétation rationaliste du mythe a pour pré-requis une raison humaine qui sait. La question toutefois est de savoir ceci : d'où vient à l'homme le savoir ? Laissons la question ouverte.

Toujours est-il que dans la perspective rationaliste, l'idée de « l'homme (...), se conformant à l'impulsion de sa propre raison lors de son cheminement vers la Déesse », en sa collaboration avec le divin, permet de métamorphoser le *daïmon* dans un sens conforme à la raison. En ce sens, l'homme transmet au divin les catégories propres de sa pensée. C'est ainsi que les qualificatifs du Divin : Dikè, Déesse, Alètheia par exemple, expriment conceptuellement la transparence de la vérité à elle-même.

En effet, une correspondance est ainsi établie entre le polymorphisme du Divin et les catégories de la raison humaine. M. Untersteiner peut alors écrire que « Parménide, en réalité, transporte dans le monde de la pure connaissance le polymorphisme de l'antique déesse préhellénique »[232].

Or chez Untersteiner, la symbolisation allégorique est amplifiée et, au-delà du rapport de la Déesse à l'homme qui sait, elle est étendue à tous les symboles du poème, par fidélité au motif de l'« un continu » d'Asclépios (*In Metaph.*, 42, 30 - 31), et ce au nom d'une quête de la préséance de la « totalité » de l'être sur son « unité »[233].

Or le problème ainsi que l'exprime L. Couloubaritsis, est que ce faisant, « l'incompatibilité entre voies de la vérité et

---

[231] L. COULOUBARITSIS, *Mythe et philosophie chez Parménide*, *op. cit.* , p. 113.

[232] M. UNTERSTEINER, *Parmenide. Testimonianze a Frammenti, op. cit.* , p. LXII-LXVIII.

[233] L. COULOUBARITSIS, *Mythe et philosophie chez Parménide*, *op. cit.* , p. 115.

de la doxa »[234] est édulcorée. Aux antipodes de la voie « doxologique » précédente qui voit l'être partout, se situe l'interprétation de Taran.

Pour celui-ci, le voyage ne peut être localisé. D'un tel point de vue, le poète finit par être un simple *médium* producteur de mythes par effets rhétoriques. C'est que pour Taran, toutes les conceptions humaines seraient trompeuses, « le monde dans lequel nous vivons est une apparence trompeuse »[235].

Mais la fiction littéraire du poète mythique serait productrice d'une seule vérité : à savoir « la figure fictive » de « la déesse *sans nom,* qui dit néanmoins la vérité, c'est-à-dire *l'existence,* le fait que l'être *existe* »[236]. Mais, là où les « figures mythiques deviennent de pures métaphores, comme le souligne Taran également pour Dikè »[237] au nom de la *limitation* de l'être, identique à lui-même, ne vient-il pas que l'être deviendrait une pure vacuité, « une vapeur de mot » comme l'affirme Nietzsche ?

En somme, à vouloir déterminer la problématique propre du poème entre *d'une part* présence totalisatrice de l'être incluant la Doxa et *d'autre part* impossibilité de localiser le voyage au nom du non-être du monde des hommes, pour L. Coulibaritsis toujours est-il que la plupart des lecteurs font jouer leur propre interprétation de la Doxa sur leur lecture du poème[238]. La problématique centrale que L. Couloubaritsis adopte dès lors est celle du « statut du mythe parménidien »[239]. Par analogie, nous nous poserons aussi la question du statut du mythe heideggérien, mais simplement dans la

---

[234] *Ibid.* .

[235] L. TARAN, *Parmenides ...,* p. 31.

[236] L. COULOUBARITSIS, *Mythe et philosophie chez Parménide*, *op. cit.* , p. 123.

[237] *Ibid.* , p. 124.

[238] *Ibid.* , p. 128.

[239] *Ibid.* , p. 127.

perspective qui est la nôtre, à savoir ce qui préside à la naissance de l'humanité : entre humanité et divinité.

Reformulé, ce problème du statut, soit théologique soit anthropologique, du mythe relatif à l'événement de la naissance de l'humanité nouvelle, renvoie aux images poétiques du théologique et de l'anthropologique que constituent respectivement le soleil et la lune quant à la vérité de leurs fonctions effectives dans l'événement de cette naissance.

Précisément, ce qui apparut la violence du soleil qui sort de ses frontières naturelles, trouve sa vérité dans ceci : la nécessité pour le soleil de se laisser rejoindre par la puissance de la lune dont l'aimant attire amoureusement l'immortel qu'est le cœur au-delà de la voûte céleste, de l'autre bord, dans le champ de la nuit.

Avec L. Couloubaritsis, demandons ceci : qu'en est-il du « Soleil, ou plus exactement [de] la divinité Soleil »[240] ? Le Soleil apparaît chez Parménide à partir d'un quintuple rapport : *primo,* « Sa présence (...) dans la seconde partie du poème est réelle et extrêmement importante, en tant qu'il est lié par sa nature à l'une des entités fondatrices du devenir, le Feu »[241].

Secundo « son rôle est subordonné à d'autres facteurs physiques (...) notamment au cercle galactique duquel il s'est séparé (A 43 ; cf. À 34 a) »[242]. Par rapport aux découvertes de l'astrophysique contemporaine, on a ainsi vu jaillir au cœur du trou noir le Feu comme vecteur du devenir des étoiles se formant dans le temps. En entrant progressivement dans le repos, le trou noir s'est séparé de ces galaxies qui se formaient.

Le soleil, *tertio*, est tout aussi mis en rapport au Feu et à la Terre par Parménide, fondement de tout devenir. Aussi

[240] *Ibid.* , p. 150.
[241] *Ibid.*
[242] *Ibid.* , p. 151.

peut-on dire qu'entrant dans le repos, le Soleil se sépare du Feu et de la Terre.

Dans le poème de Parménide, le Soleil, *quarto*, « apparaît par rapport à la Lune selon le principe de la lumière de celle-ci (fr. 14 et 15) »[243].

Et, *quinto*, « par rapport à la Terre selon une présence [le jour] (fr. 10) et une absence [la nuit] (fr. 13a). Dans une image comme dans l'autre, Lune ou Terre, le Soleil dit son lien à ce qui est terrestre comme à ce qui est céleste.

Ce lien et l'événement qui y préside, de quoi s'agit-il précisément ? Est-ce la Croix, là où l'immortel est crucifié, où le cœur s'éteint en donnant tout à la lune, celle-ci qui accueille et reçoit toute la lumière qu'elle fait passer dans l'ailleurs afin que ce qui était étranger à l'être : l'homme, naisse à la vie d'immortalité ? Laissons la question ouverte.

Quoi qu'il en soit, retenons que partager l'immortalité qui dit l'éternité de la vie au sein de la mortalité, c'est porter l'être divin, immortel, dans l'extrême fragilité qu'est l'étant humain, mortel.

Retenons également que suivant le fragment 94 Dikè et ses aides font revenir le soleil dans ses limites. De la sorte jamais le soleil ne s'obscurcit éternellement. Ce soleil s'associe à la lune pour les besoins du passage des non-étants à l'étant.

À présent, ramenée à la pensée heideggérienne, et si cette façon de voir l'être immortel dans l'étant humain à travers la Croix disait non pas l'intuition, mais la vérité de l'intuition philosophique de M. Heidegger ? Mais intuition n'est pas conceptualisation.

En effet, dans un texte comme celui qui porta sur *la Chose*, Heidegger signifia que l'être n'est pas un étant. Ce qui va de soi. Et, le philosophe barra l'être d'une croix. Cette

---

243 *Ibid.* , p. 150, 151.

croix qui barre l'être, dit-elle de façon imagée qu'il faut passer par la croix pour atteindre l'être ? En un mot, quelle est la direction véritable de la pensée de l'être ?

Cette direction est-ce le Crucifié non explicitement nommé par Heidegger ? M. Heidegger voit-il dans le néantir de l'Homme-Christ le lieu du vécu de l'expérience de l'être? On ne peut répondre avec certitude à cette question, tant la philosophie de Heidegger n'est pas sa pensée.

Quoi qu'il en soit, si on se rappelle le tout-jeune Heidegger, celui-ci voit dans la croix les quatre significations de l'être brentano-aristotélicien.

À ce moment, vers quoi faisait-il signe en présentant l'Être comme une direction ? À travers ces significations à nouveau « méditées » dans *Le chemin de campagne*, que nous invitait-il implicitement peut-être à nommer[244] ?

Qu'est-ce que, bien avant *Bâtir Habiter Penser*, M. Heidegger entrevoit-il à travers « la maison qui a son côté ensoleillé et son côté ombragé, les églises et les tombeaux qui s'orientent d'après le lever et le coucher du soleil pour déployer les contrées de la vie et de la mort à partir desquelles le *Dasein* trouve ses possibilités d'habiter le monde »[245] ?

Si on en vient au Heidegger de 1927, qu'est-ce qu'il a en vue lorsque dès le paragraphe 22 de *Sein und Zeit*, il rappelle que la préoccupation du *Dasein* se trouve d'emblée « déterminée par les *Himmelsgegenden*, les « contrées célestes » ou « points cardinaux » qui s'ouvrent selon les quatre moments du lever, du midi, du coucher et du minuit »[246] ?

Qu'est-ce que le dernier Heidegger, en sa lecture de *La jeunesse d'Hypérion* (de Hölderlin) évoque à travers « la communauté divine » que Diotima voulait fonder ce, en rap-

---

[244] *Cf.* J.-F. MATTEI, *Heidegger et Hölderlin. Le Quadriparti,* Paris, PUF, 2001, p. 264.
[245] *Ibid.* .
[246] *Ibid.* .

prochant les puissances élémentaires de « notre terre bien aimée », de « la déesse solaire (qui) monte au ciel pour notre joie », de « l'éther qui nous enveloppe », de « l'esprit de l'eau » et au-dessus d'eux, de cet « être unique que nous vénérons », mais que nous ne pouvons nommer »[247]?

Et si nous la vénérons sans l'adorer, n'est-ce pas qu'elle n'est pas une divinité ? Jean-François Mattéi de poursuivre, en signifiant que « Les passages les plus éclairants sur la communauté des Quatre, plus saisissants encore que la communauté ouverte » de l'Hymne *A la Terre-Mère,* se trouvent dans l'*Hypérion* et dans la troisième version de *l'Unique* : « Je sais que le ciel est mort, qu'il est vide, que la terre, jadis débordante de beauté et de vie, est près de se réduire à une fourmilière. Mais il est encore un lieu où le ciel ancien, la terre ancienne me sourient. En toi j'oublie tous les dieux du ciel et tous les hommes habités du divin »[248].

Cette *Mère-Terre* qu'évoque également M. Haar dans le *Chant de la Terre*, c'est le secret de cette direction où quêter le retour possible à l'harmonie et en emprunter le chemin dans la nuit de la mortalité - ce à travers une mobilité facticielle de type nouveau.

Là où la terre (le cœur) de chaque homme devient vide et que le ciel en chaque homme meurt, à l'heure de ce que M. Heidegger, dans l'*Introduction à la métaphysique*, appelle « l'obscurcissement du monde », c'est vers cette *Terre-Mère* débordant de la beauté de l'Esprit qu'il nous faut nous tourner[249]. Celle-ci, c'est le domaine qui retient la nuit où le cœur devient trou noir afin que l'humanité nouvelle soit enfantée.

---

[247] *Ibid.* .

[248] *Ibid.* , p. 265.

[249] Pourquoi elle ? Parce que comme la Dikè chez Parménide, elle « est la seule qui se dresse dans chaque chemin, pour marquer le devenir du chemin » et surtout « ses limites, c'est-à-dire la nécessité d'une destination » (L. COULOUBARITSIS, *Mythe et philosophie chez Parménide*, *op. cit.*, p. 325, 326).

Ce domaine, est-ce ce que M. Heidegger appelle *Quadriparti* : le Ciel et la Terre, les Mortels et les Divins, domaine que, selon les données de la physique de Parménide, l'on pourrait caractériser comme étant le site de la vie et de la mort ?

L. Couloubaritsis y reconnaît ce qui préside au « cycle de la vie, qui, selon le cheminement vers la mort, passe du visible (où l'âme est *unité* de feu et de terre) à l'in-visible (où elle s'éclipse par l'extinction du feu, devenant « nuit »), et selon le cheminement vers la vie, passe de l'invisible (l'absence) au visible (où l'âme est de nouveau l'unité de feu et de terre) »[250].

Cette contrée pure où est enfantée l'humanité jaillissant de l'obscurité qui recouvre plutôt ce qui n'est plus céleste, les démiurges, c'est la matrice originaire de l'humanité qu'est la *Mère-Terre*.

---

[250] *Ibid.*, p. 32.

Conclusion

Que retenir de cet essai ? Pour l'essentiel, deux choses ! *Primo* : l'engendrement de l'humanité au phénomène de la parole cordiale, et la naissance à la mortalité comme essence de cette humanité, adviennent dans la mort de la parole primitive. De celle-ci, la mort n'est rien d'autre que son entrée dans le silence.

Secundo : La poétique entrée de la parole dans le silence a quelque chose d'ontologique, de non point chimérique, donc ! Une telle ontologie peut passer du métaphysique au phénoménologique, d'un logos abstrait à un silence dont la particularité est un agir physique qui touche jusqu'à l'être de ce qui est astral, voire angélique en son fondamental rapport à l'humain.

Cette odyssée entreprise en compagnie de Heidegger a permis de comprendre, pour le principal, deux choses.

Premièrement : le plus grand secret de la vie est précisément la mort ; le lien de la mort à la vie relève de l'essence : être capable de souffrir la mort, de *mourir la mort* comme « acte » même de la vie, tel est le rapport de la parole au silence.

Deuxièmement : Le rapport de la parole au silence, relation du mourir au vivre, ontologiquement, apparaît métaphysique : pour pouvoir répondre à la phénoménologie de la parole comme nécessité d'une praxis existentielle, ce rapport justifie de sa portée phénoménale ; ici selon une apparition physique dont la portée transcende le monde antique grec pour ouvrir au pré-créatif.

Ce travail a pour intérêt socio-historique ceci : si « dans le monde homérique les paroles, les récits, les discours ont des ailes[, si] l'écriture poétique les représente franchissant l'espace comme des oiseaux ou comme des flèches » (Borgeaud, 2006, p. 73), il faudrait que l'on passe existentiellement de la représentation des oiseaux et des flèches à leur apparaître humain comme intimité du rapport au divin.

Un intérêt scientifique en découle, il est précisément phénoménologique, le suivant : que le paradigme philosophique en émergence, à savoir la naissance de l'Humanité qui, pour être nouvelle, n'a point d'Âge, trouve une présentation non plus métaphysique, idéelle, mais physique, voire affective et pré-ontologique.

Phénoménologique, l'intérêt scientifique déplace le pôle herméneutique, de l'ontologique, métaphysique, à l'ontique, anthropologique. Il en découle l'énoncé d'un paradigme phénoménologique anthropologique dont la formulation est la suivante : précédant l'être, l'Étant fonde l'être. L'étant ouvre à la relation pré-historiale : qui établit l'Étant divin sur l'Étant humain. Cela est une nouveauté !

Le fondement paradigmatique de l'humanité nouvelle s'appréhende au sens du passage de la physique du mélange de L. Couloubaritsis à l'astrophysique contemporaine au travers de la phénoménologie du Trou noir.

Aussi, le constat heideggérien d'un obscurcissement du monde, cette hypothèse inhérente à l'*Introduction à la métaphysique* de l'oubli de l'être, a-t-elle pu trouver solution. Cette hypothèse fait écho aux découvertes de l'astrophysique contemporaine.

Ces découvertes conduisent à l'énoncé du paradigme nouveau. Lequel révolutionne notre perception de ce qui jusqu'ici apparut l'Âge des ténèbres sans étoiles et de l'Univers totalement obscur.

La solution au problème heideggérien s'exprime astrophysiquement à partir de la physique du mélange de L. Couloubaritsis. La voilà : le silence de la parole a pour écho l'obscurcissement du Quasar, cette espèce de Démiurge invisible, scientifiquement dénommé HE0450-2958 et que David Elbaz du Commissariat de l'énergie atomique de Saclay appela Trou noir.

Comme dans silence de la parole s'engendrent les hommes, le silence du tout premier Quasar a donné naissance aux myriades d'étoiles qui scintillent dans notre contemporanéité au travers des différentes sciences et des gloires propres aux différentes nations.

Le silence de la parole où s'engendre l'humanité du XXIe siècle interroge sciences et nations : de la métaphysique théologique aux technologies numériques en passant par la biophysique, et de l'Europe à l'Asie via l'Amérique. Mais y aurait-il place pour la phénoménologie anthropologique tout comme pour l'Afrique ? Laissons la question ouverte !

Le Noir du Trou qui illumine les étoiles biotechnologiques et le Silence de la Parole constituent les traces à méditer par les poètes heideggériens et par tous les assoiffés de dieux nouveaux, de surhommes, d'hommes augmentés comme de clones.

Qu'ils réalisent chacun qu'un seul devait mourir pour tout le peuple et qu'une seule aujourd'hui assure la garde de l'humanité à l'ère non pas de la fuite des dieux mais de ce que Michel Foucault, dans *L'Archéologie du savoir*, appelle la fin de l'homme.

Puissions-nous, savants d'aujourd'hui et de demain, ne plus chercher au Ciel ce qui s'habite comme neuve Terre en se recevant de l'image du Silence que méditent sous le poids du Jour comme à la troisième heure de la Nuit, la multitude des sages qui assure le salut du monde.

En conséquence, il n'est plus besoin de flèches ou d'oiseaux qui volent trop haut. Car nul ne saurait voler plus haut que Celui qui constitue la porte de la demeure des Quatre (l'Eau du Ciel, la Terre des Mortels, le Feu des Divins et l'Air des Mortels en communication pour l'engendrement de l'humanité nouvelle).

Vole plus haut, la porte du Cœur. Elle sup-porte la nuit du Logos dont l'incarnation est le « oui » à la Terre originaire. Cette Terre apparaît l'unique endroit digne de se constituer comme reposoir pour la tête du Logos en incarnation. Cette Terre-reposoir, tout en demeurant ici-bas, a pourtant l'éclat du Soleil pour manteau.

À qui, oiseau démiurgique ou flèche du jour des étoiles rebelles, croit pouvoir voler plus haut que la Terre nouvelle, il se rappellera sûrement ceci : l'histoire d'Icare enseigne…

BIBLIOGRAPHIE

Agamben, G., *Le langage et la mort,* Paris, Christian Bourgois, 1997.

Allemann, B., *Hölderlin et Heidegger,* Paris, PUF, 1959.

Aristote, *Physique*, in *Œuvres complètes*, s/d de P. Pellegrin, Paris, Flammarion, 2014.

Baassiri, M., « La praxis dans le Marx de Michel Henry », Thèse de doctorat, *Université Laval*, 2016, Québec.

Barbaras, R. (1), *Introduction à une phénoménologie de la vie,* Paris, Vrin, 2008.

Barbaras, R. (2), « Phénoménologie de la vie », *Noesis* [En ligne], 14 | 2008, mis en ligne le 28 juin 2010, consulté le 09 février 2019.

Berthelier, R., « Langage(s) Culture(s) Personne(s) », *VST - Vie sociale et traitements*, vol. n° 87, no. 3, 2005, p. 42-51.

Bégout, B., « Les animaux chez Heidegger », *Labyrinthe* [En ligne], 40 | 2013, mis en ligne le 01 mars 2015, consulté le 31 décembre 2018.

Blanquet, E., « "La parole, un site pour une habitation humaine" », *Cahiers de Gestalt-thérapie*, 2015/2 (N° 35), p. 85-110.

Bleikasten, A., *« Ce grand animal divin et sans Dieu » : l'humain et l'inhumain chez Faulkner* dans, *L'Inhumain* [en ligne], Paris, Presses Sorbonne Nouvelle, 2004 (généré le 11 janvier 2019).

Blumenberg, H., *La raison du mythe,* trad. Stéphane Dirschauer, Paris, Gallimard, 2005.

Borgeaud P, « Variations grecques sur l'origine (mythique) du langage », *Le Genre humain*, 2006/1 (N° 45-46), p. 73-100.

Boudon-Millot, V., « L'homme, cet animal doué de sagesse et seul être divin parmi ceux qui vivent sur la terre »

(Galien, *De usu partium* I,2). In : *Le médecin initié par l'animal. Animaux et médecine dans l'Antiquité grecque et latine.* Actes du colloque international tenu à la Maison de l'Orient et de la Méditerranée-Jean Pouilloux, les 26 et 27 octobre 2006, Lyon, Maison de l'Orient et de la Méditerranée Jean Pouilloux, 2008. p. 27-38. (Collection de la Maison de l'Orient méditerranéen ancien. Série littéraire et philosophique, 39).

Boulnois, O., « Philosophie médiévale et métaphysique », *Annuaire de l'École pratique des hautes études (EPHE), Section des sciences religieuses* [En ligne], 125 | 2018, mis en ligne le 29 juin 2018, consulté le 05 janvier 2019.

Bouveresse, J., *Les premiers jours de l'inhumanité. Karl Kraus et la guerre*, Marseille, Hors d'atteinte, col. « Faits & idées », 2019.

Breton, S., *Le Verbe et la Croix,* Paris, Desclée, 1979.

Brito, E., *Heidegger et l'hymne du sacré*, Leuven, Leuven University Press, 1999.

Camilleri S., « Bereshit : éléments pour une phénoménologie génétique biblique », *Recherches de science religieuse*, 2007/3, Tome 95, p. 393-416.

Castillo P., « La méta-phénoménologie chez Levinas et Henry », *Revue internationale Michel Henry*, n°7, 2016, p. 195-200.

Cavalcant, M. S., Nancy, J.-L. « Heidegger et la traduction occidentale », *Les Cahiers philosophiques de Strasbourg* [En ligne], 36 | 2014, mis en ligne le 14 décembre 2018, consulté le 01 mai 2019.

Collot, M., « Le thème selon la critique thématique », *Communications*, 47, 1988, Variations sur le thème. Pour une thématique, sous la direction de Claude Bremond et Thomas G. Pavel, p. 79-91.

Couloubaritsis, L., *Mythe et philosophie chez Parménide*, Bruxelles, Ousia, 1986.

Couloubaritsis Lambros. « Le statut de l'Un dans la "Métaphysique". », *Revue Philosophique de Louvain*, Quatrième série, tome 90, n°88, 1992, p. 497-522.

Couloubaritsis, L., *La Physique d'Aristote. L'avènement de la science physique*, 2e édition modifiée et augmentée, Bruxelles, Ousia, 1997.

Dallmayr, F. R., Delbaere-Garant, J., « Humaniser l'humanité. La signification universelle des sciences humaines », *Presses Universitaires de France* | « Diogène » 2012/1 n° 237 | p. 37-51.

Dastur F., « Le concept de science chez Heidegger avant le "tournant" des années trente », *Noesis*, 2006, n° 9, p. 10-13.

Dastur, F., « Heidegger et Trakl : le site occidental et le voyage poétique », *Noesis* [En ligne], 7 | 2004, mis en ligne le 15 mai 2005, consulté le 18 janvier 2019.

Dastur, F., *Heidegger et la question anthropologique*, Paris, PUF, 2003.

Dastur, F., *Heidegger. La question du Logos,* Paris, Vrin, 2007.

Dastur, F., *Hölderlin. Le retournement natal. Tragédie et modernité, nature et poésie*, La versanne, Encre marine, 1997.

De Belloy, C., *Les Études philosophiques,* Presses Universitaires de France, 2007/2 n° 81 | p. 163-181.

De libera, A., « Destructionis-destructio-suite-existence-et-verite-26-fevrier-2018 ».

De Visscher L. F., La pensée du langage chez Heidegger. In : *Revue Philosophique de Louvain*. Troisième série, tome 64, n°82, 1966. pp. 224-262.

Deguy, M., « Du rapport de la fin à la poésie, sous quelques aspects », *belin* | *« po&sie »,* 2006/3 n° 117-118 | p. 104-117.

Depraz, N., « Cinquième méditation cartésienne : 2è Partie (§ 49-62) », in J.-F. Lavigne (éd.), *Les* Méditations cartésiennes *de Husserl*, Paris, Vrin, 2008.

Depraz, N., « Jonas, un passeur entre les deux rivages de la gnose et de la vie », *Alter* [En ligne], 22 | 2014, mis en ligne le 01 décembre 2017, consulté le 05 février 2019.

Depré O., « Éclairages nouveaux sur "Le plus vieux programme de système de l'idéalisme allemand" », *Revue Philosophique de Louvain*, Quatrième série, Tome 88, N°77, 1990, p. 79-98

Depré, O., « Finitude et transcendance », in *Revue Philosophique de Louvain*, 1989, Louvain-la-Neuve, Tome 87, éditions de l'Institut Supérieur de Philosophie (pp. 516-530).

Depré, O., « Hegel, des années de jeunesse à la fondation du premier système. Aperçu de la littérature récente sur le jeune Hegel (suite et fin) », *Revue Philosophique de Louvain,* Quatrième série, Tome 91, N°90, 1993, p. 259-274.

Depré, O., Introduction à : Hegel, *L'esprit du christianisme et son destin.* Précédé de *L'esprit du judaïsme,* trad. O. Depré, Vrin, Paris, 2003.

Devarieux, A., *Ce que Michel Henry doit à Maine de Biran* In : *La Vie et les vivants : (Re-)lire Michel Henry* [en ligne]. Louvain-la-Neuve : Presses universitaires de Louvain, 2013 (généré le 04 janvier 2020).

Diogène Laërce, *Vies et doctrines des philosophes illustres*, La Pochothèque, Paris, Librairie générale française, 1999.

Di Pastena, A., Schiaratura, L.T., Askevis-Leherpeux, F., « Joindre le geste à la parole : les liens entre la parole et les gestes co-verbaux », *L'Année psychologique*, 2015/3 (Vol. 115), p. 463-493.

Duchemin, J., « Platon et l'héritage de la poésie », *Revue des Études Grecques*, tome 68, fascicule 319-323, janvier-décembre 1955, p. 12-37.

Eliade, M. *Mythes, rêves et mystères*, Gallimard, Paris, 1972 (1957).

Eliade, M., *Traité d'histoire des religions*, Paris, Payot, 1968 (1949).

Farges, J., Perreau, L., « Edmund Husserl, Husserliana XXXIX. Die Lebenswelt. Auslegungen der vorgegebenen Welt und ihrer Konstitution. Texte aus dem Nachlass (1916–1937) », *Alter* [En ligne], 20 | 2012, mis en ligne le 01 juillet 2019, consulté le 28 juillet 2019.

Ferry, L., « Heidegger, grand et médiocre », *Magazine Littéraire*, [En ligne] Mensuel 576, février 2017, récupéré sur le site : www.nouveau-magazine-litteraire.com

Gabellieri, E., De la métaphysique à la phénoménologie : une relève ? *Revue Philosophique de Louvain*. Quatrième série, tome 94, n°4, 1996, p. 625-645.

Gabus, J.P., « Dieu révélé en Jésus-Christ », *Luther aujourd'hui,* Publications de la Faculté de Théologie, Louvain-la-Neuve, 1983, p. 145-159.

Gaudel, A.-J., « La théologie du ΛΟΓΟΣ chez saint Athanase (suite) », *Revue des Sciences Religieuses*, tome 11, fascicule 1, 1931. pp. 1-26.

Girardi Jules, « Description des essences et ontologie (suite et fin) », *Revue Philosophique de Louvain*, Troisième série, tome 59, n°64, 1961, p. 640-671.

Grégori J., Leclercq, J., Monseu, N., *La vie et les vivants : (Re-)lire Michel Henry,* Louvain-la-Neuve, Presses universitaires de Louvain, 2013.

Greisch, J., « La parole d'origine, l'origine de la parole. Logique et sigétique dans les *Beiträge zur Philosophie* de Martin Heidegger », *Rue Descartes*, No. 1/2, Des Grecs (Avril 1991), Presses Universitaires de France, p. 191-212.

Guébo, J., *Chroniques ménéquéresques. Réflexions des temps n'étant plus le temps*, Paris, l'Harmattan, 2019.

Hegel, G.W.F., *Encyclopédie des sciences philosophiques,* III. *Philosophie de l'esprit*, Paris, Vrin, 1988.

Heidegger, M., *Achèvement de la métaphysique et poésie. 1. La métaphysique de Nietzsche, II. Abtelung : Vorlesungen 1919-194, Gesamtausgabe.* Band 50, trad. A. Froidecourt, Gallimard, Paris, 2005.

Heidegger, M., *Prolegomena zur Geschichte der Zeitbegriffs : Prolégomènes à l'histoire du concept de temps*, dans *Gesamtausgabe,* XX, Francfort, Klostermann, 1975, trad. de Jean-Luc Marion dans *Réduction et donation Recherches sur Husserl, Heidegger et la phénoménologie*, Paris, PUF, 1989.

Heidegger, M., « L'époque des "conceptions du monde" », dans *Chemins qui ne mènent nulle part*, Paris, Gallimard, 1962.

Heidegger, M., « *...L'homme habite en poète...* ». Conférence faite le 6 octobre 1951. Publiée dans *Akzente, revue de poésie* (dirigée par W. Höllerer et Hans Bender), cahier 1, 1954, pp. 57 et suiv.

Heidegger, M., « Lettre sur l'humanisme », in *Questions III*, trad. R. Munier, Paris, Gallimard, 1966.

Heidegger, M., « Mon chemin de pensée et la phénoménologie », *Questions IV,* trad. Jean Beaufret et Claude Roels, Paris, Gallimard, 1976.

Heidegger, M., « Qu'est-ce que la métaphysique ? », trad. Henry Corbin, *Questions I et II*, Paris, Gallimard, 1938.

Heidegger, M., « Vom Wesen des Grundes » [Ce qui fait l'être essentiel d'un fondement ou « raison »], GA 9 ; tr. Corbin, H., *Questions I et II*, Paris, Gallimard, « Tel », 1938.

Heidegger, M., *Apports à la philosophie. De l'avenance*, trad. F. Fédier, Paris, Gallimard, 2013.

Heidegger, M., *Approche de Hölderlin [« Erläuterungen zu Holderlins Dichtung »],* trad. Henry Corbin, Michel Deguy, François Fédier et Jean Launay, Gallimard, Paris, 1962.

Heidegger, M., *Bâtir habiter penser.* Conférence faite le 5 août 1951. Publiée dans la reproduction de cet Entretien (édit. *Neue Darmstädter Verlagsanstalt*), 1952, pp. 72 et suiv.

Heidegger, M., *Être et Temps*, trad. F. Vézin, Paris, Gallimard, 1986 (trad. E. Martineau, Authentica, 1985).

Heidegger, M., *Holzwege,* Vittorio Klostermann, Francfort-sur-le-Main, 1949 – 6. Auflauge 1980 : *Chemins qui ne mènent nulle part*, trad. W. Brokmeier, Paris, Gallimard, 1962 : *Nietzsche Wort « Gott ist tot »* : *Le mot de Nietzsche « Dieu est mort ». Cours sur Nietzsche* professés à l'Université de Fribourg-en-Brisgau pendant cinq semestres durant les années 1936-1940.

Heidegger, M., *Logos* (Héraclite, fragment 50). *Contribution aux Mélanges offerts à Hans Jantzen* (directeur : Kurt Bauch), Berlin, 1951. Le thème a été développé dans un cours non publié du semestre d'été 1944 sur la « Logique ».

Heidegger, M., *Moira* (*Parménide,* VII, 34-41). Partie non prononcée du cours *Was heisst Denken ?* (« Que veut dire "penser" ? »), édit. Niemeyer, Tübingen, 1954, se rattachant aux pp. 146 et suiv.

Heidegger, M., *Pourquoi des poètes ? : Wozu Dichter ?,* Discours prononcé en privé en 1946 à la mémoire de la mort de R. M. Rilke (mort le 29 décembre 1926).

Heidegger, M., *Unterwegs zur Sprache,* Verlag Günther Neske, Pflullingen, R.F.A., 1959 : *Acheminement vers la parole* (1959), trad. J. Beaufret, W. olfang Brokmeier, Paris, Gallimard, 1976.

Henry, M., « Introduction à la pensée de Marx », *Revue Philosophique de Louvain*, Troisième série, tome 67, n°94, 1969, p. 241-266.

Henry, M., *L'essence de la manifestation*, Paris, P.U.F., deuxième édition en un seul volume, 1963.

Henry, M., Notes inédites sur la langue et la méthode phénoménologiques *Réseau Canopé* | *« Cahiers philosophiques »,* 2011/3 n° 126 | p. 98 à 102.

Hernandez, M., « L'essence de la modernité selon Heidegger : la représentation »,*Appareil* [En ligne], Articles, mis en ligne le 08 mars 2010, consulté le 18 février 2019.

Hilfiger M., « “L’humanité” chez Platon », *Le Philosophoire*, 2004/2 (n° 23), p. 166-194.

Hugo, V., *Quatrevingt-treize*, Paris, Artmusiclittle, 2015.

Husserl, E., *Méditations cartésiennes*, tr. E. Lévinas, Paris, Vrin, 1953.

Jean-Paul II, « Homélie du pape Jean-Paul II », Messe à l’occasion du 150è anniversaire de la proclamation du dogme de l’Immaculée conception de la bienheureuse Vierge Marie, Solennité de l’Immaculée Conception, *Le Saint-Siège,* Rome, Cité du Vatican, Mercredi 8 décembre 2004.

Jonas, H., *Le phénomène de la vie. Vers une biologie philosophique*, trad. D. Lories, Bruxelles, De Boeck Université, 2001.

Kühn, R., « La phénoménologie de la religion selon Michel Henry », *Revue des sciences religieuses* [En ligne], 86/2 | 2012, mis en ligne le 15 avril 2014, consulté le 30 septembre 2016, version pdf, p. 195-215.

Kühn, R., « Les limites de l’*eidos* en phénoménologie. L’exemple de Jaensch, Geyser, Hildebrand et Hengstenberg », *Archives de Philosophie,* Vol. 59, No. 1, Centre Sèvres – Facultés jésuites de Paris, janvier-mars 1996, p. 5-29.

Lavigne, J.-F., « Le statut ontologique de l’affectivité : fondement ou épiphénomène ? », *Noesis*, 16 | 2010, p. 11-26.

Le Breton, D., « Le silence et la parole des dernières heures », 2013/2 n° 113 | *Presses universitaires de Grenoble | « Jusqu’à la mort accompagner la vie »*, p. 11-19.

Leidi, de F., *Le signe de Jonas : étude phénoménologique sur le signe sacramentel*, Fribourg, Editions universitaires, 2000.

Lévinas, E., *Totalité et Infini. Essai sur l’extériorité* [1961], Paris, Librairie générale française (Le livre de poche), 2001.

Longneaux, J.-M., « Michel Henry et la conscience de la vie affective », *Réseau Canopé | « Cahiers philosophiques »*, 2011/3 n° 126, p. 49-65.

Lories, D., Depré, O., *Vie et liberté. Phénoménologie, nature et éthique chez Hans Jonas*. Suivi de H. Jonas, *Les fondements de l'individualité*, Paris, Vrin, 2003.

Maesschalck, M., *L'anthropologie politique et religieuse de Schelling,* Louvain-la-Neuve, Peeters, 1991.

Martin J.-M., « Méditation sur "Au commencement était la Parole..." Jn 1,1, Étude des mots *Arkhê* et *Logos* en grec, hébreu, latin, français », 2015, http://www.lachristite.eu/ archives/2015/05/10/32033432.html#_ftnref1

Marx, K., Engels, F, *L'Idéologie allemande*, trad. R. Cartelle et G. Badia, Paris : Éditions sociales, 1971.

McCormick, P., « Heidegger sur le chemin du langage », *Philosophiques*, 1 (2), 15–36, 1974.

Ménégoz, F., « Engendrement éternel et naissance virginale. Une manifestation de la vie intime des dogmes », *Revue d'histoire et de philosophie religieuses*, 20e année n°3,1940, p. 105-119.

Meschonnic, H., « La langue qui parle », *Le Langage Heidegger.* Sous la direction de Meschonnic Henri, Paris cedex 14, Presses Universitaires de France, « Écriture », 1990, p. 258-295.

Meulder, M., Pierre Aubenque (Dir.), *Études sur le Sophiste de Platon*, *L'antiquité classique*, Tome 62, 1993, p. 379-380.

Motte, A., « Religion, poésie et philosophie. Les Grecs et la quête du divin », in *Revue Philosophique de Louvain*, 1993, vol. 91, n°91, pp. 366-382.

Mukoso, C. sj, Blé, M. A., « Côte d'Ivoire : Première commune consacrée à la Vierge Marie », *Radio Vatican*, 04 novembre 2019, 16:02.

Munier R., 1992, *Stèle pour Heidegger*, Paris, Arfuyen, p. 12-13.

Ndzomo-Molé, J., « Philosophie et histoire : Dialectique de l'universel et du particulier », *Sens public* http://www.sens-public.org/, 2015.

Nietzsche, F., *Le gai savoir*, III, trad. Pierre Klossowski, *Œuvres philosophiques complètes,* édition revue, corrigée et augmentée par Marc de Launay, Paris, Gallimard, 1997.

Nietzsche, F., *Fragments posthumes, Eté 1882-printemps 1884*, *Œuvres philosophiques complètes,* t. IX, trad. Anne-Sophie Astrup et Marc de Launay, Paris, Gallimard, 1997.

Chalandon-O'Connell, A.-M., « Le langage de l'Être chez Martin Heidegger », Thèse de Doctorat, *Université de Toulouse II Le Mirail,* Toulouse, Ecole doctorale : ALLPH@, 4 novembre 2009.

Perceau, S., « Muses, inspiration, création dans la poésie homérique ? », *Cahiers de littérature orale* [En ligne], 81 | 2017, mis en ligne le 31 mai 2018, consulté le 25 janvier 2019.

Perrin Christophe, « Les sources augustiniennes du concept d'amour chez Heidegger », *Revue Philosophique de Louvain*, Troisième série, tome 107, n°2, 2009, p. 239-267.

Popa D., 2008, « La phénoménalisation et son expression. », in Mattens F. (eds), *Meaning and Language: Phenomenological Perspectives*. Phaenomenologica, vol 187, Springer, Dordrecht, p. 237-256.

Rastier, F., *Naufrage d'un prophète. Heidegger aujourd'hui,* Paris, Presses universitaires de France, 2015.

Revol, F., « Théologie de la création continuée », *Revue des sciences religieuses [En ligne],* 91/2 | 2017, mis en ligne le 01 janvier 2019, consulté le 26 décembre 2018.

Rey, J.-M, « Le christianisme avant le Christ », *Po&sie*, 2010/4 (N° 134), p. 114-122.

Roviollo, A.-M., *L'institution kantienne de la liberté*, Bruxelles, Ousia, 1984.

Saint Augustin, *La Création du monde et le Temps.* Suivi de *Le Ciel et la Terre*, trad. latine d'Arnaud d'Andilly, Paris, Gallimard, 1993.

Saint Augustin, *Confessions*, trad. Péronne et Ecalle remaniée par P. Pellerin, Paris, Nathan, 1998.

Saint Thomas d'Aquin, *Summa theologica*, t. 1, Paris, Cerf, 1984.

Schelling, *Recherches philosophiques sur l'essence de la liberté,* 1809.

Silésius, A., *Le pélerin chérubinique*, traduit et présenté par Roger Munier, Paris, Arfuyen, 1993.

Simonin, J., « Pour une anthropologie empirique de l'événement », *Études de communication* [En ligne], 22 | 1999, mis en ligne le 23 mai 2011, consulté le 18 mars 2019.

Seleskovitch Dánica. « Quelques phénomènes langagiers vus à travers l'interprétation simultanée », *Annexes des Cahiers de linguistique hispanique médiévale*, volume 7, 1988, Hommage à Bernard Pottier, p. 709-717.

Sommer, C., « Le sujet sans subjectivité. Après le "tournant théologique" de la phénoménologie française », *Revue germanique internationale*, 13 | 2011, p. 149-162.

Sommer, C., « L'inquiétude de la vie facticielle. Le tournant aristotélicien de Heidegger (1921-1922) », *Les Études philosophiques*, 2006/1, n° 76, p. 1-28.

Spaak, C. V., *Interprétations phénoménologiques de la « Physique » d'Aristote chez Heidegger et Patočka*, Springer, 2018.

Taminiaux, J., « Finitude et Absolu : Remarques sur Hegel et Heidegger, interprètes de Kant », in *Revue philosophique de Louvain,* 1971, (pp. 190- 215).

Taminiaux, J., « Schelling ». L'ombre d'Aristote dans les Remarques de Hölderlin, in *Le théâtre des philosophes*, Grenoble, Millon, 1995.

Taminiaux, J., *La nostalgie de la Grèce à l'aube de l'idéalisme allemand. Kant et les Grecs dans l'itinéraire de Schiller, de Hölderlin et de Hegel*, La Haye, M. Nijhoff, 1967.

Taminiaux, J., *Lectures de l'ontologie fondamentale*, Million, Grenoble, 1989.

Tanoh, J. G., « Une pensée de l'altérité chez Martin Heidegger », *Le Portique* [En ligne], 5-2007 | *Recherches*, mis en ligne le 07 décembre 2007, consulté le 17 février 2019.

Tarditi, C., *Phénoménologie ou ontologie ? Jean-Luc Marion et Michel Henry,* In : *La Vie et les vivants : (Re)lire Michel Henry* [en ligne]. Louvain-la-Neuve : Presses universitaires de Louvain, 2013 (généré le 25 décembre 2018).

Thouard, D. « Qu'est-ce qu'une "herméneutique critique" ? », *Methodos* [En ligne], 2 | 2002, mis en ligne le 05 avril 2004, consulté le 18 janvier 2019.

Tommasini A. « Les Attiés », *Bulletins et Mémoires de la Société d'anthropologie de Paris*, VI° Série. Tome 2, 1911, p. 399-413.

Trakl, G., *Œuvres complètes,* trad. M. Petit et J.-C. Schneider, Gallimard, Paris, 1972.

Trotignon, P., *Heidegger, Sa vie, son œuvre avec un exposé de sa philosophie* (Coll. « Philosophes »), Paris, Presses Universitaires de France, 1965.

Van Haecht, L., « Le problème de l'origine du langage », *Revue Philosophique de Louvain*, Troisième série, tome 45, n°6-7, 1947, p. 188-205.

Vandevelde Pol, « Heidegger et la poésie. De «Sein und Zeit» au premier cours sur Hölderlin », *Revue Philosophique de Louvain*, Quatrième série, tome 90, n°85, 1992, p. 5-31.

Vété-Congolo, H., *L'Interoralité caribéenne : le mot conté de l'identité : Vers un traité d'esthétique caribéenne*, Saint-Denis, Connaissances et Savoirs, 2016.

Verstraten P., « Les deux déterminations du dire dans "Acheminement vers la parole" », *Revue Philosophique de Louvain*, Quatrième série, tome 84, n°61, 1986, p. 25-44.

Vieillard-Baron Jean-Louis, « Hegel et le témoignage de l'esprit », *Philosophie*, 2006/1 (n° 88), p. 95-106.

Visscher L. F.-De, « La pensée du langage chez Heidegger », *Revue Philosophique de Louvain*, Troisième série, tome 64, n°82, 1966, p. 224-262.

Vitoux, P., « Carlyle et le culte du héros », *Romantisme*, n°100, Le Grand Homme, 1998, p. 17-29.

Wald, P., « La langue est un fait social. Rapports entre la linguistique et la sociologie avant Saussure. Conférence à l'Université de Tunis (décembre 1999) », *La Maison des sciences de l'homme*, « Langage et société », 2012/4, n° 142, p. 103-118.

Yapo, S., *De Heidegger à la Vierge Marie. Une anthropologie phénoménologique*, Paris, L'Harmattan, 2019.

Yapo, S., « *Généalogie de la docilité dans l'Antiquité et le haut Moyen Âge,* Gaëlle JEANMART », *Labyrinthe* [En ligne], 32 | 2009 (1), mis en ligne le 01 février 2011, consulté le 08 février 2019.

Yapo, S., *Spiritualités chrétiennes et contemporaines. Un dialogue ajourné*, Paris, L'Harmattan, 2018.

Yapo, S., Thomas d'Aquin - Boèce de Dacie, *Sur le bonheur.* Textes introduits, traduits et annotés par Ruedi Imbach et Ide Fouche, *Revue Philosophique de Louvain*. Quatrième série, tome 106, n°2, 2008, p. 392-396.

Zahavi, D., « Phénoménologie et métaphysique », *Les Études philosophiques,* Presses Universitaires de France, 2008, 4, n° 87, p. 499-517.

TABLE DES MATIÈRES

Structures éditoriales du groupe L'Harmattan

L'Harmattan Italie
Via degli Artisti, 15
10124 Torino
harmattan.italia@gmail.com

L'Harmattan Hongrie
Kossuth l. u. 14-16.
1053 Budapest
harmattan@harmattan.hu

L'Harmattan Sénégal
10 VDN en face Mermoz
BP 45034 Dakar-Fann
senharmattan@gmail.com

L'Harmattan Cameroun
TSINGA/FECAFOOT
BP 11486 Yaoundé
inkoukam@gmail.com

L'Harmattan Burkina Faso
Achille Somé – tengnule@hotmail.fr

L'Harmattan Guinée
Almamya, rue KA 028 OKB Agency
BP 3470 Conakry
harmattanguinee@yahoo.fr

L'Harmattan RDC
185, avenue Nyangwe
Commune de Lingwala – Kinshasa
matangilamusadila@yahoo.fr

L'Harmattan Congo
67, boulevard Denis-Sassou-N'Guesso
BP 2874 Brazzaville
harmattan.congo@yahoo.fr

L'Harmattan Mali
Sirakoro-Meguetana V31
Bamako
syllaka@yahoo.fr

L'Harmattan Togo
Djidjole – Lomé
Maison Amela
face EPP BATOME
ddamela@aol.com

L'Harmattan Côte d'Ivoire
Résidence Karl – Cité des Arts
Abidjan-Cocody
03 BP 1588 Abidjan
espace_harmattan.ci@hotmail.fr

L'Harmattan Algérie
22, rue Moulay-Mohamed
31000 Oran
info2@harmattan-algerie.com

L'Harmattan Maroc
5, rue Ferrane-Kouicha, Talaâ-Elkbira
Chrableyine, Fès-Médine
30000 Fès
harmattan.maroc@gmail.com

Nos librairies en France

Librairie internationale
16, rue des Écoles – 75005 Paris
librairie.internationale@harmattan.fr
01 40 46 79 11
www.librairieharmattan.com

Librairie l'Espace Harmattan
21 bis, rue des Écoles – 75005 paris
librairie.espace@harmattan.fr
01 43 29 49 42

Lib. sciences humaines & histoire
21, rue des Écoles – 75005 paris
librairie.sh@harmattan.fr
01 46 34 13 71
www.librairieharmattansh.com

Lib. Méditerranée & Moyen-Orient
7, rue des Carmes – 75005 Paris
librairie.mediterranee@harmattan.fr
01 43 29 71 15

Librairie Le Lucernaire
53, rue Notre-Dame-des-Champs – 75006 Paris
librairie@lucernaire.fr
01 42 22 67 13